Große Interpreten im Gespräch

Robert C. Bachmann

Große Interpreten im Gespräch

Hallwag Verlag
Bern und Stuttgart

Bildnachweis (nach Seiten):

Seite 14	S. Lauterwasser/Deutsche Grammophon
Seite 15	Teatro alla Scala Milano
	Kristian Bissuti, Wien
Seite 26	Rudolf Lindner, Wien
Seite 27	A. Altaffer, Zürich (1), Endre Schwanner, Budapest (2)
Seite 44	A. Altaffer, Zürich (3)
Seite 45	Privat (3)
Seite 60	EMI London/Wilson
Seite 61	S. Lauterwasser/Deutsche Grammophon
	Privat
Seite 78	Werner Neumeister, München (3)
Seite 79	A. Altaffer, Zürich (2)
Seite 94	Privat
Seite 95	A. Altaffer, Zürich
Seite 110	fono forum, Hamburg (4)
	Felicitas Timpe, München
Seite 111	EMI Elektrola Köln/Kövesdi
Seite 124	DG/Hannover
Seite 125	Privat
	EMI Elektrola/Henneh
Seite 142	A. Altaffer, Zürich
Seite 143	Privat (4)
Seite 158	A. Altaffer, Zürich
Seite 159	A. Altaffer, Zürich (3)
Seite 172	C. Bachmann
Seite 173	Privat (2)
Seite 190	Reinhard Friedrich, Berlin
Seite 191	Gerard Neuvecelle, Paris
	E. Piccagliani, Teatro alla Scala Milano
Seite 204	CBS (2)
Seite 205	A. Altaffer, Zürich

2. Auflage, 1977
Gestaltung: Gerhard Noltkämper

Gesamtherstellung: Hallwag AG Bern
ISBN 3 444 10184 8

Inhalt

Zu diesem Buch

Mit der Entwicklung von Tonträgersystemen, die eine fast unbegrenzte Reproduktion von Musik erlauben, ist dem Interpreten musikalischer Werke eine Bedeutung zugewachsen, neben der die ihrer Schöpfer, der Komponisten, zu verblassen droht. Nicht mehr das Werk als solches, sondern dessen wechselnde Darstellung genießt zunehmend das Interesse des Musikhörers. Durch eine vorwiegend konsumorientierte musikverarbeitende Industrie hat selbst die Kunstmusik Warencharakter angenommen, muß selbst sie einem mehr oder minder schnellen Verbrauch und baldigen Verschleiß angepaßt werden. Die damit zusammenhängende Überbewertung des Interpreten, der im Zuge der Vermarktung von Musik zu ihrem bedeutendsten Umsatzfaktor avancierte, birgt die Gefahr, daß sich dessen eigentliche Aufgabe, nämlich den Zugang zum Werk zu öffnen, in ihr Gegenteil verkehrt.

Die durch die Integration in einen völlig kommerzialisierten Musikbetrieb veränderte Situation des Interpreten sogenannter klassischer oder ernster Musik und sein dadurch gewandeltes Selbstverständnis schienen mir näherer Betrachtung und Beschäftigung wert.

Musik als Sprache; Empfinden und Erleben von Musik; das Wesen der Musik aus der Sicht des Interpreten; Interpretieren als Beruf; der Künstler und sein Publikum; Künstler und Kritiker; der Interpret als Bewahrer des Vergangenen und Entdecker des Neuen; Voraussetzungen zum Künstlerberuf; der Auftrag des Künstlers; vom Glück des Interpretierens – das sind einige der Themen, die die Gespräche durchziehen und ihnen trotz wechselnder Form eine Einheitlichkeit geben, die den direkten Vergleich der nicht selten Widerspruch herausfordernden und zuweilen konträren Aussagen ermöglicht.

Die hier veröffentlichten Gespräche sind eine Auswahl aus einer Sammlung von Gesprächen mit über dreißig Künstlern, denen ich in den vergangenen Jahren begegnet bin. Dabei war mir von vornherein bewußt, daß einige Fragen nicht hinreichend beantwortet werden würden. So zum Beispiel diejenige nach dem Wesen der Musik und den von ihr hervorgerufenen Empfindungen. Da Worte über Musik letztlich doch nur Umschreibungen eines Unsagbaren sein können, müssen auch bestgemeinte Versuche, die durch sie ausgelösten Empfindungen zu verbalisieren, scheitern. Musik als geformter Klang entzieht sich jeder Deutung durch außermusikalische Mittel. Sie erklärt sich aus sich selbst, weshalb wohl die meisten Worte über Musik entbehrlich sind – allen voran offenbar diejenigen des Kritikers, der musikalisch so überflüssig wie wirkungslos ist. Jener Bereich des menschlichen Bewußtseins, in dem aus physikalischen Schwingungen die sinnesphysiologische Erscheinung Musik wird, bleibt der genauen Analyse verschlossen. Das Hören und Erleben von Musik vollzieht sich in einem Gefühlsraum von nicht meßbarer Erlebnisqualität.

Die Beschränkung auf die in diesem Buch zu Worte kommenden Künstler ergab sich zum einen durch dessen Umfang, zum anderen teilweise auch dadurch, daß ich jenen Interpreten den Vorzug gab, die mir schon früh entscheidende Impulse gegeben haben und während meiner Studienzeit zum Teil Vorbild oder Gegenstand eingehender Auseinandersetzung waren. Nicht zuletzt war auch die Ergiebigkeit des Gesprächs ein Kriterium für die Aufnahme in diesen Band.

Die Gespräche sind unter verschiedenen Voraussetzungen zustande gekommen. Diejenigen mit Abbado, Kempe, Leinsdorf, Maazel, Weissenberg und Zukerman nehmen insofern eine Sonderstellung ein, als sie ganz im Hinblick auf diese Publikation geführt wurden und sich nicht über einen größeren Zeitraum erstreckten.

Die Gespräche mit den übrigen Instrumentalisten und Dirigenten stellen Zusammenfassungen von zum Teil im Verlauf mehrerer Jahre geführten Unterhaltungen über einen weiten Themenkreis dar. So habe ich mich mit Claudio Arrau, abgesehen von einer kurzen Begegnung 1966 in Liverpool, seit 1973 in Hamburg, Hannover, Zürich und London getroffen. Mit Nathan Milstein sprach ich seit 1972 in Hannover, Gstaad, Zürich und London über Musik; darüber hinaus standen wir für ergänzende Fragen bis zur Drucklegung in telefonischem Kontakt. Yehudi Menuhin traf ich 1972 in Hannover, später in Gstaad und 1975 in London. Henryk Szeryng hat sich mir gegenüber in Genf, Ascona, Ost-Berlin und in zahlreichen Telefongesprächen ausführlich zu Fragen seines künstlerischen Wirkens geäußert, und mit Sir Georg Solti habe ich erstmals vor mehreren Jahren, später dann in London und zuletzt im Herbst 1975 in Wien gesprochen. Géza Anda habe ich wiederholt in seinem Zürcher Heim besucht. Das Gespräch mit Herbert von Karajan geht auf Kontakte während meiner Studienzeit in Berlin zurück, wo ich mehrere Jahre hindurch bei zahlzeichen Proben und Aufnahmesitzungen zu seinen Konzerten und Schallplatteneinspielungen hospitierte.

Trotz der Verschiedenartigkeit der befragten Künstler, die sich in diesen Gesprächen oft bekenntnishaft äußern und sich ohne Scheu vor Entblößung zu erkennen geben, läßt sich – bei aller Gegensätzlichkeit der Antworten – ein Gemeinsames erkennen: ihre fanatische und von kompromißloser Wahrhaftigkeit getragene Liebe zur Musik – mag diese Liebe auch nicht näher zu beschreiben, sondern in einer diffusen Begriffswelt aufgehoben sein. Gespräche mit Musikern über Musik sind, notwendigerweise, immer auch Gespräche über jene selbst. Sollten diese Gespräche mit dreizehn herausragenden, das Musikleben prägenden und künstlerisch als Vorbild wirkenden Interpreten zum Verständnis des Künstlers in der heutigen Zeit beitragen, dann haben sie ihren Zweck erfüllt.

Juni 1976 R. C. Bachmann

Claudio Abbado

Claudio Abbado – ein Name, der Assoziationen weckt. Sein Weg hat ihn mit 39 Jahren an die Spitze jener Institution geführt, deren Ruf in den fast zwei Jahrhunderten seit ihrer Gründung geradezu legendär geworden ist und an der zu arbeiten für jeden Musiker Italiens eine besondere Ehre und Auszeichnung bedeutet: dem «Teatro alla Scala» in Mailand, wo Abbado seit 1972 als musikalischer Direktor wirkt. Zu dieser angesehensten Position, die das italienische Operntheater zu vergeben hat, zum begehrtesten Dirigentenpult Italiens, war Abbado nicht nur zeitlich kurz unterwegs, auch räumlich hatte er bloß eine geringe Distanz zurückzulegen. Ein Sohn der lombardischen Hauptstadt, ist Claudio Abbado die Scala von Kindheit an vertraut, und so kann er sich zu den wenigen Glücklichen rechnen, deren Laufbahn Ziel und Krönung in der Vaterstadt und nicht, wie sonst meist der Fall, fern der Heimat findet.

Die Geschichte des Opernhauses, dem der am 26. Juni 1933 Geborene nun vorsteht, ist untrennbar mit zwei Namen verbunden, die für Abbado Ehrung und Verpflichtung zugleich bedeuten: Arturo Toscanini und Victor de Sabata. Ehrung, ihrer Nachfolge für würdig befunden worden zu sein, Verpflichtung, das große Erbe treulich zu verwalten. Zwei Namen auch, die ihm Vorbild sein müssen und es in der Tat auch sind. So wie Toscanini und de Sabata für ihn das Ideal des Operndirigenten verkörpern, so sind es im Bereich der sinfonischen Musik Bruno Walter, Furtwängler und Mitropoulos, die Abbado am meisten schätzt. Bemerkenswerter als das Alter, in dem er Chefdirigent an der Scala wurde – Toscanini hatte bereits mit 31 Jahren dort am Pult gestanden –, ist der ideologische Standort, zu dem der Kommunist Abbado sich bekennt, ungeachtet der Tatsache, daß die Scala par excellence als die Stätte gilt, in der eine spätbürgerliche Gesellschaft sich selber darstellt und bestätigt. Das ist neu in der Geschichte der Oper in der kapitalistischen Welt und wird, daran läßt Abbados Kompromißlosigkeit keinen Zweifel, auch Auswirkungen auf den Opernbetrieb und auf die Darbietung von Musik im weiteren Sinne haben.

«Meine politische Orientierung ist menschlich und sozial bedingt: Ich stehe links. Links, das ist in Italien gleichbedeutend mit Kommunismus. Ich identifiziere mich mit dem italienischen Kommunismus, dem Marxismus italienischer Prägung, der etwas anderes ist als etwa der sowjetische Kommunismus. Für Italien wäre der Kommunismus ideal, er wäre die einzige Möglichkeit einer politischen Existenz.»

Claudio Abbado entstammt einer bedeutenden Musikerfamilie. Seine Mutter, eine Sizilianerin, spielte ausgezeichnet Klavier und schrieb Kinderbücher. Sein Vater, Michelangelo Abbado, erspielte sich als Violinist internationalen Ruf und trat als Dirigent des Orchestra d'Archi di Milano hervor. Am berühmten Giuseppe-Verdi-Konservatorium in Mailand gab er Geigenunterricht und war zugleich auch dessen Vizedirektor. Claudios sieben Jahre älterer Bruder leitet seit 1966 das Konservatorium in Pesaro, der Geburtsstadt Rossinis; ein jüngerer Bruder ist Architekt, seine Schwester spielt Geige. Angesichts der von Musik geprägten Atmosphäre im Hause Abbado konnte es nicht überraschen, daß der junge Claudio seinem Vater und dem älteren Bruder, der Klavier spielte, nacheiferte. Im Alter von acht Jahren wußte er bereits, was er werden wollte: Dirigent.

«Als kleiner Junge schrieb ich in mein Tagebuch: Ich möchte Debussy dirigieren. Damals hatte ich zum erstenmal etwas von ihm gehört. Ich weiß nicht mehr, welches Werk es war, aber es sprach mich an. Als Junge war ich sehr verschlossen, ein Einzelgänger. Vielleicht war damals, bei dieser ersten Begegnung mit Debussy, so etwas wie Einverständnis zwischen zwei Einzelgängern im Spiel, bestimmt aber war es das Ungewöhnliche der Klangkombinationen, das mich berührte. Ich bin in die Musik hineingeboren, bin mit ihr aufgewachsen.»

Claudio Abbado studierte am Mailänder Konservatorium. Klavier war sein Hauptfach. Mit 19 Jahren machte er sein Diplom als Pianist, und mit 21 Jahren hatte er die Diplome für Dirigieren und Komposition (bei Bruno Bettinelli) in der Tasche. Vor die Wahl gestellt, Klavier zu spielen, zu komponieren oder zu dirigieren, entschied er sich für das letztere und ging an die Musikakademie nach Wien, wo er bei Hans Swarowsky weiteren Dirigentenunterricht nahm. «Die Zeit in Wien war für mich besonders wichtig. Dort habe ich zusammen mit Zubin Metha Chor gesungen: Matthäuspassion, Brahms-Requiem, Mozart-Requiem, Missa solemnis. Das Singen war für mich eine wesentliche Erfahrung. Entscheidende Eindrücke habe ich in der Zeit besonders von Bruno Walter, aber auch von Klemperer, Krips, Karajan und Böhm empfangen. Toscanini hatte ich schon früher in Mailand gehört: Verdis ‹Maskenball› unter seiner Leitung hat mich tief beeindruckt. Als ich diese Oper später selbst dirigierte, mußte ich mich stets an jene Aufführung erinnern. Ich habe durch sie sehr viel gelernt, was nicht heißt, daß ich nun versuche, sie zu kopieren. 1958 habe ich dann zusammen mit meinen Studienkollegen Zubin Metha und Gustav Meier den Kussewitzky-Preis in Tanglewood in Amerika gewonnen.»

Nach seinem ersten Erfolg als Dirigent kehrte Abbado nach Italien zurück, wo er vorerst keine Konzerte gab, sondern am Konservatorium in Parma Kammermusik unterrichtete. Konzerte gab er, da Angebote fehlten, nur sehr wenige. 1960 debütierte er beim Festkonzert zum 300. Geburtstag Alessandro Scarlattis an der Mailänder Scala. Doch der Durchbruch zur großen internationalen Laufbahn gelang ihm erst, als er 1963 den ersten Preis im Dimitrij-Mitropoulos-Dirigenten-Wettbewerb in New York gewann.

«Wettbewerbe sind das Amusischste, was ich kenne. Es ist unfair und unmöglich, nach einigen Tagen sagen zu wollen, wer der Beste ist. Es ist wie im Sport, und das ist schlecht, ich muß das ablehnen. Ich hatte noch nie in meinem Leben so schlecht dirigiert wie bei diesem Wettbewerb. Das Urteil, ich sei der Beste, und die Entscheidung, mir den ersten Preis zu verleihen, waren falsch.»

Auch wenn Abbado heute meint, sein damaliger Erfolg sei nicht gerechtfertigt gewesen – die musikalische Welt war von seinem Talent überzeugt. Der 31jährige Abbado überzeugte kurz nach dem Wettbewerb auch Herbert von Karajan, der in Berlin ein Konzert der Reihe «Rias stellt vor» besuchte, zu dem Abbado eingeladen worden war. Karajan verpflichtete daraufhin Abbado für ein Konzert zu den Salzburger Festspielen, wo er die Zweite Sinfonie von Gustav Mahler dirigierte. Dieses Debüt war in zweifacher Hinsicht bedeutsam. Zum ersten bedeutete es für Abbado das erstmalige Auftreten beim wohl berühmtesten europäischen Musikfestival, zum zweiten brachte es ihm die erste und, wie sich herausstellen sollte, folgenreiche Begegnung mit den Wiener Philharmonikern, die er während seiner Studienzeit in Wien als Zuhörer schätzengelernt hatte. Die Philharmoniker luden Abbado nach seinem Salzburger Debüt nach Wien ein und ernannten ihn 1971, eine Folge der ersprießlichen gemeinsamen Zusammenarbeit, zu ihrem Hauptdirigenten.

Damit hatte Abbado neben dem Scala-Orchester, dessen Direktor er 1968 geworden war und das sich dank ihm als Sinfonieorchester einen guten Ruf erwarb, eine weitere Schlüsselposition im europäischen Musikleben errungen. Ein Jahr später, 1972, berief das London Symphony Orchestra Abbado neben Colin Davis zu seinem Principal Guest Conductor, eine Ernennung, in der die Wertschätzung durch die britischen Musiker zum Ausdruck kam. Im gleichen Jahr wurde Abbado musikalischer Direktor der Scala, und das Mailänder Publikum nahm mit Stolz zur Kenntnis, daß einer der Seinen, ein gebürtiger Mailänder, den begehrtesten aller italienischen Dirigentenposten bekleiden werde. Einladungen zu Tourneen mit den Orchestern von Cleveland und Philadelphia durch die USA und zu Konzerten mit den Berliner Philharmonikern, dem Israel Philharmonic Orchestra, dem Boston Symphony Orchestra sowie anderen bedeutenden Sinfonieorchestern dokumentieren die Bedeutung, die man der interpretatorischen Aussage Abbados als Dirigent in der Alten wie in der Neuen Welt beimißt.

Ein auffallender Wesenszug Abbados ist seine – fast als Schüchternheit zu bezeichnende – Unaufdringlichkeit. Sowohl im persönlichen Gespräch als auch bei der Arbeit mit dem Orchester. Man kann ihn sich schreiend einfach nicht vorstellen – Vergleiche mit Toscanini erfahren spätestens da einen Knick. Seine Anweisungen an das Orchester sind knapp, präzise. Abbado verzichtet auf wortreiche, weitschweifige, den Musiker meist entnervende Inhaltsdeutungen der darzustellenden Musik. Er beschränkt sich auf Angaben, die dem Musiker bei der schwierigen Arbeit der Interpretation tatsächlich helfen. «Ich spreche nicht viel mit dem Orchester. Wenn ich in der Probe sprechen würde, dann würden die Musiker sicher wundervoll spielen. Im Konzert aber kann ich zu ihnen nicht sprechen. Da müssen sie meinem Taktstock folgen und meinen Augen, die ihnen sagen, was ich von ihnen will. Also sollen sie sich schon in der Probe darauf einstellen.» Bescheidenheit zeigt er auch darin, daß er die Briefe seiner Hörer selbst beantwortet und nicht der unpersönlichen Erledigung durch ein Sekretariat überläßt.

Trotz – oder vielleicht gerade wegen – seines Erfolges hat Abbado seine jüngeren Kollegen, die es noch nicht soweit gebracht haben wie er, nicht vergessen. Denn er erinnert sich noch zu genau der Zeit, als er selbst ohne Engagement, nur mit Aussicht auf ein oder zwei Konzerte im Jahr, in Parma unterrichtete.

«Ich tue etwas für die jungen Dirigenten. Wir haben in Italien einige sehr gute junge Kräfte. Einige von ihnen habe ich als Assistenten an die Scala geholt. Einen anderen habe ich einem amerikanischen Orchester empfohlen, das zunächst mir ein Angebot gemacht hatte.»

Obwohl Abbado der weltberühmten Scala vorsteht, hat sein Weg dahin über den Konzertsaal geführt und nicht über die Oper. Darin unterscheidet er sich, gleich anderen Pultvirtuosen seiner Generation, wie etwa Lorin Maazel, Zubin Metha, Seiji Ozawa und André Previn, grundsätzlich von der alten Garde, die es sich selbst hoch anrechnet, den oft mühevollen und frustrierenden klassischen deutschen Weg vom Korrepetitor an der Provinzbühne über eine Kapellmeisterstelle zum Pult im Konzertsaal gegangen zu sein. Mag dieser bis vor dem Zweiten Weltkrieg in Europa geradezu obligatorische Karriereweg auch mancherlei Vorzüge für das Dirigieren im Konzert mit sich bringen, vor allem wenn es um Fragen der Begleitung geht, so hat doch die Praxis nach der Zäsur, die der Krieg für den Musikbetrieb bedeutete, und der sich daran anschließenden Wandlung des Musiklebens die Behauptung widerlegt, daß Opernerfahrung unabdingbare Voraussetzung für den Dirigentenberuf sei.

So wie sich der Musikbetrieb uns heute präsentiert, scheint es richtig, zwischen Konzert- und Operndirigent zu unterscheiden. Die beiden Tätigkeiten können, müssen einander jedoch nicht ausschließen. Abbados Weg scheint sogar mehr Vorteile zu haben, als ihm, von Dirigenten der älteren Generation, Nachteile nachgesagt werden. Zumindest in seinem Falle hat es sich als sehr vorteilhaft erwiesen, die Karriere auf dem «Umweg» über den Konzertsaal aufzubauen. Gerade weil er nicht gezwungen war, die entscheidenden Jahre seiner künstlerischen Entwicklung im Dämmerlicht einer Provinzoper zu verbringen, sondern im Konzertsaal mit verantwortungsvollen Aufgaben gefordert wurde, konnte er sich eine Ausgangsposition schaffen, die zu einer erfolgreichen Beschäftigung mit der Oper führte.

Ein junger Dirigent kann sich selbstverständlich auch nur auf das Konzert beschränken. Opernerfahrung ist für mich keine Voraussetzung für diesen Beruf. Warum sollte ein Dirigent zuerst an die Oper gehen? Am Anfang habe ich nur Konzerte dirigiert. Erst später habe ich mich der Oper zugewendet. Ich habe anfangs viel Kammermusik gespielt, keine Konzerte gegeben. Dann habe ich Konzerte dirigiert, aber keine Oper. Jetzt mache ich beides. Also, es muß nicht so sein, wie es früher war und in Deutschland heute noch ist. Ich dirigiere heute beides gleich gern, Oper und Konzert. In der Oper versuche ich stets die gleichen Besetzungen zu halten, bei Rossini vor allem, aber auch bei Verdi. Es hat keinen Sinn, wenn plötzlich ein anderer Sänger kommt, der die übrigen Solisten und die Inszenierung nicht kennt. Ich bin deshalb für die Ensembleoper. In der Scala ist die Gefahr des Besetzungswechsels nicht sehr groß, weil wir nur ein kleines Repertoire von neun oder zehn Opern haben.»

Wenn Musik für Abbado auch nur bedingt politischen Charakter hat, so betrachtet er seine Tätigkeit als Dirigent doch als durchaus politisch. Mit der Erweiterung des Spielplans der Scala durch Werke von Luigi Nono und Penderecki strebt er eine Veränderung der gesellschaftlichen Struktur des Scala-Publikums an. Mit dem Komponisten Nono, der Mitglied des Zentralkomitees der Kommunistischen Partei Italiens ist, ist Abbado befreundet. Ihm und dem Pianisten Maurizio Pollini hat Nono auch sein für ein neues Musiktheater gedachtes und als «szenische Aktion» umschriebenes Werk «Al gran sole carico d'amore» gewidmet, ein Auftragswerk der Scala, das Abbado im April 1975 am Mailänder Teatro Lirico mit großem Erfolg uraufführte, nachdem die Fraktion der Democrazia Cristiana im Mailänder Stadtrat zuvor eine monatelange heftige Kampagne gegen das Stück geführt hatte.

Abbado strebt das Gespräch mit den Musikhörern an, er will mit ihnen in Diskussionskonzerten und -veranstaltungen in Kontakt treten. Das Publikum soll vom Künstler nicht mehr so weit weg sein, wie das bislang dem überkommenen Verständnis von Kulturkonsum entsprechend der Fall war.

«Ich liebe es, vor oder nach dem Konzert zum Publikum zu sprechen oder mit ihm zu diskutieren, wie ich das zum Beispiel in Mailand, Amsterdam und London getan habe. Natürlich kommen oft auch dumme Fragen aus dem Publikum. Aber von zehn sind immer drei oder vier intelligent und interessant. Es ist sehr wichtig, neue Kontakte zum Publikum zu schaffen. Natürlich ist es schwer, neue Wege zu finden, ein Rezept habe ich nicht, aber ich versuche trotzdem, das Konzertleben interessanter zu gestalten. Ich habe – auch bei Festivals – vollen Einfluß auf die Programmgestaltung. Ein Konzertprogramm sollte nicht nur moderne Musik enthalten, sondern kombiniert, gemischt sein, damit das Konzert für verschiedene Hörergruppen akzeptabel und reizvoll ist. Sinnvoll wäre es aber, moderne Stücke zweimal im gleichen Konzert aufzuführen. Bei den Salzburger Festspielen zum Beispiel habe ich die drei Orchesterstücke Opus 6 von Alban Berg auch gegen Widerstände ins Programm genommen. Auch als ich vor Jahren die Zweite Sinfonie von Mahler dirigierte, hatte man mir gesagt, das sei verrückt, da komme niemand ins Konzert. Doch das stimmt nicht. Das Publikum ist nicht so dumm, es merkt sehr wohl, was gute moderne Musik ist. Pollini zum Beispiel hat mit einem ausschließlich Schönberg gewidmeten Programm einen vollen Saal. Wenn Veranstaltungen mit moderner Musik nicht gut besucht sind, so auch deshalb, weil sie oft sehr schlecht gespielt wird.»

Abbados Vorstellungen von einer Veränderung des profitorientierten Musikbetriebes sind unmittelbar an der Praxis orientiert. Er leistet kulturpolitische Arbeit, indem er mit dem Orchester in die Schulen geht oder etwa Konzerte in Sesso San Giovanni, einem Arbeiterviertel in der Peripherie Mailands, gibt. Seiner Meinung nach brauchen die bestehenden Musikinstitutionen nicht aufgelöst zu werden, sondern können im Sinne einer demokratischen Funktion transformiert werden. Im Industriegebiet von Reggio nell'Emilia nahe Bologna gibt er seit 1972 zusammen mit seinen Freunden Nono und Pollini und einer Gruppe von Musikologen und Literaten jeden Sommer in einem mehrwöchigen Workshop unter dem Motto «Musica/Realtà» (Musik und Wirklichkeit) Informationen über die Musik sowohl der Gegenwart als auch der Vergangenheit an jene weiter, die bislang einem offi-

Von den italienischen Dirigenten der jungen Generation ist Claudio Abbado (rechts beim Partiturstudium in seinem Mailänder Heim) der populärste. Zahlreiche seiner Schallplattenaufnahmen (das Foto links zeigt den Künstler im Aufnahmestudio) wurden mit Preisen ausgezeichnet oder fanden bei der Fachkritik höchste Anerkennung. So auch die Einspielung der Violinkonzerte von Tschaikowsky und Mendelssohn mit Nathan Milstein (unten im Gespräch mit Abbado und dem österreichischen Bundeskanzler Bruno Kreisky bei den Salzburger Festspielen).

ziellen Kulturbetrieb ferngeblieben sind. Das sind in erster Linie Jugendliche, Studenten und Arbeiter, von denen viele noch nie bewußt klassische Musik gehört haben. «Musica/Realtà» kam unter der organisatorischen Mithilfe von Gewerkschaften und der Kommunistischen Partei Italiens zustande, die an den Arbeitsplätzen für die Veranstaltung warb.

«Die Reaktion der Studenten und Arbeiter, mit denen ich in Reggio Emilia zusammenarbeite, ist phantastisch. Meine Arbeit dort mache ich unentgeltlich – es ist mir wichtig, daß in Italien endlich etwas in Richtung Musikerziehung geschieht. Denn die Vorbereitung für das musikalische Leben ist in Italien gleich Null. In den Schulen und Konservatorien geht der Unterricht allenfalls bis Bartók, und das ist ein großer Fehler. Ohne Honorar in Reggio Emilia tätig zu sein, kann ich mir aber nur deshalb leisten, weil ich bei Musikfestspielen und Engagements im Ausland Geld verdiene. Daß ich bei Festivals der kapitalistischen Gesellschaft auftrete, steht nicht in Widerspruch zu meiner politischen Überzeugung. Ich leiste eine Arbeit, die in der kapitalistischen Gesellschaft, in der ich lebe und wirke, entsprechend honoriert wird. Es spricht nichts dagegen, daß ich mit meiner politischen Überzeugung in kapitalistischen Ländern arbeite. Nur in faschistischen Staaten trete ich nicht auf. So habe ich es abgelehnt, in Griechenland zur Zeit der Diktatur zu dirigieren, ich habe mich auch einem Protest gegen den Einmarsch in Prag angeschlossen. In Italien bin ich für eine Nivellierung der Vermögen. Ich zum Beispiel bin bereit, an der Scala auch für ein bescheidenes Honorar zu arbeiten, vorausgesetzt, daß die Bedingungen für alle gleich sind.»

Abbados unermüdlicher Einsatz für eine Erneuerung des Musiklebens und für neue Publikumsschichten hat seine Spuren bei ihm hinterlassen. Die Einstudierung von Nonos «Al gran sole», die für Abbado einen Monat härtester Beanspruchung mit zum Teil sechzehnstündigen Arbeitstagen bedeutete, ihm auch manchen Ärger brachte und vor allem seinen gewohnten Lebensrhythmus unterbrach, hatte ihm ein Magengeschwür eingetragen; für jemand, der wie Abbado gern ißt, auch selber kocht und dessen Lieblingsgericht eine nicht gerade leicht verdauliche sizilianische Spezialität nach Mutters Rezept ist, eine doppelte Belastung in einem Beruf, der eine gesunde Konstitution erfordert. Das Geschwür konnte jedoch ohne chirurgischen Eingriff kuriert werden. Schon früher einmal hatte ihn seine Besessenheit verleitet, seiner Physis zuviel aufzubürden. So mußte er 1972 in London wegen nervöser Erschöpfung ins Krankenhaus. Die Ärzte erlegten ihm eine mehrwöchige Schonzeit auf, in die beide Eröffnungsvorstellungen der ersten Spielzeit fielen, die das neue Scala-Team Paolo Grassi/Massimo Bogianchino/Claudio Abbado vorbereitet hatte.

Abbado gehört zu dem Typus moderner Dirigenten, die Wert auf einen sportlich trainierten Körper legen. Er fährt Ski, spielt Tennis und Fußball, klettert bis zum fünften Schwierigkeitsgrad, liebt das Wasser, schwimmt gern, spielt Wasserball. Abbado treibt damit ausgiebig Ausgleichssport für einen Beruf, der selbst sportliche Züge trägt, weiß man doch, daß der Energieverbrauch eines Dirigenten während des Konzertes dem eines Hochleistungssportlers nahe kommt. Seit 1971 ist Claudio Abbado in zweiter Ehe mit der Designerin Gabriela Catalupi verheiratet, die er in London kennengelernt hat. Ihr gemeinsamer Sohn Sebastiano wurde 1974 geboren. Aus der ersten Ehe mit Giovanna Gavazzone hat Abbado eine Tochter Alessandra, geboren 1960, und einen Sohn Daniele, geboren 1958, der Regisseur werden will. Die Familie Abbado wohnt in Mailand. Das Ferienhaus steht auf Sardinien.

Voraussetzung dafür, daß Abbado ein Werk dirigiert, ist, daß es einen musikalischen Wert hat. «Musik muß für mich im ästhetischen Sinne schön sein und einen tiefen Grund haben. Musik, die nicht schön, die oberflächlich ist, interessiert mich nicht. Musik, das ist für mich ein Teil des Lebens, ist ein Teil eines mystischen Erlebnisses. Jeder hat in seinem Leben einmal einen Augenblick, wo er daran denkt, sich selbst zu töten – dieses Gefühl kann man auch in der Musik erleben. Das Schönste an der Musik ist, daß es in ihr kein Ende, keine verschlossene Tür gibt. Man kann in ihr immer etwas Neues finden. Was ich während des Musizierens empfinde, ist schwer zu sagen, das rührt an Grenzbereiche, für die uns Worte fehlen. Manchmal ist es ein Glücksgefühl, manchmal das Gegenteil.

Ich erlebe Musik auch physisch, mit den Händen, man spürt den Klang und die Spannung. Da spielen viele Komponenten ineinander: der Klang des Orchesters; der Kontakt zum Musiker, den ich mit den Augen herstelle; das Publikum. Aber normalerweise denke ich nicht daran, wo ich bin, das Publikum ist vergessen. Wenn ich dirigiere, habe ich nicht jeden einzelnen Takt vor mir, sondern einen größeren Abschnitt, eine Phrase zum Beispiel. Ich bin während der Aufführung nicht mehr bewußt beim Notentext, es ist besser so, sonst wird es zu kalt und zu technisch. Der schöpferische Prozeß des Interpretierens ist ja nur der Abschluß eines langen Entwicklungsweges, den man bei der Beschäftigung mit dem Werk zurücklegt. Wo beim Interpretieren die Grenzen zwischen Intellekt, Instinkt und Intuition liegen, ist schwer zu sagen. Aber ich glaube, es ist für eine Interpretation besser, wenn das Instinktive überwiegt.

Die Empfindungen während des Dirigierens berühren oft auch Außermusikalisches. Ich erinnere mich zum Beispiel, wie ich einmal im Musikvereinssaal in Wien dirigierte: Die Sonne schien genau in dem Moment durch die prächtigen, großen Fenster, als die Musik mich besonders tief berührte. Es war wie ein Wunder – natürlich glaube ich nicht an Wunder –, aber es war etwas Eigentümliches, vielleicht mehr als ein nur ästhetisches Erlebnis. Ich habe das nie genau analysiert, und ich weiß auch nicht, ob ich es versuchen sollte. Ich habe Angst, etwas, was ich jetzt als gut empfinde, könnte durch die Analyse zerstört werden.»

Viel wichtiger als der physische Kontakt mit dem Orchester ist Abbado das, was aus der Musik zu ihm spricht. Musik ist für ihn eine Weltsprache, die jedoch etwas anderes vermittelt als das Wort. Mit seiner Tätigkeit verbindet er keine Mission, jedenfalls ist ihm solches nicht bewußt. Musik kann seiner Meinung nach durchaus zur Verständigung zwischen den Völkern beitragen. Das war mit ein Grund, weshalb er bei den Berliner Festwochen 1974 «Ein Überlebender von Warschau» von Arnold Schönberg in einem Konzert mit den Wiener Philharmonikern aufführte. Abbado wehrt sich auch entschieden gegen das chauvinistische Vorurteil, daß nur ein Landsmann eines Komponisten dessen Musik richtig wiedergeben könne. So wie Musik keine Grenzen kenne, so sei auch der Interpret an keine Grenzen gebunden.

Feind jedes Spezialistentums in der Musik, fühlt sich Abbado sowohl der klassischen Musik als auch der modernen verpflichtet. Maxime seines Künstlertums ist, stets die Idee des Komponisten zu respektieren.

«Der Komponist hat immer recht, das ist Gesetz beim Interpretieren. Der Interpret muß bei dem bleiben, was der Komponist geschrieben hat. Natürlich hat jeder Interpret seine eigene Persönlichkeit. So habe ich etwas sehr Wichtiges von Ravel lernen können: Ich besaß eine Schallplatte von ihm, auf der er eigene Werke spielte, und ich verglich anhand der Partitur, wie er sie spielte. Da war vieles anders, als man es nach den von ihm gegebenen Zeichen interpretiert hätte. An diesem Beispiel wurde mir klar, daß man, über die allgemeinverständliche Formel der Interpretationszeichen hinaus, Partituren individuell lesen lernen muß. Man muß also in einem gewissen Maße frei bleiben. Aber es ist sehr schwer, die Grenze zu finden, wo die interpretatorische Freiheit aufhört. Sie zu überschreiten, daran hindert mich die Selbstkritik. Ich gehe manchmal sicher bis hart an die Grenze, übertrete sie sogar, mache in solchen Momenten aber sofort wieder kehrt. Man muß sich immer bewußt sein, daß man dem Komponisten zu dienen hat, und man soll ihm mit Respekt und mit Demut begegnen.»

Abbados fanatischer Ernst, seine Unerbittlichkeit, wenn es darum geht, den Notentext zu realisieren – das erinnert unmittelbar an Toscanini. Kritik ist ihm, der gegen sich selbst und das Orchester höchst kritisch verfährt, nicht unwillkommen. Er liest sie, selbstverständlich, wie er anmerkt. Nur eine Bedingung stellt er an sie: sie muß konstruktiv sein.

«Es ist vielleicht zuviel gesagt, daß die Kritik meinen Interpretationsstil beeinflußt hat. Aber wenn meine Arbeit kritisiert wurde, dann habe ich immer gleich herauszufinden versucht, was falsch war, und manchmal hat mir die Kritik dabei geholfen. Insofern hat sie in einzelnen Fällen auf meine Interpretationen einen gewissen Einfluß gehabt. Ich habe auch oft schon mit Kritikern gesprochen und ihren Standpunkt akzeptiert, wenn er sich als richtig erwies. Ich erhalte in Mailand viele Briefe von Hörern, oft auch von Studenten. Einmal bekam ich von einem Zuhörer eine regelrechte Kritik einer Mozart-Interpretation. Ich schrieb ihm zurück, daß ich gern mit ihm sprechen würde. Als wir uns dann trafen, zeigte es sich, daß er vielleicht doch nicht ganz recht hatte. Trotzdem finde ich, daß man dabei immer etwas lernen kann.»

Für die Schallplatte hat Abbado eine Reihe zum Teil aufsehenerregender Aufnahmen eingespielt. Sein Interpretationsstil – er ist durch eine gewisse Sprödigkeit und Härte gekennzeichnet, die die Widerstände der Komposition weniger glätten als hörbar werden lassen – kommt in der Aufnahme der vier Sinfonien von Brahms ebenso zum Ausdruck wie in den Strawinsky-Balletten «Jeu de cartes», «Der Feuervogel» und «Le sacre du printemps». In seiner Eigenschaft als Chefdirigent der Scala leitet Abbado auch die Sinfoniekonzerte des Scala-Orchesters. Ihre früher sehr konservativen Programme hat er systematisch durch Kompositionen des 20. Jahrhunderts erweitert, um so auch im Bereich des Konzertes die einseitige Publikumsstruktur der Mailänder Scala zu verändern. Die meisten Proben hat Abbado der Öffentlichkeit zugänglich gemacht. Er will damit die Beziehung Publikum–Künstler intensivieren und die Organik eines großen Musikinstitutes durchschaubarer werden lassen. Auch erhalten Arbeiterorganisationen Kartenkontingente, die für bestimmte Vorstellungen eine völlig neue Hörerschicht ins Haus bringen. Schönberg, Skrjabin, Prokofieff, Berg, Lutoslawski und Nono haben in die Programme der Scala-Konzerte Eingang gefunden.

Abbados Aufnahme von Luigi Nonos «Como una ola de fuerza y luz» mit Maurizio Pollini und der Sängerin Slavka Taskova wurde 1975 mit dem Deutschen Schallplattenpreis der Deutschen Phono-Akademie ausgezeichnet. Von seinen Operneinspielungen haben die Aufnahmen von Rossinis «La Cenerentola» und «Der Barbier von Sevilla» die Fachkritik begeistert, und unter den Konzertaufnahmen ragen die Einspielungen der Violinkonzerte von Tschaikowsky und Mendelssohn mit Nathan Milstein sowie von Mozart-Klavierkonzerten mit Friedrich Gulda besonders hervor. Wenn Abbado dennoch der Produktion im sterilen Aufnahmeraum kritisch gegenübersteht, so liegt das an seinem Verhältnis zum Publikum.

«Im Konzertsaal kommt eine ganz besondere Atmosphäre zustande, die ungemein stimuliert. Während des Dirigierens spüre ich das Publikum; es ist etwas Lebendiges und Spontanes, das in eine Schallplattenaufzeichnung, die in einem Studio gemacht wird, niemals Eingang finden kann. Deshalb bin ich dafür, Livekonzerte für die Schallplatte mitzuschneiden. Ich habe die Produzenten schon unzählige Male darum gebeten, aber man sagt mir, es klinge technisch nicht so gut wie im Studio. Ich finde aber, daß das nicht so wichtig ist. Man sollte vielleicht einmal den Musikvereinssaal in Wien nur zur Hälfte mit Publikum besetzen, so daß die Atmosphäre durch das Publikum hergestellt ist, die Technik aber zugleich optimale Bedingungen schaffen kann. Ich will es einmal versuchen. Mein Interpretationsstil hat sich durch den Umgang mit der Technik leicht verändert, nicht wesentlich. Es gibt wenige Aufnahmen von früher, die ich heute noch gut finde. Manchmal muß ich mir, wenn ich eine ältere Platte anhöre, sagen, was bist du doch für ein Idiot gewesen. Man entwickelt sich ja auch...

Es gibt auch Aufnahmen, da meine ich, daß ich es damals nicht schlecht gemacht habe. Ich habe zum Beispiel eine Bandaufnahme von meinem ersten Konzert gehört, und ich muß sagen, für einen jungen Dirigenten war das gut oder wenigstens nicht schlecht. Natürlich würde ich es heute anders machen. Leider wird oftmals bei den Schallplattenaufnahmen das Aufnahmedatum verschwiegen – der Käufer kann dadurch leicht irregeführt werden. Er glaubt, eine relativ neue Aufnahme zu kaufen, dabei ist sie schon Jahre alt und repräsentiert nicht die gegenwärtige Einstellung des Interpreten zum Werk.»

Wie Toscanini, eines seiner großen Vorbilder, und Karajan, durch den er mancherlei Förderung erfuhr, dirigiert auch Abbado auswendig. Sowohl im Konzert als auch in der Oper. Das Dirigieren mit Partitur behindert ihn.

«Ich habe es einmal versucht. Aber da hatte ich lediglich das Gefühl, das Werk nicht zu kennen. Wenn man in der Oper in die Partitur schaut, dann kann man nicht verfolgen, was auf der Bühne geschieht. Wenn ein Solist oder Sänger ‹verlorengeht› auf der Bühne, ist meine Reaktion so instinktiv und schnell, wie sie es niemals sein könnte, wenn ich die Partitur zu Hilfe nehmen würde. Es gibt Leute, die halten das Auswendigdirigieren für Eitelkeit – das ist es aber nicht. Es ist für mich ein Mittel, tiefer in die Musik einzudringen.»

Abbados Bemühungen um eine künstlerische Reorganisation der Scala gerieten im Frühjahr 1976 ins Stocken. Die Krise der unter der prekären wirtschaftlichen Lage des Landes besonders leidenden italienischen Opernhäuser erreichte einen vorläufigen Höhepunkt, als im April 1976 durch ein Zwischengesetz die Kürzung der Subventionen für die dreizehn Musikinstitute Italiens sanktioniert wurde. Paolo Grassi, Generalintendant der seit langer Zeit hoch verschuldeten Mailänder Scala, erklärte seinen Rücktritt, als seine Forderung nach einer finanziellen Sonderregelung für sein Institut nicht erfüllt wurde. Wenige Tage nach seiner Demission stellte auch Claudio Abbado sein Amt als musikalischer Leiter des weltberühmten Theaters zur Verfügung, da er, wie Grassi, nicht verantwortlich sein wollte für ein Absinken der Scala in Mediokrität. In der Demission dieser beiden Exponenten des italienischen Musiklebens wurde ein mutiges Fanal gesehen, das den Bankrott der italienischen Kulturpolitik blitzartig erhellte. Knapp einen Monat nach seinem spektakulären Rücktritt zog Grassi seine Demission zurück, nachdem sich das mailändische Stadtparlament verpflichtet hatte, durch eine außerordentliche staatliche Finanzierung der Scala das erreichte künstlerische Niveau und die bisherige Frequenz der Aufführungen zu erhalten. Dies bewog schließlich auch Abbado, der inzwischen ein Angebot als Generalmusikdirektor der Deutschen Oper Berlin und aus München eine Offerte als Nachfolger Rudolf Kempes (die er ausschlug) erhalten hatte, seinen Entschluß zu überdenken. Nach der Erfüllung der Forderungen erklärte er sich bereit, seine «Beziehungen zur Scala nicht aufzugeben» und eines Tages zurückzukehren: «Wahrscheinlich ist meine Trennung von der Scala nicht endgültig, und ich dirigiere weiter in Mailand.» Die Krise der Scala war vorläufig wieder einmal beigelegt.

Ein Leben ohne Kultur, ohne Kunst ist für ihn, der in kulturpolitischen Kategorien denkt und handelt, nicht vorstellbar. Claudio Abbado lebt nach dem Grundsatz, sein Tun stets in den Dienst einer alles umfassenden Menschlichkeit zu stellen. In diesem Bewußtsein tut er seine Arbeit als Interpret, der für ihn Bewahrer kultureller Werte, zugleich aber auch Reformer eines starren und konservativen Musikbetriebes sein sollte.

Géza Anda

«Ich bin nur ein verhältnismäßig begabter Mensch, der sich Mühe gibt.» Wer im Zenit einer künstlerischen Laufbahn solches von sich sagt, verrät ein außergewöhnliches Selbstverständnis – außergewöhnlich, weil er in selbstgefälliger Bescheidenheit das Handwerkliche über das Inspirative, Intuitive stellt. Dieses pragmatische Verständnis von Künstlertum hat sich ein Pianist zu eigen gemacht, der wie kaum ein anderer zum Inbegriff elegant-nonchalanten Klavierspiels geworden ist: Géza Anda.

Er, der Hermes am Flügel mit fliegenden Händen und in den Pausen apollinisch verschränkten Armen, ist ganz und gar der sensible Pragmatiker klavieristischen Charmes. Daß er einer wurde, der Gültigkeit und Wahrheit künstlerischen Ausdrucks primär am Erfolg mißt, mag entwicklungsbedingt sein. Als Zwanzigjähriger hatte er über seine Zukunft – über Karriere oder Musikbeamtentum – zu entscheiden. Die «Umstände», der «blöde Krieg» mögen in die Richtung des Erfolgs gedrängt haben. «Wahrscheinlich wäre ich damals wie viele andere auch ausgeschert, hätte nach einer Tätigkeit gesucht, bei der ich der Musik wenigstens nicht allzufern war. Doch ich mußte beim Klavierspielen bleiben, denn es blieb mir nichts anderes mehr übrig. Es war die einzige Möglichkeit herauszukommen. Wenn ich erst in einer Oper als Korrepetitor angefangen hätte, dann wäre ich verloren gewesen.» Ein Stipendium mitten im Krieg hilft dem Meisterschüler Ernst von Dohnányis – «Es scheint, daß ich begabter und vor allem fleißiger als die anderen war» – «herauszukommen», nach Berlin, der Stadt, der Anda seine Laufbahn verdankt.

Doch warum wird einer Künstler? Ist es der Ehrgeiz der Eltern, der Hang zum Spekulativen, die Flucht vor Verbürgerlichung, der Drang nach Selbstverwirklichung, der Reiz des existenziellen Risikos, das Bedürfnis, mehr und anders zu sein als die anderen, die Hoffnung auf Bewunderung, Anerkennung, Ruhm?

Anda weiß es nicht. «Es ist halt einfach so. Später, ja, da ist man eben unter die Räder geraten, da kann man einfach nicht mehr heraus.» Vater und Mutter waren Amateurmusiker. Der Vater spielte leidlich Geige, die Mutter Klavier – beide gut genug, um an leichterer Kammermusik Freude zu finden, um die Begabung des Sohnes zu wecken und über sie zu wachen. Kein enormer Impuls. Kein Zwang zum Üben von seiten besessener Eltern. Eher die Besorgnis, daß er sich zuviel mit Musik abgeben könne, anstatt mit anderen Kindern zu spielen. Anregung von außen, Musiker zu werden, war für den Achtjährigen ein von Dohnányi veranstaltetes Kinderkonzert. Da fing er Feuer, von da an stand für ihn fest, was er werden wollte. Nicht so für die Eltern, die diesem Berufswunsch recht skeptisch gegenüberstanden. «Mein Vater, ein Schuldirektor, vertrat den Standpunkt, daß der Mensch auch einen anständigen Beruf haben müsse. Er bestand darauf, daß ich etwas Ordentliches lernte, und so wurde ich – ich war kein gar zu dummer Junge und konnte sogar noch Klassen überspringen – bald diplomierter königlich-ungarischer Volksschullehrer.» Worauf er heute noch stolz ist.

Sein Sieg beim Franz-Liszt-Wettbewerb, um den im Turnus von drei Jahren die jungen ungarischen Pianisten wetteifern, bestätigt ihm, daß er auf dem richtigen Weg ist. Sein Debüt gibt er, ein lebhafter 18jähriger, unter Willem Mengelberg. Er spielt das Zweite Klavierkonzert von Johannes Brahms, ein Werk, das fortan Kernstück seines Repertoires ist.

Karriere als Folge der Umstände, als Produkt des Zufalls, das unterschreibt Anda. Denn gerade er hat in besonderem Maße erfahren können, wie Zufälle lebensbestimmend sein können. So etwa sein Zusammentreffen mit Wilhelm Furtwängler, das seine internationale Karriere begründete. Man stelle ihn sich vor: Jung, gewandt, voll gewinnenden Charmes ist der zwanzigjährige Anda der Liebling der Berliner Salons. Nach einem Konzert lädt ihn eine begeisterte Dame der Berliner Gesellschaft ein. Was ihn erwartet, ist ein Kränzchen älterer Damen, Kuchen, Tee und die unausgesprochene Verpflichtung, etwas vorzuspielen. «Für einen jungen Mann wirklich nicht unbedingt das, was man sich wünscht.» Weiteren Einladungen entzieht er sich durch Absenzlügen, bis auch das nichts mehr hilft. «Ich bin dann in Gottes Namen wieder hingegangen. Und wieder dasselbe Zeremoniell: Tee trinken, Kuchen essen, Klavier spielen. Doch da war eine Dame, die war von meinem Spiel sehr angetan. Es war Frau Furtwängler, die sich sofort bei ihrem Mann für mich einsetzte: ‹Willi, du mußt dir den Jungen anhören.› Ich spielte Furtwängler vor, und er engagierte mich. Ohne einen solchen Zufall hätte ich wohl gar nicht reüssiert.»

Und doch, wieviel Anda dem Zufall auch zubilligt – ein Fatalist der Kunst ist er nicht. Wo es um das Handwerk – die Voraussetzung zur Kunst – geht, hat der Zufall keinen Platz. Selbstzucht und Drill am Klavier sind ihm der einzige Garant für künstlerischen Erfolg. Das will nicht heißen, daß er sich selbst zur vielstündigen Tagesfron des Übens verurteilt, der viele seiner Kollegen sich unterziehen müssen, wollen sie ihre Spielfähigkeit auf konkurrenzfähigem Stand halten. Dem Liebling der Götter und Günstling Fortunas wurde die Gabe zuteil, aus einmal Erlerntem unbegrenzt schöpfen zu können. Das ist nicht wenig, wenn man den Präzisionsfanatismus des heutigen Musikbetriebes in Rechnung stellt. Die Verpflichtung gegenüber dem Hörer, sein Bestes zu geben, ist für ihn selbstverständlich.

«Es ist ja meine eigene Verantwortung, die ich als Pianist eingehe. Ich habe ein Publikum, dem gegenüber ich einfach als Mensch verpflichtet bin, mein Bestes zu geben, ganz abgesehen davon, daß es dafür bezahlt, mich zu hören. Dafür bin ich da. Und ich gebe mir wirklich ehrlich Mühe. Die Kunst in unserem Metier ist eine gewisse Regelmäßigkeit der Leistung. Und die erreicht man nur mit eiserner Disziplin. So schön etwas hinschmeißen, das geht mit Achtzehn, aber später kommen dann die Depressionen. Auch ich habe das erlebt, so um die Zwanzig. Da konnte ich überhaupt nichts mehr, nicht einen Finger vernünftig bewegen. Alles war blokkiert. Ich mußte ganz von vorn anfangen, mit Vernunft und Intelligenz. Mir wurde klar, daß ein Künstler ohne analytischen Verstand keiner ist.» – Diese Einsicht gibt Anda, der seit 1960 regelmäßig unterrichtet, allen seinen Schülern mit auf den Weg; zuerst in Luzern als Nachfolger von Edwin Fischer im Rahmen der Meisterkurse der Internationalen Musikfestwochen, seit 1969 in Zürich. Jenen jungen Heißspornen, die mit der Devise «Nur nichts können, nichts erarbeiten, denn das verdirbt die Intuition» zu ihm kommen, gibt er keine Zukunft. Nach dem kurzen Scheinerfolg wartet Vergessenheit auf sie. Schon vielen hat er geraten, die Finger vom Flügel als Brotgeber zu lassen. Er will ihnen das kümmerliche Leben des gescheiterten Pianisten ersparen, das demütigende Stundengeben um der bloßen Existenz willen.

«Ein guter Geiger, der keine ausgesprochene Solistennatur ist, kann eine wunderbare Position als Konzertmeister in einem großen Orchester erreichen. Er findet künstlerische Befriedigung. Nicht so ein Pianist, der es nicht geschafft hat. Das ist doch ein so trauriges Schicksal, keine Möglichkeit der Selbstverwirklichung zu haben, nur weil man unterrichten muß, um leben zu können. Das ist grausam, wenn man eine Künstlernatur ist.»

Anda hat es geschafft, beruflich und privat. Selbstverwirklichung, das ist für ihn nicht nur das erfolgreich bestandene Abenteuer, ein Werk – mit den ihm zustehenden Mitteln, die auch das Dirigieren einschließen – so zu realisieren, daß es seiner Vorstellung entspricht. Es ist auch die Lebensgestaltung im privaten Bereich, in der er seine Wünsche verwirklicht sieht. Dabei hat auch er Mansardenluft geatmet. 1942, zu Beginn seiner Karriere, als er sich durch Freundeshilfe in die Schweiz absetzen konnte. Dort, in Genf, bewohnte er eine winzige Bude; gegenüber dem Atelier des Malers Ferdinand Hodler und gerade zwei Häuser von Jean-Jacques Rousseaus Geburtshaus entfernt. Weder Bad noch Zentralheizung. Die fehlenden Möbel besorgten ihm Freunde und Bekannte. Und auch hier wieder der Zufall, der Andas Leben eine entscheidende Wende gibt: Ein amerikanischer Konsul war von seinem Spiel derart begeistert, daß er alles in seiner Macht Stehende tat, um ihm eine Aufenthaltsgenehmigung zu verschaffen. Daraus ist dann, 1955, ein Schweizer Paß geworden. Und im Laufe weniger Jahre aus dem Paß-Schweizer ein Eidgenosse, der aktiv am Geschehen seiner neuen Heimat teilnimmt.

Nichts könnte Anda empfindlicher treffen als der Vorwurf, Papier-Schweizer zu sein. Er, der schweizerische Pianist ungarischer Herkunft, unterhält sich im Zürcher Dialekt, wohnt in Zürich und ist mit einer Zürcherin verheiratet. Gerade dies ist das Signum seiner vom Glück begleiteten Laufbahn: 1964 vermählt er sich in zweiter Ehe mit Hortense Bührle, der Tochter des Großindustriellen und Kunstsammlers Emil Georg Bührle. Er heiratet damit in ein Milieu ein, das Merkantiles mit einem ausgesprochenen Sinn für kulturelle Werte verbindet. Die Gemäldesammlung Bührle, eine der berühmtesten und schönsten privaten Kunstsammlungen der Schweiz, befindet sich im Wohnhaus der Andas und im angrenzenden Galeriegebäude der heutigen Stiftung Sammlung Emil G. Bührle. Das Wohnhaus selbst ist ein belebtes Museum, das Andas Wunsch nach schönen Dingen voll gerecht wird. Erfolgreich sein, das heißt für ihn auch wirtschaftlich unabhängig sein. Denn er lebt gern gut. «Es muß kein irrsinniger Aufwand sein», aber er will seine Bequemlichkeit haben – wie er es audrückt –, will gut wohnen und von schönen Dingen umgeben sein. «Im Laufe der Jahre bin ich selbst Millionär geworden. Ich könnte mich mit meinem eigenen Geld zurückziehen.» Sehr viel bedeutet ihm schließlich sein Sohn Gratian. Er soll nicht Pianist werden, die Musik zwar lieben, aber keinen Beruf aus dieser Liebe machen.

Anda der Held, der Siegreiche – nicht nur am Flügel –, weiß durch sein herzliches Temperament für sich einzunehmen. Er spricht lebhaft, pointiert, engagiert; sichtlich glaubt er an das, was er sagt. Er sitzt zurückgelehnt, nie vorgebeugt. Sehr gerade. Beim Sprechen wirkt er spontan und gleichwohl distanziert; eine Verbindung von weltmännischer Grandezza und nobler Reserve. Verliert er im Gespräch den Faden, so scheut er sich nicht, die Unterhaltung kurzerhand abzubrechen. Ein Lachen – und er lacht gern – oder der Rückzug ins Überlegen füllen die Lücke oder machen sie zur Denkpause. Doch dann weiß er unvermittelt, was er sagen will, kontert gewandt auf verfängliche Fragen, wobei seine Reaktion mehr emotional als intellektuell ist.

Das birgt das Risiko, zu pauschalisieren, gelegentlich über das Ziel hinauszuschießen. So ist die schöne Tugend der Bescheidenheit gewiß nicht seine Sache. Während Kritik und Liebhaber ihn zu den bedeutendsten Pianisten der Zeit zählen, hält sich Anda selbst schlicht für den Größten; zumindest sieht er unter der jüngeren Pianistengeneration keinen, der ihm das Wasser reichen könnte. Mit dieser Selbsteinschätzung steht er jedoch keineswegs allein. Er teilt sie mit jedem seiner Kollegen; sie ist sozusagen berufstypisch, Folge und Voraussetzung der Karriere zugleich.

Es gibt Pianisten, die betrachten ihr Klavierspiel nicht als Beruf, sondern als eigentliche Berufung, als eine Art missionarischen Auftrag. Anda zählt sich nicht zu diesen. Ihm genügt es, aus einem toten Stück Papier Leben zu schaffen, eine «Drahtkommode», wie er sagt, zum Klingen zu bringen. Seine Mission ist bestenfalls, es stets besser zu machen als andere, ein Werk genauer zu erfassen, es richtig ausgeleuchtet zu präsentieren. Darin sieht er den Sinn seiner Tätigkeit. «Das Priesterhafte am Flügel, in der Kunst überhaupt, lehne ich ab. Das habe ich absolut nicht. Diese ‹Beterei› vieler meiner Kollegen, diese göttliche Eingebung, dieser direkte Draht zu Beethoven oder zu Bach: das kann ich nicht ausstehen. Es waren und sind auch einige große Namen unter dieser besonderen Gruppe von Pianisten; sie gehen mir sehr auf die Nerven.»

Das Sendungsbewußtsein dieser Missionare der Musik erklärt er sich aus dem Unvermögen, mit der Musik wirklich etwas anfangen zu können. Deshalb das Bestreben, sich Gewänder umzuhängen. «Musik wirkt aus und durch sich selbst; sie braucht nicht diesen suspekten Ballast.»

Künstler sein heißt viel unterwegs sein. Anda leidet darunter, wie ihm überhaupt vieles, was der Beruf mit sich bringt, verhaßt ist. «Es wird immer ekelhafter zu reisen. Es ist alles nur noch unangenehm.» Die teurer und in ihrem Service schlechter gewordenen Hotels, das Herumsitzen in den Flughäfen, die nichtvorhandenen

Träger auf den Bahnhöfen, keine Büglerinnen für seine steifen Frackhemden, der Ärger mit den ungestimmten Instrumenten – Reisen ist für ihn zur unzumutbaren Strapaze geworden. «Die Leute meinen zwar: ‹Ach, wie schön Sie's doch haben. Diese weiten Reisen. Was Sie von der Welt alles sehen können.› In Wirklichkeit ist aber von Befriedigung in meinem Beruf – was die äußeren Umstände betrifft – gar keine Rede. Erst am Abend, wenn man aufs Podium kommt, kann man mal anfangen sich zu fragen, ob es so etwas wie eine Befriedigung überhaupt gibt.»

Nun, diese Befriedigung gibt es auch für Anda – vielleicht ein halbes Dutzend Mal pro Saison, wenn er das Gefühl hat, «ordentlich» gespielt zu haben, wenn er sich sagen kann, daß es so richtig war, wie er spielte. «Man spekuliert immer, daß man dies oder jenes noch besser machen könnte. Natürlich merkt dies das Publikum nicht, weil es nicht weiß, was ich erreichen will. Die Probleme einer Interpretation sind für gewöhnlich auch so komplex, daß sie kein noch so gebildetes Publikum und kein noch so versierter Kritiker zu ermessen vermögen, denn dazu braucht es jahrelange Beschäftigung mit dem Werk. Die wirklichen Geheimnisse eines Werkes erschließen sich nur demjenigen, der sich sehr lange Zeit mit ihm auseinandersetzt. Was ich erreichen will, das weiß nur ich selbst. Letztlich spiele ich ja für mich und nicht für das Publikum. Es ist mir sogar fast gleichgültig, ob es ihm gefällt oder nicht. Ich bin so egoistisch, daß es mir gefallen soll. Das ist doch wohl die eigentliche Befriedigung in diesem Beruf, daß nie etwas aufhört, nie fertig ist. Das Zweite Klavierkonzert von Bartók habe ich in meinem Leben sicher bald dreihundertmal gespielt. Aber dieses Werk ist immer noch im Werden begriffen. Das ist doch das Faszinierende an meinem Beruf.»

Obwohl Anda kritische Distanz zwischen sich und dem Publikum hält, braucht er es. Es ist für ihn eine Herausforderung. Das Publikum erfüllt für ihn die Funktion der feuerroten Muleta, mit der in der Arena der Stier vor den Degen des Matadors gereizt wird.

«Ohne Publikum ist man kein Künstler. Man muß sich stellen, draußen, in der Arena. Denn die Werke, die lernt man nicht zu Hause spielen, sondern auf dem Podium. Da macht man auch die Fehler und versucht, von Abend zu Abend diese Fehler zu korrigieren; und so wird schließlich etwas. Zu Hause klimpern, das ist zwar sehr schön, man kann großen Spaß daran haben. Aber es fehlt der Prüfstein. Wenn da etwas danebengeht, dann wiederholt man einfach. Doch draußen, vor dem Publikum, ist das anders. Da versagen dann nur zu leicht die Nerven. Ich bin manchmal wirklich unglücklich, daß ich keine Maschine bin. Es wäre so viel einfacher und schöner, wenn diese nervliche Belastung nicht wäre, all diese Unsicherheitsfaktoren eines fremden Instruments – der eine Flügel geht leicht, der andere schwer, der eine klingt hell, ein anderer dunkel. Andererseits bin ich wieder froh, keine Maschine zu sein. Ich nehme lieber in Kauf, daß es mal danebengeht – das passiert halt dann und wann. Es gab schon Pianisten, die absolut fehlerfrei spielten. Wie etwa der alte Joseph Lhévinne. Aber das war auch das Allerlangweiligste, ohne jedes künstlerische Flair.»

Anda ist calvinistisch erzogen worden; das hat ihm die Begeisterung für die Kirche für den Rest des Lebens genommen. Aber er glaubt schon an eine höhere Macht. Besonders wenn er mit großen künstlerischen Leistungen konfrontiert wird,

Géza Anda (rechts mit seiner Frau Hortense in seinem Haus in Zürich) war nicht nur als Pianist, sondern auch als Klavierpädagoge hochgeschätzt. Als Nachfolger Edwin Fischers leitete er viele Jahre die Meisterkurse während der Internationalen Musikfestwochen in Luzern. In den Jahren vor seinem plötzlichen Tod im Juni 1976 unterrichtete er regelmäßig im Rahmen der Zürcher Junifestwochen (unten im Zürcher Muraltengut beim Unterricht). Das Foto links entstand bei Schallplattenaufnahmen der Mozartschen Klavierkonzerte KV 466 und 467 mit den Wiener Symphonikern.

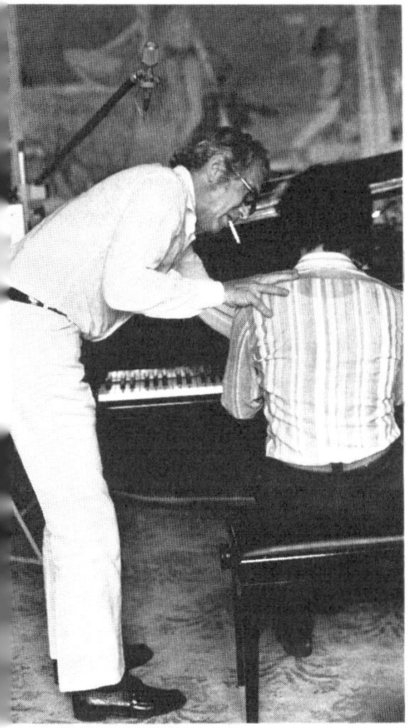

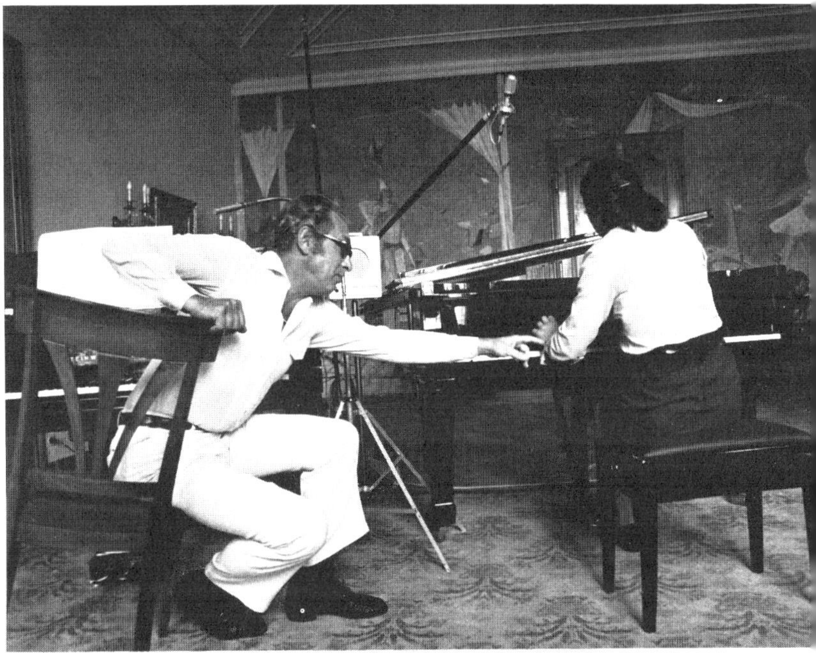

kommen ihm Zweifel, ob eine künstlerische Begabung nur naturwissenschaftlich zu erklären sei. Dann fragt er sich, ob es nicht so etwas wie Gnade gibt.

Wenn er einen sehr guten Tag hat, dann schaut er sich quasi selbst über die Schulter, ist er sein eigener Beobachter. Er hört sich zu, und es spielt von selbst. An der Existenz dieses Es zweifelt er nicht, auch wenn ein Gutteil Erfahrung, Routine, jahrelanges Training dabei ist. Was man von der Natur nicht geschenkt bekommt, läßt sich später kaum erlernen.

«Entweder man hat einen rhythmischen Impuls, oder man hat ihn nicht. Es gibt Zählernaturen, die kommen ohne Zählen nicht aus. Ich zähle nie. Meine geliebte, unvergeßliche Clara Haskil zum Beispiel hatte so ein wunderbares *jeu perlé*. Ich mußte einfach wissen, wie sie das macht. ‹Ich habe keine Ahnung›, sagte sie. Es war ihr einfach gegeben. Das eine kriegt man eben von der Natur, das andere muß man sich bitter erarbeiten. Diese bittere Arbeit ist eine mechanische Arbeit. Das ist unser Steineklopfen. Und dabei ist die Gefahr natürlich sehr groß, daß man dabei verdummt. Bei einigen Kollegen kann man das ganz deutlich sehen. Entweder man verdummt, oder man wird total steril, wofür ich auch einige Beispiele nennen könnte. Hier ein Gleichgewicht zu halten, das ist, glaube ich, die große Kunst. Denn ebendieser Kampf gegen die schwache Seite, gegen die eigenen Mängel kann den Blick so in eine Richtung lenken, daß man das Wesentliche nicht mehr sieht, weil man von seinem eigenen Problem zu sehr gefangengenommen ist.»

Auf ein naturgegebenes Talent beruft sich Anda auch, wenn es gilt, die bei vielen Instrumentalisten verhängnisvolle Neigung zum Dirigieren zu rechtfertigen. Immerhin kann er in seinem Fall auf die Fortsetzung einer Tradition hinweisen, hat er doch als Nachfolger Edwin Fischers ein Vorbild, das in dieser Doppelfunktion weithin Anerkennung gefunden hat. Es ist für ihn nur natürlich, daß er Klavierkonzerte nicht nur spielt, sondern auch vom Flügel aus dirigiert. Zweifel, ob dies nicht vielleicht doch auf Kosten einer optimal ausgewogenen Wiedergabe geschehe, kommen ihm erst gar nicht, dazu ist er sich seines Talentes viel zu sicher.

«Wenn mir einer heute sagt, daß ich weniger kann als irgendein sogenannter Generalmusikdirektor, dann kann ich nur erwidern: Das ist nicht wahr. Ich habe außer mit Toscanini und Bruno Walter mit jedem erstklassigen und vielen mittelmäßigen Dirigenten gespielt. Eine bessere Schule gibt es nicht. Nur-Dirigenten, die nicht vom Instrument herkommen, haben natürlich kolossale Mühe. Eine Sinfonie ist eine instrumentierte Sonate. Wer eine Brahms-Sonate gestalten kann, der kann auch eine Sinfonie gestalten. Mit der musikalischen Substanz also habe ich keine Mühe. Und mit der Schlagtechnik, da, wo es Probleme geben könnte, habe ich einfach keine Schwierigkeiten. Karajan hat mir einmal gesagt: ‹Du dirigierst jetzt? Paß auf, du wirst bei den Dirigenten genauso beliebt wie ich bei den Regisseuren!› Da ist ein bisserl Wahrheit drin.

Dadurch, daß ich selber dirigiere, erreiche ich eine noch größere Einheit der Aufführung. Anfangs stieß ich auf große Widerstände bei den Schallplattengesellschaften. Sie waren der Ansicht, daß die gewünschte Präzision in der Personalunion Pianist–Dirigent nicht zu erreichen sei. Aber die Präzision ist bei mir mindestens so gut, wenn nicht besser als mit einem Dirigenten, denn die Spieler werden bei mir zu Musikern, da sie mir zuhören. Bei mir sind sie nicht Schauende, sondern Hörende.

Jeder Dirigent, und sei er mein bester Freund, atmet anders und hat einen anderen Pulsschlag, was zur Folge hat, daß die Einheit der Darstellung oft gefährdet ist und zerstört wird. Wenn ich jedoch allein mit dem Orchester spiele, dann ist die musikalische und geistige Koordination viel eher gewährleistet.»

Dieser konstruktive Drang, möglichst alles, wozu er musikalisch in der Lage ist, selbst zu machen, führt zwangsweise zur selbstverfaßten Kadenz. Nichts haßt Anda mehr als jene Spezies von Kadenzen, die kaum mehr sind als ein mit einem Triller garnierter, für das Klavier arrangierter Orchesterpart. Anspruchslosigkeit in der Musik verabscheut er. So hat er zu allen Klavierkonzerten von Mozart, zu welchen es keine Originalkadenzen gibt, eigene Kadenzen geschrieben. Mozart gehört seine besondere Liebe. Die Einspielung sämtlicher Klavierkonzerte mit der Camerata Academica des Salzburger Mozarteums ist ein beredtes Zeugnis dieser Zuneigung. Auch er hält Mozart für den Prüfstein par excellence für die Befähigung eines Pianisten. «Mozart ist immer schwer – jeden Abend. Da steht man so nackt da; ausgezogen. Man hört jede Unebenheit, jeden Fehler.»

«Ich bin überhaupt der einzige Mensch, der heute alles spielt.» Solche Bemerkungen Andas sind nicht wörtlich zu verstehen. Er will damit nur ausdrücken, daß bei ihm auch in der Musik jenes geistige Klima vorherrscht, das man unter dem Stichwort «Kosmopolitismus» subsumieren könnte. Er ist sozusagen überall zu Hause – Anda reitet viele Sättel. Sein Repertoire deckt einen gewichtigen Teil der abendländischen Musik ab – kritisch gesagt jenen, der mittlerweile ein Stadium der Sterilität erreicht hat, das in der Musikgeschichte seinesgleichen sucht –, wobei allerdings einige exterritoriale Gebiete den Spielraum in Richtung zeitgenössische Musik erheblich einschränken. Andas musikalische Enklaven beginnen bei der Neuen Wiener Schule, bei Schönberg, dessen Klavierstücke er «nie im Leben» spielen würde. Schönbergs Zwangsjacke der Vorschreiberei behagt ihm nicht. Anda kann damit nichts anfangen. Für ihn hört die Musik gleichsam bei Bartók auf Musik zu sein. Nach Bartók gibt es für ihn keinen Klavierkomponisten, der den Flügel wirklich so behandelt, wie er behandelt sein sollte. Den Grund dafür glaubt er darin zu sehen, daß die zeitgenössischen Komponisten vom Klavier keine Ahnung haben, nicht Klavier spielen können. Er ist auch überzeugt, daß – die entsprechende Begabung vorausgesetzt – heute noch in C-Dur ein gutes Stück Musik geschrieben werden könnte.

Dieses musikästhetisch eher bürgerlich-reaktionäre Empfinden erstreckt sich nicht nur auf die Musik, sondern auf die Kunst insgesamt. «Denaturierung einerseits und Verpolitisierung andererseits, das ist das Ende der Kunst.» Denaturierung in der Musik ist für ihn, was für andere die Erweiterung des Klangspektrums der Instrumente ist. Politisierung setzt er gleich mit den Bestrebungen nach (mehr) Demokratie in der Musik. «Wie will man Musik und Musikerziehung demokratisieren? Entweder die Musik ist gut, und dann bleibt sie gut, und einer ist begabt, oder er ist es nicht. Demokratie führt zwangsweise zu einer Nivellierung. Sie ist der Tod der Kunst und jedweder Initiative.»

Vom demokratischen Prinzip in der Musik und im Leben hält er nicht viel. «Wo ein Oben ist, da ist auch ein Unten. Es wird auch immer Reiche und Arme geben.» Anda setzt auf die Initiative des einzelnen, ohne die es im Leben nicht gehe. Das

Eindämmen der Initiative betrachtet er als das Erzübel der mitteleuropäischen Musikerziehung, die er seit vielen Jahren nachhaltig kritisiert. «Sie ist gegenüber der Musikerziehung in der UdSSR, Japan und den USA einfach beschämend.» Seine Klavierkurse sollen da wenigstens in Ansätzen wettmachen, was von staatlicher Seite systematisch sträflich vernachlässigt wurde. Denn es ist für Anda das System, das kreativen Begabungen feindlich gesinnt ist, weil es ihnen kaum Entwicklungsmöglichkeiten läßt. Das gesamte Schulsystem, das in der Förderung musisch Begabter völlig versagt habe, müsse geändert werden. Nicht zuletzt auch in der Schweiz.

«In der Schweiz gibt es für den Begabten keinen Platz in der Schule, er kann seinen Neigungen nicht nachgehen. Deshalb habe ich meinen Sohn Gratian vorsorglich ins Ausland in die Schule gegeben. Das Schulsystem hier ist auch eine Folge der Einstellung, wonach der Schweizer sowieso ein amusischer Mensch sei, aus dem doch kein Künstler werde. Solange sich diese Einstellung nicht ändert, wird es hierzulande keine Pianisten geben. Hätte ich in der Schweiz zur Schule gehen müssen, ich wäre nie Pianist geworden. Meine Kurse sind leider nur ein Tropfen auf den heißen Stein. Ich kann ja nicht mehr als ein paar jungen Leuten ein wenig helfen.»

1973, zu seinem 52. Geburtstag, wurde Géza Anda in Anerkennung seiner Verdienste um das österreichische Musikleben zum Professor ernannt. Nichts wäre verkehrter, daraus schließen zu wollen, Anda sei ein Gelehrter am Flügel. Wenn ihm etwas gründlich abgeht, dann die Attitüde des Professoralen. Als Meister der gezügelten Exaltation hat sich der junge Exzentriker Anda in die Herzen seines Publikums gespielt. Und dabei ist es geblieben. Sein Spiel riecht heute noch ein wenig nach Schwefel, es ist, wie eh und je, ebenso reizvoll wie problematisch. Man kann es immer wieder feststellen: er gibt sich oft einem Subjektivismus hin, der die Musik sehr eigenwillig stilisiert. Seine gleichermaßen artistische wie artifizielle Begabung, die Virtuosität und Musikalität, Elan und Sensibilität miteinander versöhnt, verbindet sich mit einer Eleganz der Darstellung, die sich durch ihre Selbstgefälligkeit nicht nur Freunde schafft.

Setzt man auf Anda, spielt man *va banque;* möglicherweise bietet er so hochgestochenes Pianistentum, daß die Musik daneben aus den Fugen geraten will. Denn Anda ist kein Technokrat des Klaviers, kein Musiker, dem quasi-chemische Reinheit des Spiels Endziel ist. Seine virtuosen Mittel werden zu Medien eines musikalischen Wollens, das sich zwar stets in den Dienst des Werkes stellt, nie aber seine Herkunft verbirgt. Anda, das ist auch die Lust am sensibilisierten Anschlag; er holt soviel aus einer Passage wie andere aus einem ganzen Konzert. Denn Anda weiß – und das macht ihn zu dem, was er ist – klassisches Pathos ebenso mächtig auszubreiten wie die zerklüfteten Landschaften romantischen Empfindens oder die melancholisch getönten Wonnen der Salonkunst.

Solch interpretatorische Allmacht ist Frucht eines Leidensweges, den alle Interpreten beschreiten müssen und den die wenigsten bis ans Ende zu gehen imstande sind. Meistens scheitern sie auf halber Wegstrecke, werden zu Spezialisten. Anda hat die Passion des Interpreten voll durchlebt, hat an den Stationen des Spezialistentums gelitten. Für ihn hießen sie Mozart, Brahms, Schumann, Chopin, Bartók.

«Ich habe alles getan in meinem Leben, um kein Spezialist zu werden. So wie man Sprachen lernen muß, um sich in der Welt verständigen zu können, so muß man die verschiedenen musikalischen Idiome beherrschen. Es ist ein absolutes Muß für den Interpreten, alles zu spielen. Er darf sich nicht auf einen bestimmten Komponisten kaprizieren.»

Diesen universalen Anspruch an den Künstler betrachtet Anda als wesentliche Voraussetzung einer künstlerischen, nachschöpferischen Tätigkeit, die ohne die Fähigkeit zur Gesamtschau Selbstzweck und somit für ihn sinnlos wird. Ihn dauern jene Kollegen, die dazu verdammt sind, stets Werke des gleichen Komponisten zu spielen, weil sie zum Markenartikel geworden sind. «Als ich wegen meiner Erfolge mit Fricsay ständig Bartók spielen mußte, da wurde es mir auch langweilig. Man wird dann der Sache überdrüssig.»

Dieser Überdruß am Komponisten hat für Anda weit größeres Gewicht als ein mögliches Erlahmen des Interesses an bestimmten Werken, die durch den traditionellen Musikbetrieb dem Wiederholungszwang unterliegen. Denn er fühlt sich einem Repetitionszwang kaum ausgesetzt, weil ihm sein Repertoire genügend Raum zum «Urlaub» von einzelnen Werken gibt. Gewisse Werke sind ihm sogar eine dauernde Herausforderung, er sucht ihre Bewältigung durch permanente Konfrontation. So auch das Erste Klavierkonzert von Brahms. «Ich habe es nie gekonnt, und das hat mich stets geärgert. Darum spiele ich es – damit ich es lerne.»

Bei der Erarbeitung eines Werkes, das er längere Zeit hat liegenlassen, verhält sich Anda zunächst abwartend. Er hört sich selbst einfach zu, beobachtet sein Spiel. Ihm, der von sich sagt, daß es fast kein Stück gebe, das er nicht irgendwann gespielt habe, ist der technische Teil so vertraut, daß er sich ganz dem interpretatorischen Problem widmen kann.

«Es ist in der Musik drin, man muß es nur entdecken, und auch bei noch so hervorragender Musik muß man graben, manchmal auch ein bißchen länger, bis man auf den goldenen Kern stößt. Anlaß dazu kann manchmal etwas ganz Läppisches, eine Nachlässigkeit meinerseits sein. Zum Beispiel, daß ich nicht im Takt gespielt habe: Da war irgendwo eine Stelle, mit der ich stets Probleme hatte, bis ein Freund mir sagte, daß ich nicht im Takt spiele. Und es stimmte. Wahrscheinlich hatte ich Angst vor dieser vertrackten Stelle – und wenn man Angst hat, dann eilt man. Heute finde ich diese ‹Perle›, morgen jene. Man glaubt stets: Jetzt hab' ich's kapiert, jetzt habe ich's endlich entdeckt. Doch es ist ein immerwährendes Suchen. Selbstverständlich muß man intellektuell an ein Stück herangehen. Das ist die Methodik. Es gibt eine Hierarchie der Töne – jeder Ton hat seinen Platz, vertikal und horizontal. Bis man dahinterkommt, vergeht offenbar viel Zeit, denn die Folge dieser Einsicht ist, daß man langsamer spielt, und dies geschieht meistens erst in späteren Jahren. Es ist also nicht eigentlich eine Alterserscheinung, daß man langsamer spielt als in jungen Jahren, sondern weil man so lange gebraucht hat, um jeden Ton zu seinem Recht kommen zu lassen. Und dies ist bei schnellen Tempi nicht möglich. Dem Ton den richtigen Platz zuzuweisen, ihn in Beziehung zum nächsten zu setzen, darauf kommt es an.»

Andas bemerkenswert robuste Selbstsicherheit kommt nicht nur darin zum Ausdruck, daß er auf Interpretationen seiner Kollegen kaum etwas gibt, sie weder zur

Anregung noch zur Kontrolle heranzieht – es spiegelt sich auch in seinem Verhältnis zur Kritik, von der er schlechtweg nichts hält. Sein induktives Selbstverständnis, das ihn zum Zentrum seiner Erfahrungen nimmt, läßt eine andere Wertung nicht zu. Denn so viele schlechte Kritiken, wie Anda sie erhalten hat, hätten eigentlich für einen vorzeitigen Abbruch seiner Karriere genügen müssen.

«Aber der Kritiker ist nun mal nicht der *porte-parole,* der Vertreter der Publikumsmeinung, und so bin ich dennoch Géza Anda. Wenn man es nicht schon ist – und man sollte es sein –, dann wird man im Laufe einer Karriere zum Dickhäuter. Ein Künstler muß psychisches Sitzfleisch haben, zusätzlich zum physischen des Pianisten. Man darf sich nicht beirren lassen.» Kritik und Kunst sollten eine Einheit bilden, sich gegenseitig befruchten und anregen. Aber dieses Verhältnis sei heute gestört, zur Entartung ausgewuchert, räsoniert Anda. Daß Beharrungsvermögen ebenso wichtig ist wie Talent, steht für ihn außer Zweifel. Rückgrat, Unbeirrbarkeit, der unbedingte Glaube an die Richtigkeit seines künstlerischen Tuns seien die Voraussetzungen für den Erfolg. Kennt er das Geheimnis seines Erfolges als Künstler?

«Ich bin mir gar nicht bewußt, daß ich etwas Besonderes mache, das wissen nur die anderen. Ich will es richtig machen, möchte soweit als möglich in den Kern der Musik vordringen und ein möglichst vollkommenes Bild von einem Werk geben; insofern strebe ich eine Art Vollkommenheit im geistigen Sinne an.»

Seinen Interpretationsstil kann Anda nicht definieren, das überläßt er anderen. Er weiß aber, wie er die angestrebte Vollkommenheit technisch erreichen kann: durch sein unvergleichliches Legatospiel, das, wie er sagt, außer ihm heute nur sehr wenige beherrschen, ebenso wie die Gabe, einen Flügel zum Sprechen zu bringen. Und wie macht er das?

«Ganz einfach die Töne mit schön liegenden Fingern nacheinander aufreihen. Dies ist eine Leistung des Intellekts, der Nervenbahnen und der Gehörnerven. Sich selbst richtig zuhören, das ist der Schlüssel zum ‹schönen› Spiel. Und das tun die wenigsten. Es gibt eine Art von Verkrampfung der Halsmuskulatur während des Spielens, die ein genaues Hören verhindert. Das Spiel wird dann zur Fiktion für den Pianisten. Er spielt etwas ganz anderes, als er zu hören glaubt. Während des Spielens muß man Distanz zu sich selbst gewinnen, es zumindest versuchen. Ich diktiere meinem Ich, was ich will – es ist kein Dogma. Wenn es gelingt, dann ist es gut.»

Das Bild des Pianisten als eines hochtrainierten Leistungssportlers gibt in sarkastischer Überzeichnung die Situation wieder, in der ein Künstler heutzutage wirken muß. Seine eigenen Schallplattenaufnahmen werden ihm zum Gradmesser eines künstlerisch-technischen Niveaus, dem er in seinen Konzerten nachzueifern hat. Dieser Zwang zu stets optimaler Leistung schließt Indispositionen aus – er ist sozusagen der inhumane Teil des Interpretenberufes, weil er Unmögliches von ihm verlangt.

«Das Handwerkliche ist sicherlich ein Garant für die Qualität der Interpretation in dem Sinne, daß diese auch bei etwaiger Indisposition nie unter ein gewisses Niveau absinkt. Diese Schwelle zum ‹es ist erreicht›, wo man es in der Hand hat, ein bestimmtes Niveau zu halten, komme, was da wolle, scheidet die Elite vom Fußvolk der Interpreten. Die normalen Schwankungen, denen man unterliegt, dürften keinen maßgeblichen Einfluß auf die Qualität der Interpretation ausüben. Deshalb bin ich auch kein Fatalist im Künstlerischen, denn ich bin jederzeit in der Lage, mein künstlerisches Schicksal zu bestimmen.»

So wie die Interpretationen anderer Pianisten seinen Interpretationsstil nicht beeinflussen, weil er sich kaum mit ihnen beschäftigt, so haben sich der Umgang mit den Massenmedien, die Möglichkeit der eigenen Kontrolle durch die Schallplatte nicht auf seinen Stil ausgewirkt, erklärt Anda. Der schöpferische Prozeß des Interpretierens beginnt für ihn mit dem Anschlagen des ersten Tones – damit sollte bereits die Exposition einer Sonate etwa definiert sein. «Der schöpferische Akt ist ein Kombinationsprozeß. Da kann eine Komponente auch mal fehlen, ohne daß es gleich schiefzugehen braucht, wenn man ein guter Handwerker ist.»

Das Wort, wonach Kunst von Können komme, trifft auf Anda, den Prediger des Handwerks, in besonderem Maße zu. Er repräsentiert ganz den Typus des Künstlers, der sein Selbstwertgefühl vom Handwerklichen her aufbaut. Tritt dann noch das Spirituelle hinzu, so ist der Kreis geschlossen: Aus dem bravourösen Vollzug des Notentextes wird das Kunstwerk der Interpretation.

Der zeitweilig leidenschaftliche Raucher und Liebhaber spritziger Schweizer Weine, der sich vor jedem Konzert zwei bis drei Stunden aufs Ohr legt und sich am Abend nicht mehr einspielt, verneint, vom Lampenfieber geplagt zu werden. «Eine Art von Spannung hat man immer vor dem Spielen, sie geht nur langsam und kommt wieder, da kann man nichts machen. Aber sobald man spielt, vergeht dieses nervöse Gefühl. Es ist ein physiologisches Problem, bei mir jedenfalls. Meine Frau ist eine begeisterte Bergsteigerin. Ich dagegen kriege schon feuchte Hände, wenn ich Kletterfotos zu Gesicht bekomme, und muß ich zweihundert Meter hinunterschauen, perlt Schweiß auf meiner Handfläche. Das vegetative Nervensystem spielt einem da eben einen Streich.»

Géza Anda, am 19. November 1921 in Budapest im Zeichen des Skorpions geboren, sieht der Zukunft nicht unbesorgt entgegen. Er hat einen ausgesprochenen Horror vor einer drohenden Vermassung und Gleichschalterei des Menschen, die jeden künstlerischen Impuls zunichte machen könnten. Eigentlich sehnt er sich ein wenig zurück in eine Zeit, die nur noch in Relikten zu uns spricht. «Ich sehe in jeder Beziehung sehr schwarz. Ich befürchte, daß in fünfzig Jahren niemand mehr Klavier spielen wird. Den Menschen ist ja alles so gleichgültig geworden; sie wollen keine Verantwortung mehr tragen; sie wollen nicht mehr denken. Dennoch hoffe ich immer noch, daß wir aus der Talsohle, in der wir uns heute bewegen, wieder herausfinden werden.»

Géza Anda, der Meisterpianist, der sich bisher wie kein anderer durch Beständigkeit auszeichnete und keine künstlerischen Krisen durchzustehen hatte, überstand 1975 eine schwere körperliche Krise, die das Schlimmste hatte befürchten lassen und die ihn zu einer mehrmonatigen Konzertpause zwang. Nach einer risikoreichen Operation, der er sich in London unterziehen mußte, ging er, gestärkt durch seinen ungebrochenen Glauben an sich selbst und voller Optimismus, bald wieder daran, seine Tätigkeit als Konzertpianist mit behutsamen Schritten aufzunehmen, die geschwächte Physis schonend. Wieweit dieser tiefe Einschnitt in Andas Leben auch eine Zäsur im Künstlerischen bedeutet, vielleicht sogar eine Änderung seiner musikalischen Physiognomie bringen wird, wird die Zukunft erweisen, die, so bleibt zu hoffen und zu wünschen, ihm, dem Meister des elegant-impulsiven und von untrüglichem rhythmischem Empfinden durchdrungenen Klavierspiels, wieder die alte, gute Gesundheit bringen möge.

Die Hoffnung auf Besserung seiner Gesundheit hat sich leider nicht erfüllt. Géza Anda starb am späten Abend des 13. Juni 1976 in seinem Zürcher Heim an den Folgen des schweren Leidens, von dem er sich zu erholen schien. Seine ersten Konzerte nach monatelanger Pause im vorangegangenen April im westfälischen Münster und Hamm (Zweites Klavierkonzert von Brahms), am 27. Mai in Bratislava (Drittes Klavierkonzert von Beethoven) und sein letztmaliges öffentliches Auftreten als Pianist am 1. Juni in Innsbruck, wo er mit dem Innsbrucker Streichquartett das Forellenquintett von Schubert spielte, sowie die Einspielung von Chopin-Walzern für die Schallplatte im Dezember 1975 in Berlin schienen die Fortsetzung der durch Krankheit unterbrochenen Karriere zu markieren. Sein plötzlicher Tod hat sie zu letzten Manifestationen seines außergewöhnlichen Künstlertums werden lassen. Dank dem Tonband und der Schallplatte wird die Kunst Géza Andas weiterleben und über seinen frühen Tod hinaus als Vorbild klugen und noblen Musizierens fortwirken.

Claudio Arrau

Pianisten sind oft launisch und exzentrisch – darin unterscheiden sie sich recht deutlich von anderen Instrumentalisten: Arturo Benedetti Michelangeli brüskiert sein Publikum durch kurzfristige Absagen, Glenn Gould entzieht sich überhaupt seinem Publikum und kommuniziert mit ihm nur noch über das Medium der Tonkonserve, Maurizio Pollini scheut nicht vor politischem Unterricht im Konzert zurück, Friedrich Gulda schockiert durch eigenwillige Veränderung des Klaviersatzes, Swjatoslaw Richter überrascht immer wieder mit nichtgedruckten, spontan zusammengestellten Programmen, Wladimir de Pachmann, der legendäre Russe aus Odessa, kommentierte während des Spiels lauthals seine Konzertleistungen.

Über Claudio Arrau ist nichts dergleichen bekannt. Durch Allüren und Sensationen ist er nie aufgefallen. Es sei denn, man bezeichne die enzyklopädische Weite seines Repertoires, die völlig in den Dienst des Werkes gestellte Virtuosität und die Konstanz des künstlerischen Ertrages einer nun schon über sechs Jahrzehnte währenden Karriere als sensationell. Unter den wahren Virtuosen seines Instrumentes ist er der bescheidenste, ernsthafteste und universalste. Zum technischen Blender, dem Virtuosen in des Wortes herkömmlicher Bedeutung also, bildet er gleichsam den Gegenpol: Als Anti-Virtuose in diesem Sinne ist ihm hysterische Hektik fremd, wie auch sein Spiel ungetrübt von subjektiven Wallungen bleibt und auf pathetische Gesten verzichtet. An ihre Stelle treten vertiefte innere Dynamik, musikalische Spontaneität, stilistisches Feingefühl und die Tendenz zur Abstraktion. Isoliertes Virtuosentum also und eitle Brillanz des Spiels sind seine Sache nicht. Claudio Arrau: das meint vor allem und zuerst Weltklasse ohne Startum, Größe, bar der Eitelkeit, künstlerische und menschliche Integrität. An künstlerischer Vielseitigkeit und innerer Weite kommt ihm niemand gleich. Und es gibt wenige Musiker, deren Kompetenz so unumstritten ist wie gerade die seine. Sein Spiel kennzeichnen überragende geistige Sicherheit, intellektuelle Redlichkeit, überlegt-disponierter Zugriff, genaueste Beachtung des Textes und künstlerische Kompromißlosigkeit.

Arraus Elastizität und Zuverlässigkeit des Laufwerks ist heute, in seinem achten Lebensjahrzehnt, noch genauso unübertroffen wie früher. In seinen Fingern treibt – unerklärlich, doch unzweifelhaft – seit Jahren ein neuer Frühling. Mit immer wieder frischem Elan stürzt er sich in das Abenteuer der Interpretation. Arrau kennt da kein Pardon: Künstlerischer Einsatz und Engagiertheit sind bei ihm total und treiben ihn jeweils an den Rand äußerster physischer und psychischer Anspannung – sein Stöhnen und Schnauben, das durch die Nüstern gepreßte Pneuma in Momenten höchster innerer Anteilnahme und Kraftanstrengung während des Spiels zeigen dies an. Solch restlose Verausgabung führt in vielen Fällen zu einem frühen Verschleiß künstlerischer Potenz – verbraucht und ausgeglüht, einem Meteoriten gleich, sind davon betroffene Interpreten nur noch als Schatten ihrer selbst gegenwärtig. Doch Arrau kennt das Geheimnis der steten Erneuerung der Kräfte durch die Musik. Mit immer neuer geistiger Frische und körperlicher Spannkraft geht er ans Werk. Und dies mit aller Sorgfalt, denn Arrau ist ein exakter Arbeiter. Oberflächlichkeit ist ihm ein Graus, Texttreue oberstes Gebot. Er glaubt an die Notwendigkeit einer vollständigen kulturellen Erziehung eines Musikers, weil er sie an sich selbst erfahren hat, und weiß, daß nur sie die Voraussetzung für eine Laufbahn zu schaffen vermag, die wie die seine ungewöhnlich stetig und krisenlos verläuft.

Claudio Arrau wurde am 6. Februar 1903 in Chillan in Chile geboren. Seinen Vater, Arzt von Beruf, verlor er, als er erst ein Jahr alt war. Schulunterricht erhielt er durch Privatlehrer. Wie so viele große Musiker war auch er ein Wunderkind: Mit fünf Jahren gab er in Santiago de Chile sein erstes Konzert. Dort erhielt er auch zwei Jahre lang Unterricht am Konservatorium. Ein zehnjähriges Stipendium der chilenischen Regierung ermöglichte es dem Siebenjährigen, das Studium in Berlin fortzusetzen. Auf der Reise dorthin trat er in Buenos Aires zum erstenmal auf. Ein Konzert des Zehnjährigen in Berlin führte schließlich dazu, daß er seine Studien bei Martin Krause am berühmten Stern'schen Konservatorium fortsetzen konnte. Mit dem Studium bei Krause, der Arraus einziger Lehrer blieb, war der junge Künstler in eine große Tradition eingetreten. Krause, auch Lehrer des so grundverschiedenen Edwin Fischer, war einer der rund dreihundert Schüler Franz Liszts gewesen, dessen hervorragender Lehrer Carl Czerny wiederum bei keinem Geringeren als Beethoven das Klavierspiel erlernt hatte. Es mag also mehr als bloßer Zufall sein, wenn für die Entwicklung des Musikers Arrau neben Bach vor allem Beethoven und Liszt bestimmend wurden.

Nach dem Tode seines Lehrers Krause im Jahre 1918 blieb der damals Fünfzehnjährige auf sich allein gestellt. In den darauffolgenden Jahren eignete er sich in harter Arbeit und mit besessenem Fleiß ein Repertoire an, dessen Umfang und Vielseitigkeit auch heute noch verblüffen. 1923 spielte Arrau an vier Abenden in Berlin Bachs «Wohltemperiertes Klavier» und führte sich damit in das internationale Musikleben ein. Mit zwanzig Jahren begann er seine inzwischen weltberühmten Tourneen und kam zum erstenmal nach Amerika. Dort debütierte er mit dem Boston Symphony Orchestra unter Pierre Monteux und mit dem Chicago Symphony Orchestra unter Frederick Stock. Als er nach Europa zurückkehrte, nahm er 1927 am Internationalen Musikwettbewerb in Genf teil und gewann den ersten Preis. Dieser beschloß eine Reihe von Auszeichnungen, die 1916 mit dem Gewinn des Ibach-Preises begonnen und sich mit dem gleich zweimal verliehenen Liszt-Preis, dem Schulhoff-Stipendium, der Liszt-Medaille, der Gustav-Holländer-Medaille und der Sachsen-Gothaischen Medaille fortgesetzt hatte. Bis kurz vor dem Zweiten Weltkrieg blieb Berlin Arraus Wirkungsfeld und Ausgangspunkt seiner großen Tourneen, die ihn, den noch nicht Dreißigjährigen, zweimal in die Sowjetunion führten. Von 1926 bis 1933 unterrichtete er zudem am Stern'schen Konservatorium in Berlin, dem Institut, an dem er vor einigen Jahren selbst seine Ausbildung erhalten hatte.

Wie für viele seiner Interpretenkollegen wurde Beethovens Werk der große Prüfstein, das Zentrum interpretatorischer Auseinandersetzung, und Liszts exaltiert-pathetisches Schaffen der Gradmesser seiner exemplarischen Virtuosität: Als Liszt-Spieler setzte er in den zwanziger und dreißiger Jahren Maßstäbe, die ihre Gültigkeit bis heute bewahrt haben. Die weltweite Anerkennung, die er gerade als Liszt-Spieler damals errang, führte sogar dazu, daß man ihn 1934 dazu auserkor, in einem mexikanischen Film über das Leben von Franz Liszt die Titelrolle zu übernehmen.

1935 spielte er in Berlin in einem interpretatorischen Kraftakt sondergleichen sämtliche Klavierwerke von Bach, und im darauffolgenden Jahr veranstaltete der inzwischen längst zu Weltruhm gelangte Künstler seine ersten Beethoven-Zyklen, mit denen er jene Kompetenz für sich beanspruchte, die heute so unumstritten ist, wie sie damals von vielen bereits empfunden wurde.

Arrau gehört zu den ganz wenigen Wunderkindern, die sich nicht schnell verzehrt, sondern aus einer schier unerschöpflich reichen Substanz an künstlerischer Kraft und Begabung sich beständig weiterentwickelt haben. Zu Lebzeiten bereits Legende zu sein, das kann durchaus auch zum Negativum werden. Doch Arrau hat es stets verstanden, den Legenden, die sich um ihn bildeten, durch das Hier und Jetzt seiner durch unerschöpfliche Energie und erregende Genialität gekennzeichneten musikalischen Präsenz zu entfliehen. Die weltweite Wertschätzung, die Arrau genießt, hat in zahllosen Ehrungen Ausdruck gefunden. Arraus Popularität und Ansehen kommen am schönsten darin zum Ausdruck, daß sowohl in seiner Geburtsstadt Chillan als auch in der Hauptstadt Santiago de Chile eine Straße seinen Namen trägt.

Claudio Arrau ist ein ebenso gütiger wie hochkultivierter und sensibler Musiker, der seine überragende Intelligenz zur Erfüllung des musikalischen Auftrages nutzt. Bar jeglicher Überheblichkeit, ist sein Wesen um so mehr durch eine Liebenswürdigkeit und Bescheidenheit geprägt, die aus dem Adel großer Aufrichtigkeit, auch sich selbst gegenüber, schöpft.

Claudio Arrau, Sie sind jetzt in dem Alter, dem man gemeinhin Weisheit attestiert – als würde diese davon abhängen... Für den gealterten Künstler ist es immer schwierig, den richtigen Zeitpunkt zum Abschiednehmen vom öffentlichen Konzertieren zu finden. Das Beispiel vieler bedeutender Interpreten, ob Dirigenten, Sänger oder Instrumentalisten, hat uns in oft tragischer Weise gezeigt, daß dies keineswegs einfach ist. Nun sind Sie ja glücklicherweise noch weit davon entfernt, sich ernsthaft damit auseinandersetzen zu müssen – Ihre Frische und Vitalität sind augenfällig. Haben Sie sich aber dennoch schon darüber Gedanken gemacht?

«Ja, schon, aber ich fühle mich noch so kräftig! Für Pianisten gibt es eigentlich kein Alter. Genausowenig wie für Dirigenten – die werden auch immer besser, je älter sie sind: wie ein guter Wein!»

Worin sehen Sie den Sinn Ihrer Tätigkeit als Künstler? Verbinden Sie mit ihr eine bestimmte Aufgabe?

«Ich glaube, daß grundsätzlich jeder Mensch, ob musikalisch begabt oder unbegabt, eine Botschaft hat, die einmalig und unwiederholbar ist. Deswegen ermutige ich, obwohl es in der Praxis vielleicht gar nicht so gut ist, auch kleine Talente, sich weiterzuentwickeln, weil ich weiß, daß dabei etwas herauskommt, was unwiederholbar ist: wenig, aber trotzdem einmalig. Und da glaube ich, daß ich eben eine ziemlich wichtige Botschaft habe – das ist der Sinn meines Lebens. Mit meiner Kunst nun will ich nach Möglichkeit die Leute, die fähig sind zu empfangen, in ihren Tiefen anrühren und bewegen. Ihnen ein Erlebnis vermitteln, das sie über den Alltag erhebt – sie womöglich in einen Zustand höherer Empfindsamkeit versetzen: ist das nicht der Sinn wahren Künstlertums?»

Spüren Sie, wenn Ihnen das gelingt?

«Ja, das spürt man an der Stille und an der Art des Applauses. Es ist das Spontane, das manchmal im Applaus zu merken ist. Daran erkennt man es schon.»

Sie sprachen eben von Ihrer Botschaft als Künstler. Das kommt ja dem geflügelten Wort vom Interpreten als Botschafter der Musik bedrohlich nahe. Glauben Sie, daß es so etwas wie eine Sprache Musik gibt?

«Ja, die westliche Musik ist ja heute eine Weltsprache geworden. Bis in die entferntesten Winkel der Welt wird sie verstanden.»

Da bin ich aber doch skeptisch. Was wird denn dabei verstanden?

«Das, was Musik uns gibt – was wir aber gar nicht genauer nennen können. Denn es läßt sich nicht in Worte fassen. Das Verbalisieren würde ja schon zerstören, was wir zu erklären versuchten. Wahrscheinlich ist es die ständig wachsende Verzweiflung über die politischen und ökonomischen Zustände in der Welt und die daraus resultierende Hoffnungslosigkeit, die zum Teil bewirkt, daß die Menschen nach Auswegen suchen. Für sie wäre dann das Hören von Musik eine Flucht aus der immer entsetzlicher werdenden Welt.»

Glauben Sie wirklich, daß sich durch die Musik Botschaften weitergeben lassen im Sinne einer Mitteilung an andere?

«Nein, Außermusikalisches und Gedankliches läßt sich meiner Meinung nach durch die Musik nicht übertragen. In diesem präzisen Sinne gibt es natürlich keine Weltsprache. Aber Musik ist eine emotionelle Sprache, auf die doch fünfundneunzig Prozent der Menschen reagieren. Ein emotionelles Geschehen läßt sich gewiß in einem bestimmten Grade durch die Musik übermitteln.»

Hätte dann Musik für Sie auch politische Wirkung?

«Nicht aus sich heraus. Politische Wirkung hat sie nur, wenn man ihre Fähigkeit, in einem allgemeinen Sinne aufrühren zu können, für politische Zwecke benutzt.»

Welche Forderungen stellen Sie an den Hörer – muß er musikalisch gebildet sein?

«Das ist nicht unbedingt notwendig – es ist von Fall zu Fall verschieden. Menschen, bei denen der Intellekt überwiegt, müssen Noten lesen können und wissen, was da vorgeht. Aber jene, die nur offen sind, die können auch ohne musikalische Kenntnisse Musik erleben. Für viele ist ja Musik eine Art Rauschgift, etwas, was sie in einen gewissen Traumzustand versetzt – und von da an sind sie gewöhnlich gar nicht mehr mit bei der Musik, die gerade gespielt wird. Sie sind schon irgendwo fort in ihren Wünschen und Träumen. Leider passiert das bei den meisten Durchschnittshörern: daß sie Musik emotionell rezipieren, sich so sehr von Gefühlen treiben lassen, daß sie die Musik gar nicht mehr bewußt wahrnehmen. Das ist an sich nicht gut, aber leider nicht zu ändern. Ich weiß nicht, ob das jemals anders werden, ob der Mensch sich überhaupt weiterentwickeln wird. Ich habe den Eindruck, daß der Durchschnittsmensch ja überhaupt nur einen ganz kleinen Teil seiner Fähigkeiten nutzt... Wahrscheinlich wird sich der Mensch in Richtung einer größeren Rezeption entwickeln – zu einem höheren Bewußtseinsstand (higher awareness); das wäre eine wunderbare Sache.»

Wäre ein solcher Zustand nicht auch im Augenblick einer musikalischen Empfindung denkbar? Wie ist es bei Ihnen – was empfinden Sie während des Musizierens?

«Ja ...nun... es ist ein Gefühl des Erhobenseins. Man befindet sich auf einer höheren Ebene als der des täglichen Lebens. Es ist eine Art Trance – die sich natürlich nicht immer einstellt. Manchmal bleibt dieses Gefühl auch etwas darunter.»

Man könnte sich vorstellen, daß sich diese Art von Trance eher im Solorezital als beim Konzert mit einem Orchester einstellt...

«Das hängt natürlich davon ab, wie man sich mit dem Dirigenten versteht. Es ist ohnehin sehr schwer, in diesen Zustand der Trance zu finden. Das geht natürlich leichter, wenn man allein ist und nicht durch Orchester und Dirigent abgelenkt wird. Denn die meisten Dirigenten eilen – ich weiß nicht aus welchem Grunde –, wenn der Solist nicht spielt. Die Tutti sind immer schneller als die Ensembles – es ist eine Unsitte. Das ist meine allgemeine Erfahrung mit Dirigenten. Deshalb warne ich sie jetzt immer schon vorher. Wahrscheinlich denken sie, das Publikum würde sich langweilen, wenn etwas langsamer ist. Dabei ist genau das Gegenteil der Fall: Wenn ein Satz, der langsam gedacht ist, schneller gespielt wird, dann verliert er den Sinn – und dann langweilt man auch damit die Hörer. Wie gesagt, es ist genau umgekehrt! (seufzt) ...Also, wenn ich diesen Trancezustand erreiche, so ist das für mich Erfüllung in meinem Beruf.»

Klavierspielen, das ist ja zuerst einmal eine körperliche Tätigkeit, eine vergnügliche Arbeit, die man im Sitzen verrichtet. Kennen Sie auch ein physisches Erleben von Musik, das über das unmittelbare Empfinden der Motorik hinausgeht?

«Sie meinen im Sinne von Sinnlichkeit, von Sexualität? O ja – das empfinde ich sehr stark! Die großen ekstatischen Momente im Spiel gleichen sehr den sexuellen Orgasmen. Das empfinde ich auch hin und wieder... manchmal auch im Konzert.»

Musizieren also nicht nur als Surrogat für Rauschgift, sondern auch als Ersatz für Sexuelles?

«So kann man es natürlich auch nennen – wir kennen ja die Fälle von Interpreten und Komponisten, die das spielen und komponieren, was sie im Leben nicht erleben; das gibt es sehr oft... Ich empfinde aber auch sehr stark die Wechselwirkung zwischen mir und dem Publikum. Die Teilnahme des Publikums spüre ich außerordentlich. Es gibt da ein Glücksgefühl, das, wenn Sie so wollen, dem Gefühl der Befriedigung nach einem Orgasmus durchaus vergleichbar ist.»

Kennen Sie aber auch das Gefühl des Einsamseins und der Isolation während des Interpretierens?

«Ja, eine Isolation könnte ich mir vorstellen. Vielleicht in der Art, wie es die Priester irgendeiner Religion empfinden könnten. Wie wenn man auf einer höheren Ebene stünde, um von dort aus zu projizieren, was man auf verschiedenste Weise erlebt. Aber dabei eben doch allein, ganz auf sich gestellt. Das könnte ich mir vorstellen. Ein ähnliches Gefühl habe ich oft gehabt.»

Wir haben vorhin über den Sinn künstlerischer Tätigkeit gesprochen. Was halten Sie von der Zeit, in der Sie leben und als Interpret wirken?

«Unsere Zeit ist hochinteressant – ich möchte gerne hundertfünfzig Jahre alt werden, gesund bleiben und beobachten. Das allein schon ist so faszinierend. Was heute alles in Frage gestellt wird! Nichts wird, zumindest von der amerikanischen Jugend, für gegeben angesehen. Es wird alles erst einmal analysiert – untersucht, ob etwas, was man für einen Wert gehalten hat, heute wirklich noch einer ist. Es ist wunderbar – es wird alles gesäubert von Relikten der bourgeoisen Kultur oder wie man es sonst nennen will. Dinge, die man für heilig und unzerstörbar gehalten hat, werden einfach über Nacht beiseite geräumt.»

Auch von Ihnen?

«Ich habe es auch getan und tue es heute noch. Ich habe immer rebelliert; seit meiner frühesten Jugend gegen das Establishment und gegen all die Dinge, die als ewig galten. Ganze Disziplinen habe ich in meinem Leben weggewischt. Angefangen mit der Religion. Ich wurde streng katholisch erzogen. Aber mit vierzehn Jahren habe ich gesagt, das ist Unsinn (lacht) und habe es fortgeschoben. Ich sagte mir, für mich gibt es keinen Gott, ich bin da – und wenn ich tot bin, so ist dies das Ende. Mit dem Tod als Endstation muß man leben – und tapfer leben! Alles andere sind ja Krücken. Man muß jede Minute seines Lebens auskosten. Kompromißlos und ohne Rücksicht auf gesellschaftliche Normen (lacht). Auch viele andere Dinge habe ich abgelegt. Doch die Religion war das Entscheidende.

Aber ich erkenne mystische Regungen durchaus an, ich bin ihnen irgendwo doch zugänglich. Manchmal erlebe ich sie in der Natur. Dieses Aufgehen im All, das habe ich sehr stark empfunden. In Musik aufgehen – das wäre ja auch ein Aspekt. Und er trifft auf mich zu. Ich weiß nicht einmal mehr, wo ich bin, wenn ich auf dem Podium den schöpferischen Prozeß vollziehe. Es ist – ich sagte es bereits – ein Zustand von Trance und Schweben. Wenn ich Debussy spiele, dann habe ich sehr stark dieses Gefühl des Dahinschwebens.»

Arrau spricht genau so, wie er spielt: wohlartikuliert, genau überlegt. Seine Stimme ist gedämpft, von unaufdringlichem Klang. Beim Sprechen setzt er alle mimischen Möglichkeiten ein, um die Bedeutung seiner Worte zu unterstreichen. Und nicht selten nimmt sein Gesicht auch noch einen Ausdruck an, der gleichsam um Nachsicht zu bitten scheint, weil er nun einmal nichts anderes zu sagen habe und mit seiner Antwort möglicherweise Erwartungen enttäusche. Arrau hat ein feingezeichnetes, freundlich-fröhliches Gesicht, das von zwei lebhaften, hellwachen kleinen Augen beherrscht wird. Einen besonderen Akzent setzt das akkurat zurechtgespitzte Schnurrbärtchen über dem stets von einem Lächeln umspielten kleinen, sinnlichen Mund. Überhaupt ist das Lächeln aus seinem Gesicht nicht wegzudenken. Es steigert sich zu einem herzvergnügten Strahlen, wenn er nach der Aufführung eines Werkes begeisterten Applaus entgegennehmen darf.

Mit Kaiser Haile Selassie, König Hussein, General Franco und Napoleon hat Arrau die Statur gemein: Wahre Größe mißt sich nicht mit dem Meterstab. Arrau ist ein exzellentes Beispiel für die unerschöpfliche Energie und den ungestillten Tatendurst kleingewachsener Menschen. Das Podium betritt er voller Siegesgewißheit. Man spürt förmlich, wenn er mit leicht hochgezogenen Frackhosen und eiligen, ausgreifenden Schritten auf den Flügel zugeht, daß es ihm Lust und Freude macht, auch zum abertausendsten Mal sich vor dem Publikum mit dem Werk zu messen. Und wenn er nach dem Konzert, das samtbesetzte Cape und den weißen Seidenschal umgehängt, im Künstlerzimmer mit der unaufdringlich-noblen Attitüde des Granden die Glückwünsche seiner Freunde und Hörer entgegennimmt, dann ist das wie eine sehr private Audienz, in der jeder zu Worte kommt und mit Aufmerksamkeit gehört wird. Arraus natürlicher, herzerwärmender Charme nimmt sogar dem Handkuß, mit dem sich enthusiasmierte Hörer gelegentlich bei ihm bedanken, seine latente Peinlichkeit.

Als Wunderkind sind Sie nach Berlin gekommen. Verlassen haben Sie Deutschland als Virtuose von Weltformat. Dazwischen lagen die Jahre des steilen Aufstiegs. Wie haben Sie die Klippe vom Wunderkind zum gereiften jungen Künstler geschafft – ging das reibungslos vor sich?

«Es war ein sehr schwerer Kampf – ich hatte mit sehr vielen Schwierigkeiten fertig zu werden. Ich war als Wunderkind sehr erfolgreich – doch danach mußte ich eine sehr schwere Zeit durchstehen. Es kam die Krise, in der so viele steckenbleiben und die in der Tat kaum zu meistern ist. Ich sah mich plötzlich einer Mauer der Kritik und Ablehnung gegenüber: ‹Er hat nicht gehalten, was er versprochen hat.› Die Leute erwarten geradezu, daß man scheitert. Dagegen habe ich jahrelang, oft bis zur Verzweiflung, angekämpft. Es ist sehr schwer, Vorurteile aus den Köpfen der Leute auszuräumen. Ich hatte das Glück, diese Krise überwinden und allmählich meine zweite Karriere aufbauen zu können. Und dann ist es eigentlich stets aufwärtsgegangen. Meine Erfolge wurden immer größer, ich gewann viele Preise... Es war ein steiler Aufstieg, aber schwer – sehr schwer... Dennoch, ich kann mich nicht beklagen.»

Was hat Ihnen aus dem Tief nach der Wunderkindzeit herausgeholfen?

«Selbstvertrauen – Selbstvertrauen, Fleiß und Arbeit – sehr viel Arbeit und sehr viel Fleiß – und einfach das Gefühl, daß ich es doch schaffen würde.»

Welchen Rat können Sie jungen Künstlern aus Ihrem damals und im Verlauf Ihrer Karriere gesammelten Erfahrungsschatz geben?

«Mir scheint vor allem wichtig, daß die jungen Künstler von Anfang an die Eitelkeit bekämpfen, die jede Entwicklung unmöglich macht und der Grund ist, warum so viele wunderbare junge Talente Schiffbruch erleiden. Eitelkeit ist für einen Künstler tödlich. Es klingt wie eine Binsenwahrheit, aber man muß es immer wieder sagen: Es geht nicht darum, zu gefallen. Es entspringt einer falschen, nicht ganz sauberen Einstellung, wenn man durch Musik glänzen will, wenn man spielt, um Erfolg zu haben. Oder um zu gefallen, um Eindruck zu machen. Das alles gehört in das Gebiet der Eitelkeit, die man von Anbeginn bekämpfen muß.

Der junge Künstler muß sich klarwerden, daß es allein um das tiefe schöpferische Erlebnis der Musik geht. Er muß auch den Willen zur Kompromißlosigkeit von Anfang an entwickeln und pflegen. Er muß kompromißlos werden, nicht um des Erfolges willen, sondern aus innerer Überzeugung. Viele der jungen Künstler wären überrascht zu hören, daß Musik nicht dazu da ist, daß man damit glänzt, das würde wahrscheinlich auf Unverständnis stoßen. Aber das Unverständnis ist zum Teil auch nur da, weil ihre Lehrer ihnen nie die Richtung gewiesen haben. Die Versuchungen, denen ein Künstler ausgesetzt ist, sind enorm. Außerdem ist das Karrieremachen heute so schwierig, daß die jungen Künstler sich an jeden Strohhalm klammern müssen, um vorwärtszukommen.

Weiter muß ein Interpret seine Gesamtpersönlichkeit entwickeln und sich nicht nur mit Musik beschäftigen, sondern auch mit allen anderen Künsten. Man muß sehr viel Zeit übrighaben zum Lesen, Nachdenken, Meditieren. Der Horizont muß weit werden. Leute, die ihn nicht haben und den ganzen Tag nur am Klavier sitzen, sind keine Künstler. Das Instrumentale ist ja nur die eine Seite. Um Gottes willen nicht in einem Elfenbeinturm leben, sondern teilnehmen an allem, was geschieht.»

Was war für Ihre künstlerische Entwicklung von besonderer Bedeutung?

«Vor allem einzelne Menschen und Eindrücke in früher Jugend. Mein Lehrer Martin Krause natürlich. Konzerte mit Ferruccio Busoni und Eugen d'Albert; dann eine ganze Reihe von Dirigenten: Arthur Nikisch, der 1916 verstorbene Fritz Steinbach und Felix Weingartner – doch dieser hat mich weniger beeindruckt. Ich mochte ihn nie so recht, denn er hat mit diesem schnellen Dirigieren, dem Überalles-Hinwegspielen angefangen. Dann hatte ich noch das Glück, viele große Sängerinnen und Sänger zu hören, wie zum Beispiel Julia Culp, Therese Schnabel, Johannes Messchaert und Ludwig Wüllner. Sie haben, nur indem ich sie hörte, sehr großen Einfluß auf die musikalische Diktion meines Spiels ausgeübt.

Ballett, Theater und Oper liebe ich heiß, weil dies alles mit Bewegung und Musik zu tun hat. Ich sagte bereits, daß ich Musik auch physisch sehr stark empfinde. Deshalb ist es für mich beglückend, wenn ein Sänger eine Bewegung macht, die von innen, von der Musik kommt. Sänger können mich faszinieren. Noch heute lerne ich von ihnen gewisse Wendungen in der musikalischen Diktion. Denn wenn ein Sänger eine Phrase singt, dann singt sein ganzer Körper mit; und die Seele hat teil daran, weil der Sänger ja das Instrument in seinem Körper trägt. Deshalb ist bei Sängern die Spontaneität auch viel größer als bei Pianisten.»

Sie haben sich im Laufe der Jahre ein ungewöhnlich reiches Repertoire erarbeitet...

«In meiner langen Laufbahn habe ich natürlich sehr viele Werke studiert. Aber es gibt selbstverständlich auch vieles, was ich noch nicht gespielt habe – sie mir erarbeiten, das mache ich mit Begeisterung.»

Wie gehen Sie dabei vor?

«Ich beschäftige mich erst einmal so mit dem Werk – ich spiele es einfach durch, um es ins Blut zu bekommen. Dann gehe ich allmählich dazu über, ernsthaft daran zu arbeiten. Aber es fängt immer damit an, daß mich ein Werk spontan in eine Art orgiastischen Zustand versetzt. Und dann weiß ich, daß ich mir dieses Werk erarbeiten muß. Zuerst muß freilich die schöpferische Vision dasein. Ich würde nie etwas spielen, womit ich nicht einen musikalischen Sinn verbände. Dann kommt natürlich die Analyse, das Studium der Zeit, in der das Werk entstanden ist, und vieles mehr – ein ziemlich langer und langwieriger intellektuell-analytischer Prozeß. Die schöpferischen Kräfte sind ja nicht nur beim Spiel, sondern auch beim Üben am Werk.»

Welches sind für Sie die Kriterien einer gültigen Interpretation?

«Nun, die Basis wäre das Studium der Quellen, der Manuskripte und was sonst noch damit zusammenhängt – vor allem aber Genauigkeit dem Text gegenüber. Von hier ausgehend dann den Höhenflug der eigenen Phantasie antreten und – immer auf der Basis der Texttreue – aus dem Werk etwas eigenes machen. Das Ideal einer Interpretation wäre natürlich, eine Synthese aus der Welt des Komponisten und derjenigen des Interpreten zu vollziehen – eine Synthese ihrer Persönlichkeiten. Das sind, glaube ich, die Bedingungen für eine gültige Interpretation. Die Musik jedoch zu benutzen, um sich in Szene zu setzen – wenn also Eitelkeit mit im Spiel ist –, das ist meiner Meinung nach immer falsch. Es ist ein intellektueller, intuitiver, hauptsächlich aber schöpferischer Prozeß. Man spürt, wann man diese Synthese erreicht hat. Es ist ein Gefühl der Befriedigung, wenn es gelingt.»

Geschieht dieser Prozeß in Wechselwirkung mit dem Publikum?

«Nein, ich bin ziemlich unabhängig davon, ob das Publikum mitgeht oder nicht, ob ich ihm gefalle oder nicht. Davon sollte man sich vollkommen losmachen.»

Das ist aber doch wohl keine Absage an das Publikum – das Publikum gehört doch zum Künstler so wie sein eigener Schatten?

«O ja, natürlich. Künstler ohne Publikum – das gibt es nicht. Das wäre ja amateurhaft. Nur der Amateur spielt für sich. Der Künstler unterscheidet sich ja vom Amateur auch darin, daß er nicht immer auf die Inspiration wartet. Künstlertum im Sinne von Profession heißt ja auch eine konstant gute Leistung vollbringen.»

Inwieweit bietet die Technik eine Gewähr dafür, daß die Qualität Ihrer Interpretation nicht unter ein gewisses professionelles Niveau absinkt, auch wenn Sie einmal weniger disponiert sind?

«Die Sicherheit in der Technik bietet eine gewisse Garantie – sie ist ja eine Conditio sine qua non des Interpretierens. Und doch scheint mir, daß die Technik heute überbewertet wird – sie wird meistens als das Wichtigste angesehen. Auch die Dirigenten werden danach beurteilt: Schlagtechnik, Präzision – alles Dinge, die eigentlich gar nicht so wesentlich sind. Furtwängler zum Beispiel war sehr unpräzise (lacht). Wenn ein Künstler heute gefeiert wird, dann vielfach erst an zweiter Stelle wegen seiner schöpferischen Qualitäten, die eigentlich erst den Künstler ausmachen.»

Claudio Arrau kennt kein Pardon: Künstlerischer Einsatz und Engagiertheit sind bei ihm total und treiben ihn (ob im Konzert oder, wie hier, bei der Probe zu einem Konzert in Zürich) jeweils an den Rand äußerster physischer und psychischer Anspannung.

Als passionierter Sammler von Antiquitäten verschiedenster Provenienz hat sich Claudio Arrau (rechts im Gespräch mit dem Autor) in seinem Haus auf Long Island im Staate New York eine Art kleines Museum geschaffen und lebt nun dort mit seinen Kunstschätzen (unten rechts).
Der Liszt-Schüler Martin Krause war der einzige Lehrer des Wunderkindes Arrau. Nach Krauses Tod 1918 blieb Claudio Arrau ganz auf sich gestellt (unten, 1912, im Alter von neun Jahren mit Martin Krause in Berlin).

Im Laufe seiner langen Künstlerlaufbahn hat Arrau unzählige Schallplattenaufnahmen gemacht. Die Diskografie weist ihn als Interpret von Beethoven, Brahms, Chopin, Grieg, Liszt, Mozart und Schumann aus. Namen wie Bach, Tschaikowsky, Rachmaninoff, Bartók und Schönberg fehlen. Diesen scheinbaren Widerspruch zwischen der Universalität seines Repertoires und der Beschränkung der Aufnahmen auf einen stilistisch engen Bereich, der nur Klassik und Romantik umfaßt, erklärt Arrau damit, daß sowohl Publikum als auch Produzent dazu neigen, einen Künstler auf gewisse Komponisten zu fixieren, was wiederum die Gefahr einer Etikettierung als Spezialist bestimmter musikalischer Stilepochen in sich birgt. Dabei zieht gerade Arrau seit Jahren gegen jede Art von Spezialistentum im Interpretieren zu Felde. Mehrfach hat er den Wunsch geäußert, auch Werke der Neuen Wiener Schule oder zeitgenössischer Komponisten für die Schallplatte einzuspielen. Doch hat sich das Diktat des Schallplattenmarktes bislang als stärker erwiesen – was um so bedauerlicher ist, als gerade Arrau sich mit großem Interesse und Engagement auch zeitgenössischer Musik widmet.

Die Einspielung sämtlicher Klaviersonaten und Konzerte von Beethoven zählt ebenso zu seinen interpretatorischen Großtaten wie die Aufnahme aller Werke für Klavier und Orchester von Chopin oder die beider Brahms-Konzerte – eine frühere mit Carlo Maria Giulini, die jüngere mit Bernard Haitink – sowie die Aufzeichnung der f-Moll-Sonate von Brahms und der Sonate in h-Moll von Liszt. Zu ihnen gesellen sich noch die maßstabsetzenden Aufnahmen der Préludes von Chopin, der Verdi-Paraphrasen von Liszt und der Klavierkonzerte von Grieg und Schumann, mit dessen Klavierwerk Arrau sich, die Diskothek belegt es, intensiv und höchst differenziert auseinandergesetzt hat. So verdanken wir ihm eine der gültigsten Darstellungen Schumannscher Klaviermusik. Von allen Werken in Arraus Repertoire sind Schumanns Klavierwerke neben der Dritten Brahms-Sonate, der Liszt-Sonate, den beiden Konzerten von Brahms sowie den großen Sonaten und den fünf Konzerten von Beethoven die wohl beliebtesten und erfolgreichsten Stücke geblieben.

Daß Arrau ein Künstler der energischen Gespanntheit ist, der Virtuosität und Musikalität, Elan und Sensibilität in sich vereint und dessen Virtuosität nicht Selbstzweck, sondern Medium eines musikalischen Wollens ist, beweisen seine Schallplattenaufnahmen auf das nachdrücklichste. Sie bestätigen auch die im Konzert gewonnene Erkenntnis, daß kaum ein anderer Pianist unserer Zeit so souverän und intelligent über seine Fähigkeiten disponiert wie er.

Mit der Aufführung des gesamten Klavierwerkes von Bach haben Sie vor dem Zweiten Weltkrieg in Berlin Furore gemacht. Und doch fehlt der Name Bach schon seit geraumer Zeit auf den Programmen Ihrer Konzerte. Warum?

«Der Flügel ist nicht das adäquate Instrument für Bach. Aus verschiedenen Gründen. Man kann zum Beispiel all die Differenzierungen, zu denen das Cembalo nicht fähig ist, wie etwa Crescendo und Diminuendo und starke Akzente, vermeiden, also den Klang des Klaviers willkürlich begrenzen. Aber dann ist es eine schlechte Nachahmung des Cembalos und mithin sinnlos. Das Klavier stammt aus einer Zeit, als die Musik sich immer mehr dem Ausdruck zwischenmenschlicher Gefühle zuzuwenden begann. Womit Bach wahrscheinlich nichts hätte anfangen können. Ich will versuchen, Bach jetzt auf dem Cembalo zu spielen. Das habe ich mir vorgenommen – es ist nur eine Frage der verfügbaren Zeit, daß ich mich darauf konzentrieren kann.»

Festgegründete Urteile und Vorurteile zurechtrücken: das scheint eine Ihrer Devisen zu sein angesichts eines oft bis zum musikalischen Kuriosum erweiterten Repertoires. Sie haben immer wieder Werke in Ihre Programme aufgenommen oder, wie die Konzertparaphrasen von Liszt über Verdi-Opern, für die Schallplatte eingespielt, die vor allem in Deutschland, wo Musik eine sehr ernste Sache ist, mit Nasenrümpfen quittiert werden...

«Mit Liszt verbindet mich, nicht nur als Schüler eines Liszt-Schülers, heute noch sehr viel. Liszt wird gerade jetzt in der ganzen Welt neu entdeckt. Nur Deutschland hat sich hier widersetzt. Ich bin eigentlich nicht sehr für Bearbeitungen. Aber diese Paraphrasen über Verdi-Opern hat Liszt sehr spät geschrieben. Sie sind mehr als bloße Paraphrasen. Es ist eine Synthese der Musik von Verdi und von Liszt. Etwas sehr Schönes und Interessantes. Durchaus gehaltvolle Musik. Die frühen Paraphrasen, die Liszt vor allem geschrieben hat, um seine Virtuosität zu zeigen, sind nicht so ergiebig – ich würde die Paraphrasen über ‹Norma› und ‹Die Puritaner› zum Beispiel nicht mehr spielen wollen. Aber die Verdi-Paraphrasen sind sehr schön und enthalten wunderbare Passagen, wo die schöpferische Mitarbeit von Liszt doch sehr groß ist: etwa da, wo Liszt fortführt, was Verdi geschrieben hat, und die Höhepunkte noch ausweitet.»

In der Edition Peters haben Sie die 32 Klaviersonaten von Beethoven neu herausgegeben – nach Liszt, Hans von Bülow und Artur Schnabel. Wodurch ist Ihr Verhältnis zu Beethoven geprägt?

«Ich habe eigentlich immer sehr viel Beethoven gespielt. Aber in den letzten zwanzig bis fünfundzwanzig Jahren hat mir seine Musik sehr – ich mag dieses Wort nicht, aber vielleicht kann man's mal, in Anführungszeichen, benützen – ‹gelegen›. Und zwar aus denselben Gründen, aus denen es die ganze Jugend zu Beethoven hinzieht: das Heldische, der Kampf und Sieg in seiner Musik, diese unerhört positive Seite in Beethovens Werk. Das ist es, was immer wieder Hoffnungen erweckt. Beethovens Musik ist humane Musik. Aber nicht im intimen Sinne wie bei Chopin. Der ist menschlich im Begrenzten. Chopins Musik ist eine Art Beichte von Mensch zu Mensch – das hat Beethoven nicht. Er ist sehr universal.»

Durch die philologische Genauigkeit Ihres Spiels überraschen Sie immer wieder mit bisher Nichtgehörtem. Selbst in scheinbar so bekannten und geläufigen Werken wie den Beethoven-Konzerten...

«...zum Beispiel im Fünften Konzert. Da halte ich beim Übergang vom zweiten zum dritten Satz die Fermate sehr lange. Und dann platzt der letzte Satz da hinein, ganz brutal. Der Einfall, das Thema des Rondos im Adagio pianissimo schon vorzubereiten, ist ja ebenso grandios wie genial. Ich spiele nach der Fermate gleich fortissimo, wie vorgeschrieben, dann piano. Auch spiele ich die Phrasierung in der rechten Hand genau wie bezeichnet. Der Beginn des Rondos wird immer falsch gespielt. Ich habe ihn noch nie in meinem Leben von anderen Pianisten richtig spielen gehört. Denn man muß nach dem zweiten Sechzehntel im ersten Takt und analog in den folgenden abheben. Man darf es nicht in einem Bogen spielen – das ist vollkommen verfälscht. Die Beschäftigung mit den Vorlagen kommt einem da sehr zugute. Ich habe immer noch Neues entdeckt – obwohl das nach so vielen Jahren der Auseinandersetzung Glücksfälle sind. Beethoven spricht in seiner Botschaft zu uns und immer wieder auch zu den jungen Menschen. Man muß versuchen, hinter seine Metaphysik zu kommen, und dazu bedarf es sicher einer gewissen Reife. Man hat eine Vision, und die muß man umzusetzen versuchen. Dem letzten Sinn eines Werkes nähert man sich nur noch schrittweise. Und immer wieder ist man dann beglückt, wenn es einem gelingt, etwas davon in Klang umzusetzen.»

Im Bewußtsein der musikalisch interessierten Öffentlichkeit gelten Sie als Sachwalter des Erbes klassischer und romantischer Musik. Das wird Ihnen wohl nur zum Teil angenehm sein, da Ihre musikalischen Interessen sich ja nicht nur auf diesen zwar reichen, aber engen Bereich beschränken.

«Ich bin ein begeisterter Anhänger der Avantgarde-Musik. Nun ist das Musikleben aber heute eben so eingerichtet, daß jeder Künstler abgestempelt wird: Ein ‹Beethoven-Interpret› kann keinen Chopin spielen. Das ist natürlich eine Verfälschung der Idee des Interpretentums. Das Phänomen des Interpretierens ist die Verwandlung, das Sich-Einfühlen in eine Welt, die meistens nicht die eigene ist. Der Interpret spielt ja nicht allein das, was ihm ‹liegt›, sondern fühlt sich in Werke hinein, die ihm an sich fremd sein können – wie der Schauspieler. (Dieser hat dasselbe Problem: er spielt nicht sich selbst.) Das ist der Irrtum, auf den man allenthalben stößt. Die Interpreten wollen nur das spielen, was ihnen ‹liegt› – das aber ist kein Interpretentum.

In den zwanziger Jahren habe ich sehr viel moderne Musik gespielt. Zum Beispiel das Konzert von Strawinsky, das ich sogar mit ihm in Paris studiert habe. Dann war ich einer der ersten, der die Petruschka-Suite spielte. Ein wahnsinnig schweres Stück. Wie schwierig aber ein Stück auch immer war: aufgegeben habe ich niemals. Später bin ich dann immer weniger dazu gekommen, moderne Musik zu spielen. Man erwartet von mir, daß ich Werke der Klassiker und Romantiker spiele. Aber ich würde so gern zum Beispiel das Konzert von Elliot Carter spielen. Ich habe schon daran gearbeitet, aber es ist so schwer, daß ich mich ihm eigentlich zwei Monate ganz widmen müßte. Ich würde auch Cage spielen, wenn ich die Zeit hätte, mich darauf richtig vorzubereiten und zu konzentrieren – vielleicht werde ich es doch noch schaffen. Das Konzert von Carlos Chavéz habe ich immerhin einstudieren können und es auch öfter gespielt.»

Sie wollen neue Musik spielen, werden aber daran gehindert. Ist es nicht so?

«Ja, es ist ein wahrer Teufelskreis, furchtbar. Ich leide darunter. Denn mein Beruf hat ja nicht nur eine künstlerische, sondern auch eine geschäftliche Seite. Je höher die Honorare eines Künstlers sind, um so mehr glaubt der Manager verlangen zu dürfen, daß der Künstler das spielt, was ‹zieht›. Ein rein geschäftlicher Grund also. Und durchaus berechtigt, wenn der Saal voll werden soll.»

Das ist natürlich eine Abhängigkeit mit schlimmen Folgen. Denn gerade ein Künstler mit internationalem Ansehen wie Sie wäre prädestiniert, neue Musik auch in jene Hörerschichten zu tragen, die sie nicht kennen, sei es aus Ignoranz oder schlicht aus mangelndem Verständnis. So wie die Dinge liegen, sind Sie doch ziemlichen Zwängen ausgesetzt...

«...aber nur in diesem allgemeinen Sinne. Sonst lasse ich das nicht mehr zu. Wenn ich heute mit einem Werk nicht ganz glücklich bin, dann ändere ich das Programm, ob sich die Leute darüber ärgern oder nicht. Und wenn ich mich zum Beispiel nicht gut konzentriert oder körperlich nicht hundertprozentig fit fühle, dann sage ich das Konzert ab. Das scheint mir immer noch besser als eine mäßige Leistung. Das Schlimme am Musikbetrieb ist, daß das Publikum in zwei Lager gespalten ist. Diejenigen, die Avantgarde hören wollen, gehen schon fast aus Prinzip nicht in Konzerte mit klassischer Musik – und umgekehrt.»

Weshalb wohl, was meinen Sie?

«Weil die Avantgarde-Musik einem nicht das gibt, was allgemein mit Musik assoziiert wird. Es gehen so viele Menschen vor allem deshalb ins Konzert, um sich von der Musik in einen gewissen Seelenzustand versetzen zu lassen, um träumen zu können. Das gibt ihnen die Avantgarde-Musik nicht. Für mich selbst ist elektronische Musik eine Art kosmische Musik, die kaum noch Menschliches an sich hat. Also, diese unsinnige Spaltung des Publikums existiert nun einmal. Die Künstler, die ein Prestige als Interpreten haben, sollten sich bemühen, zumindest eine kleine Brücke zwischen der Avantgarde-Musik und dem nicht informierten Publikum zu schlagen. Daß die dumme Bourgeoisie sich wenigstens sagt, es muß doch etwas dran sein an der Musik, wenn sich ihr einer widmet, der sonst nur Beethoven spielt. Da gibt es das wunderbare Beispiel eines Fischer-Dieskau, der alles so hervorragend interpretiert und versteht und keinerlei Kompromisse gegenüber dem Publikum eingeht.

Als ich Anfang der siebziger Jahre in Berlin während eines Klavierabends auch Schönbergs Klavierstücke opus 11 spielte, die heute eigentlich schon zur klassischen Musik zählen, da wurde ich mit einer Flut von Protestbriefen aus dem Publikum überschüttet, das offenbar Schönbergs Musik nicht von mir hören wollte. Hörer schrieben, sie wollten von mir nicht Schönberg, sondern die Klassiker und Romantiker hören. Das ist sehr enttäuschend. Ich habe früher sehr viel Schönberg gespielt, ich spiele auch jetzt noch sein Konzert. Und ich würde liebend gern moderne Werke für die Schallplatte aufnehmen. Ich würde gern das Image haben, daß ich eben auch neue Musik als Musik betrachte und nicht nur die der Klassiker und Romantiker. Die Plattenfirma ist grundsätzlich sehr dafür. Aber auch da spielt der Verkauf eine große Rolle. Moderne Musik verkauft sich nicht, sagen die Produzenten.»

Arrau spielt Avantgarde – könnte man sich mehr wünschen...?

«Es würde vielleicht einschlagen. Ich habe es den Produzenten schon oft gesagt. Aber sie wollen offenbar doch nicht so recht. Nun, ich werde es schon irgendwie durchkämpfen! Der eigentliche Sinn dieses Schrittes, den man machen müßte, ist für mich, daß man in andere Gebiete der musikalischen Erfahrung eindringt. Stockhausen hat einige großartige Werke geschrieben, dieser Gesang der Jünglinge oder die Klavierstücke Nummer 11, die ich studiert habe. Auch Berio und Nono finde ich sehr gut. Henze, der nicht zur Avantgarde rechnet, liebe ich sehr. Sein

Zweites Klavierkonzert ist großartig – ich möchte es gern spielen. Wenn ich mehr Zeit hätte, würde ich es in mein Repertoire aufnehmen. Seine Oper ‹Die Bassariden› hat mir großen Eindruck gemacht. Musikalisch ist sie von einer unglaublichen schöpferischen Kraft. Es fällt ihm viel zu viel ein. Man kann es eigentlich kaum verkraften. Henze bedient sich kompositorisch doch sämtlicher modernen Systeme und bringt in seine Musik etwas hinein, was in anderer zeitgenössischer Musik vielfach fehlt: eine Art Beseeltheit, ein romantisches Gefühl. Auch ‹Der junge Lord› hat mir sehr gefallen. Auf den Vorwurf des Eklektizismus, der Henze gemacht wird, kann ich nur fragen: Kann denn heute ein Komponist überhaupt nicht eklektizistisch sein – das ist ja unmöglich. Ich bin sehr für Gefühl in der Musik. Deshalb gefällt mir ja Henze auch so.

Was ich aber nicht leiden kann, ist Humor in der Musik. Das ist so deutsch. Humor hat aber immer mit Gedanklichem zu tun. Deshalb finde ich die ‹Sinfonia Domestica› von Richard Strauss auch so gewollt – und oberflächlich und lächerlich dazu. Es gibt andere Künste, in denen der Humor eine große Rolle spielt – Musik aber muß ernst sein. Auch wenn sie fröhlich ist, bleibt ihre Grundeinstellung doch vom Ernst bestimmt. Der Charakter der Musik braucht nicht ernst zu sein – aber der ursprüngliche Anlaß ist es.»

So wie Arraus Karriere stetig verlief und sich durch außergewöhnliche Beständigkeit auszeichnet, so blieb auch sein privates Leben frei von Affären. Arrau hat nur einmal geheiratet: 1937 nahm er sich die Sängerin Ruth Schneider aus Frankfurt am Main zur Frau. Neben Milstein und dem jungen Zukerman ist er einer der wenigen großen Interpreten unserer Zeit – und auch dieses Buches –, deren Ehe unter den Belastungen, die die Exponiertheit einer weltweiten künstlerischen Tätigkeit mit sich bringen kann, nicht zerbrach. Arrau hat drei Kinder und ist mehrfacher Großvater. Er lebt mit seiner Familie auf Long Island im Staate New York, verbringt jedoch «jede freie Minute» auf seinem Gut im Staate Vermont, das er wegen der Schönheit der herrlichen Wälder und der Unberührtheit der Natur gekauft hat.

Arrau, der gerne im Garten arbeitet, ist ein Theater- und Büchernarr – er liest und spricht fünf Sprachen. Als passionierter Sammler von Antiquitäten verschiedenster Provenienz hat er sich eine Art kleines Museum geschaffen, in dem er mit seinen Kunstschätzen lebt. Die präkolumbianische Plastik, von der er mehrere repräsentative Stücke besitzt, fasziniert ihn. Er zeigt auch eine Vorliebe für chinesische Kunst. So besitzt er verschiedene Stücke aus der Tang-, Sung-, Ming- und sogar aus der Han-Zeit. Aber auch ägyptische Plastiken nennt er sein eigen. Seine Sammlung wird ergänzt durch zahlreiche Werke moderner Malerei, die er sehr schätzt. «Ich habe noch zu einer Zeit gesammelt, als die Dinge erschwinglich waren», meint Arrau bescheiden und ergänzt: «Aber heute ist auch der Erwerb von Kunstgegenständen nur noch reine Investition, die Rendite tragen soll. Anstelle von Aktien werden heute Antiquitäten gekauft und gehandelt.»

So wie in seinen geistigen Interessen seine universale Bildung zum Ausdruck kommt, so spiegelt sich auch der feinsinnige und schöngeistige Grundton seines Wesens in seinem Äußeren. Arraus Erscheinung bietet ein Bild äußerster, doch uneitler Gepflegtheit. Sowohl das sorgsam gekämmte, leicht gelichtete Kopfhaar über dem sensiblen Gesicht als auch die unauffällige Eleganz seiner Kleidung bestimmen dieses Bild. Keine Frage: So unbestechlich sein Urteil in Dingen des Geistes und der Kunst ist, so untrüglich ist Arraus ins Subtile verfeinerter Geschmack.

Was halten Sie von der Musikkritik?

«Mein Verhältnis zur Kritik habe ich mir eigentlich selbst nie klargemacht. Wahrscheinlich ist die Kritik nötig. Es geht ja nicht ohne sie, denn das Publikum muß ja irgendwie geführt werden, weil es von sich aus kein Urteil hat – das heißt, das ist auch nicht ganz richtig, denn die Masse als Kollektiv reagiert manchmal in einer sehr gesunden Weise. Es ist ein schwieriges Problem. Ganz bedeutungslos ist die Kritik für mich nicht, eben weil sie die Massen ein bißchen aufklären soll. Doch die Kritiker sollten dabei sehr behutsam und vorsichtig vorgehen. Und sie sollten lieber zuerst die Qualitäten der Künstler aufzeigen und dann ihre Schwächen – und zwar in einer freundlichen Weise. Nicht umgekehrt. Eine Kritik sollte mehr im Sinne einer Reportage geschrieben sein, in der die eigene Meinung nicht so sehr in den Vordergrund gerückt wird.

Die Kritiker führen sich ja heute wie Primadonnen auf. Einem schlagkräftigen Wort zuliebe schießen sie einen jungen Künstler ab. Was der Kritiker als Fehler oder Schwächen des Künstlers ansieht, sollte er auf freundliche Art und ohne Gehässigkeit niederschreiben. Denn Gehässigkeit ist in einer Kritik fehl am Platz und hat für den Anfänger und den jungen Künstler schreckliche Folgen – auch psychologischer Art. Es ist unfaßbar, aber leider eine Tatsache: Kritik kann ein ganzes Leben zerstören – angesichts der Macht, über die gewisse Kritiker heute an wichtigen Plätzen der musikalischen Welt verfügen. Herr Schonberg in New York zum Beispiel erschafft oder erledigt einen jungen Künstler mit drei Sätzen in der ‹New York Times›. Denn das liest das ganze Land, und eine schlechte Rezension ist das Todesurteil für den Künstler. Sinnlos für ihn, es im Einflußbereich des Kritikers noch einmal zu versuchen, er muß warten, bis jener stirbt.

Es ist meiner Ansicht nach überhaupt eine Frage, ob ein Mensch, wie der Kritiker, der dem Interpreten musikalisch so weit unterlegen ist, sich ein Urteil über den Künstler anmaßen darf. Dennoch glaube ich immer noch an eine konstruktive Kritik.»

Lesen Sie die Kritiken Ihrer Konzerte?

«Ja, ich lese sie immer, prinzipiell, weil sie mich manchmal, freilich auf Umwegen, auf bestimmte Dinge bringen. In den meisten Fällen ist, was darin steht, reiner Unsinn – vielfach schreiben die Kritiker ja nur, um sich wichtig zu machen. Als ganz junger Mensch habe ich die Kritiken beachtet und auch versucht, sie zu verdauen, wenn sie schlecht waren. Doch heute ärgere ich mich nicht mehr über sie. Es wird ja heutzutage so flüchtig geschrieben, daß es eigentlich kaum noch lohnt, sich damit zu beschäftigen. Es geschieht natürlich in manchen Fällen – wenn wirklich bedeutende Leute schreiben –, daß eine Kritik Anregungen geben kann. Ich denke da zum Beispiel an Max Brod, der ja eine Weile auch Musikkritiker war. Er hat manchmal wunderbare und fruchtbare Sachen geschrieben, die für einen Interpreten, dem es um das Interpretieren, um den Sinn des Musikmachens geht, sehr anregend waren. Hier kann man von einer Befruchtung des Interpreten durch den Kritiker sprechen. Aber sonst ist, glaube ich, das Kritisieren für einen schöpferischen Menschen doch eher eine undankbare und eigentlich unwürdige Aufgabe.»

Da Sie kaum Anregungen durch die Kritik beziehen – wie steht es dann um Vergleiche mit Interpretationen anderer Pianisten? Ist von dort her eine Beeinflussung Ihres Interpretationsstils denkbar?

«Nein, oder nur eine sehr geringe. Ich höre meine Kollegen sehr selten. Ich kenne einige, zum Beispiel Horowitz. Wir waren lange Zeit gute Freunde. Wir telephonieren manchmal miteinander, aber dann unterhalten wir uns nicht über Interpretationen. Horowitz ist ja ein sehr schwieriger, ganz in sich zurückgezogener, sich abkapselnder Mensch, der niemand sehen und nicht ausgehen will. Ich habe auch keine Zeit, mir andere Auffassungen anzuhören. Und wenn ich selbst gespielt habe, dann habe ich kaum noch Lust, nochmals Klaviermusik zu hören. Leider. Ist das schlimm? (lacht)... Dann höre ich viel lieber Kammermusik. Andere Pianisten anzuhören, empfinde ich als ziemlich unfruchtbar. Es kann einen höchstens beeinflussen, und dann führt es einen weg von den eigentlichen Dingen, die man selber – und nicht die anderen – zu sagen hat.»

Hat dann vielleicht die Wechselwirkung zwischen Ihren eigenen früheren Aufnahmen und Ihrer interpretatorischen Gegenwart Ihren Stil beeinflußt?

«Ein wenig schon – aber mehr für das Plattenspielen selbst. Denn es gibt Dinge, die – eigentümlicherweise – zwar im Konzert gut sind, nicht aber auf der Platte. In der Richtung kann es eine gewisse Beeinflussung geben. Aber sonst? Ich höre meine Platten ja nie an. Ich gebe das Okay, gebe sie frei – und dann höre ich sie nie wieder.»

Weshalb?

«Weil ich inzwischen schon weitergegangen bin. Eine Schallplattenaufnahme ist eine einmalige Sache. Sie ist nur für den Moment der Aufnahme gültig innerhalb meiner Evolution. Deshalb war ich auch immer dafür, das Aufnahmedatum anzugeben, damit man später einen Überblick über die Entwicklung des betreffenden Künstlers hat.»

Sie haben sich vorhin über die Zwänge des Musikbetriebes geäußert, die den Künstler nicht oder nur kaum das tun lassen, was er tun möchte. Was für eine Entwicklung sehen Sie da voraus?

«Der Musikbetrieb wird sich von allein ändern. Ich glaube nicht, daß man durch Umorganisation etwas ändern könnte, und sicher wird sich die heutige Form unserer Konzerte noch eine ganze Weile halten. Aber es ist eine Tatsache, daß immer mehr Menschen auf der ganzen Welt Konzerte besuchen. Der größte Teil meines Publikums zum Beispiel ist kultivierte Bourgeoisie. Aber das wird wahrscheinlich nicht mehr lange so bleiben. Die Struktur des Publikums verjüngt sich zunehmend. Ich sehe immer mehr junge Leute – viele langhaarig und schmutzig, aber innerlich beteiligt und interessiert –, die einen ganz neuen Sinn für Musik entwickeln und sie nicht mehr in der Art der Bourgeoisie als Teil der Bildung, sondern geradezu als ein mystisches Erlebnis empfinden. Diese glühende Teilnahme der Jugend ist etwas ganz Neues und wird die Veränderung bringen.»

Ein Künstler muß an sich glauben. Sonst ist er verloren. 1959 habe ich Sie zum erstenmal in einem Konzert gehört. Das war in Luzern. Dort spielten Sie unter der Leitung von Rafael Kubelik mit dem Philharmonia Orchestra of England (dem Orchester von Walter Legge) das Vierte Klavierkonzert von Beethoven. Mit dem gleichen Konzert hörte ich Sie 1966 in Liverpool, wo ich Sie auch bei der Probe beobachten konnte. Ob in Berlin, Hamburg, Hannover, Zürich, Salzburg oder London – wo immer ich Sie sah und hörte und Ihre Probearbeit mit verschiedenen Orchestern (hervorragenden und minder bedeutenden) verfolgte: das Auffallendste war für mich stets die Unbeirrbarkeit, mit der Sie Ihre Vorstellungen vom Werk auch gegen die Meinung arrivierter Dirigenten durchsetzten. Sie taten das jeweils sehr behutsam und unauffällig, in fast geflüstertem Dialog mit dem Dirigenten. So, als befürchteten Sie, die Autorität de Dirigenten gegenüber dem Orchester zu verletzen. Woraus schöpfen Sie diese künstlerische Selbstsicherheit, mit der Sie Ihre Konzeption gegen die Ansicht anderer Interpreten behaupten und Einwänden von Freunden und Fachleuten entgegentreten?

«Indem ich mir sage: ich weiß es besser. Mein künstlerisches Selbstverständnis ist sehr fundiert und auch ziemlich bewußt und stabil. Das ist wahrscheinlich ein Resultat der immer größeren Bestimmtheit in der Ausprägung der eigenen Persönlichkeit bis zur endgültigen Gestalt und der eigenen Wertskalen, die man allmählich aus sich heraus entwickelt – was man eben Reife nennt...»

Herbert von Karajan

Maestro assoluto, Meister aller Klassen, Maestrissimo, Generalissimo, Chefdirigent Europas, Pontifex maximus des Musiktheaters, Wunder, Rätsel, Magier – so und ähnlich wird von Kritik, Werbung und Musikpublizistik ein Phänomen umschrieben, ein musikalisches Jahrhundertereignis, das auf ebenso heftigen Widerspruch stößt, wie es hysterische Begeisterung zu entfachen versteht: Herbert von Karajan. Zwischen diesen beiden Polen von Zurückweisung und Zustimmung hat der am 5. April 1908 im Zeichen des Widders geborene Sohn der Mozartstadt Salzburg ein Lebenswerk geschaffen, wie es die Geschichte des reproduzierenden Künstlers bisher nicht aufzuweisen hatte und das in seiner Außergewöhnlichkeit herkömmliche Maßstäbe sprengt. Auch kennt die Geschichte der Musik kein ähnliches Beispiel von künstlerischer Omnipotenz, wie sie im Wirken Herbert von Karajans zum Ausdruck kommt.

Dieser populärste Dirigent Europas hat mehr Machtpositionen erlangt als je ein Dirigent vor oder neben ihm. Er hat Ungewöhnliches gewollt und Ungewöhnliches erreicht: Sein Taktstock-Imperium erstreckte sich in den Zeiten der größten Expansion von Wien über Berlin, Salzburg, Mailand und London bis nach New York. 1967 schließlich gründete er – auch dies etwas Erstmaliges – in Salzburg ein aus Oper und Konzert kombiniertes Ein-Mann-Festival, die Osterfestspiele, mit denen er künstlerisch und kulturpolitisch Imponierendes leistete. Künstlerisch, indem er in der Personalunion von Dirigent, Regisseur und Manager vor allem Richard Wagners Tetralogie «Der Ring des Nibelungen», «Tristan und Isolde» und «Die Meistersinger von Nürnberg» in einer den monumentalen Ausmaßen der Bühne des Großen Festspielhauses (die Salzburg ihm zu verdanken hat) adäquaten Darstellung herausbrachte und musikalisch die Wende in der Wagner-Interpretation von einem undifferenziert-schwülstigen Klangbild zu einer durchsichtig-schlanken Darstellung vollzog. Kulturpolitisch, indem er als erster die Notwendigkeit des Medienverbundes im Bereich der Kunst erkannte.

Karajan verkörpert einen neuen Typus des Interpreten, dessen künstlerische Welt die Medien der modernen Technik als Selbstverständliches und Notwendiges einbezieht. Musikalische Vermittlung und Kommunikation sind durch ihn aufs stärkste beeinflußt worden. Schallplatte und Musikfilm, den er in eigener Regie produziert, haben seinem Interpretationsstil Allgegenwärtigkeit verliehen. Sein intensives Wirken in den Aufnahmestudios für Schallplatte und Film (in jüngster Zeit ist es vorwiegend die Philharmonie in Berlin, das Stammhaus der Berliner Philharmoniker) ist ausgesprochen zukunftsorientiert, zielt es doch auf die Verwertung durch Massenkommunikationsmittel wie Bildkassette, Bildplatte und Kabelfernsehen, die zum Teil noch in der Entwicklung stehen und erst in den kommenden Jahrzehnten ihre volle Leistungsfähigkeit entfalten werden – in einer Zeit zudem, die Karajan selbst wohl nur noch teilweise erleben wird. Unzweifelhaft ist die immense Produktion von Ton- und Bildkonserven nicht bloß gegenwartsbezogen, sondern auch für die Zeit nach seinem Tod gedacht. Was Karajan über seine Zeit hinaus anstrebt, ist die totale, permanente musikalische Kommunikation, die Demokratisierung des Kunstgenusses über das Vehikel der Massenmedien.

Inbegriff dessen, was ein Dirigent an Ruhm und Popularität erreichen kann, hat Karajan seine Ziele weitergesteckt als alle anderen Dirigenten unserer Zeit. Neben seiner vielfältigen künstlerischen Tätigkeit widmet er sich der Nachwuchspflege ebenso wie der Erforschung der physischen und psychischen Vorgänge beim Musizieren und Hören von Musik. Die 1968 von ihm gegründete Herbert-von-Karajan-Stiftung hat sich die Aufgabe gestellt, in einem eigens dafür geschaffenen Forschungsinstitut für experimentelle Musikpsychologie am Psychologischen Institut der Universität Salzburg Grundlagenforschung auf dem Gebiet der Musiktherapie und Musikrezeption zu betreiben. Ebenso führt die Stiftung in jährlichem Turnus in Berlin Wettbewerbe für junge Dirigenten und Jugendorchester durch. Mit der Einrichtung einer Orchesterakademie des Berliner Philharmonischen Orchesters versucht Karajan zudem, den Nachwuchs an qualifizierten Orchestermusikern gezielter, als die etablierten Konservatorien und Musikhochschulen es zu tun in der Lage sind, zu steuern und zu fördern.

Zeigt sich der Musiker Karajan hier als Pionier, so ist er als Interpret der Bewahrer großer musikalischer Tradition. Als Künstlertypus eines hochtechnisierten Jahrhunderts bekennt er sich in einer Welt, in der das Schöne rar geworden ist, zum Ideal der ästhetischen Schönheit der Harmonie. Diese künstlerische Confessio erklärt auch Karajans eher rückwärts gewandtes Repertoire, das zeitgenössische Musik erst dann berücksichtigt, wenn sie ihre Qualität bereits anderswo erwiesen hat. Das *ius primae noctis* des Dirigenten, das Recht der Uraufführung, des ersten Kontaktes mit einem Werk, der nicht selten bereits dessen Vergewaltigung darstellt, nimmt er äußerst selten wahr. Das mag auch daran liegen, daß ihm die zeitgenössische Musik nicht jene Auswahl an Werken liefert, nach denen seine Lust an sublimer Schönheit des Klanges und sein artistischer Kult des Klangsensualismus verlangen.

Beim Aufbau dessen, was als sein Musikimperium bezeichnet wird, hat sich Karajan nichts geschenkt. Er diente sich von der untersten Stufe einer Dirigentenlaufbahn, dem Korrepetitor mit Dirigierverpflichtung, empor – zuerst zäh, dann auf mancherlei Gunst sich stützend. Seinen Ruhm hat er sich mit Zielstrebigkeit, ruhigem Fanatismus, starkem Ehrgeiz und unermüdlichem Fleiß erarbeitet. Handwerkliche Souveränität, Arbeitsfanatismus und der Drang zur Perfektion sind die Basis seiner Erfolge. In einem Brief an den ehemaligen Generaldirektor der Metropolitan Opera New York, Sir Rudolf Bing, bekannte er einmal, daß «gleichgültig wann und wo ich dirigiere, meine Einstellung zu meiner Arbeit immer auf dem Standard eines Festivals en permanence basiert» (Rudolf Bing: «5000 Abende in der Oper», Kindler-Verlag GmbH, München).

«Nur genaue Organisation im Leben bewirkt echte Leistungsfähigkeit», meint Karajan, der als Großunternehmer in Sachen Musik heute über einen perfekt organisierten Apparat verfügt, welcher ihm die Freiheit gibt, das zu tun, was er als Künstler erstrebt. Die Magie seines Charismas und sein überlegenes Können haben zudem einen Mythos geschaffen, der weit über Karajans eigentlichen Wirkungskreis hinaus in Bereiche strahlt, in der Kunstmusik als Luxus einer Elite gilt. Weltruhm rankt sich um seinen Namen. Heute ist Karajan auch jenen ein Begriff, die nie ein Sinfoniekonzert besucht haben. Doch gerade sie will er durch sein intensives Bemühen um musikalische Massenkommunikation an die Musik heranführen.

Die Faszination, die von ihm ausgeht, wirkt auf ihn, der zum Inbegriff des musikalischen Stars geworden ist, zurück. Wohl kein Interpret unserer Zeit hat so viele Schlagzeilen gemacht, die durchaus nicht immer in direktem Zusammenhang mit seiner künstlerischen Tätigkeit stehen. Das mag daran liegen, daß Karajan alles, was er in Angriff nimmt, mit dem Anspruch auf Gründlichkeit tut. Er ist ein Perfektionist in allem, was ihn interessiert. Als Sportflieger genauso wie als Skifahrer. Symbol jugendlicher Elastizität und unstillbaren Tatendrangs, haftet ihm gleichsam etwas Zeitloses an. Ein alter Karajan würde einen Widerspruch in sich selbst bedeuten, auch wenn die Schwelle zum bürgerlichen Ruhealter mittlerweile überschritten ist. Doch hat er es anscheinend verstanden, sein Image der anhaltenden Sensation zu konservieren.

«Eine Künstlerkarriere muß man lange und mühsam aufbauen – es dauert das halbe Leben. Schöpferische Arbeit ist etwas Exklusives. Sie schärft die Sinne, verfälscht aber die Wahrnehmung der realen Werte, denn sie nährt sich aus der Egozentrik», sagt Karajan, der sich im Forschungsinstitut seiner Stiftung selbst für Experimente zur Verfügung gestellt hat. So wurde neben der Beeinflussung des Höreindruckes durch verschiedene chemische Substanzen die Frage nach den Auswirkungen des Dirigierens auf den Organismus untersucht.

«Man hat festgestellt, daß die Anstrengung des Dirigierens, soweit sie eine rein physische ist, den Organismus überhaupt nicht belastet. Die größte Belastung ergibt sich nicht in der sogenannten energetischen Phase, in einem Allegro zum Beispiel – die Muskelarbeit spielt überhaupt keine Rolle. Die wirkliche Belastung liegt in der Erwartungsphase, also in Pausen etwa, wenn man auf den nächsten Einsatz warten muß. Es hat sich zum Beispiel gezeigt, daß im dritten Akt von ‹Siegfried›, kurz vor der Stelle, die wir vom ‹Siegfried-Idyll› her kennen – also ein ganz leichter Beginn –, sich mein Puls verdoppelte und der Blutdruck auf 170 stieg, um sofort wieder abzusinken, als die Stelle erreicht war. Das bedeutet, daß die Spannung, die man in sich trägt, sich organisch auswirkt.

Generell wurde festgestellt, daß die langsamen oder leisen Stellen eigentlich viel belastender sind als die Musik, die eine gewisse Entladung mit sich bringt, weil im Moment der rein muskulären Anspannung sich der Körper und das Spannungsfeld im Gehirn degagieren. Das entspricht in etwa auch den Messungen, die man bei

Autorennfahrern gemacht hat, von denen man weiß, daß sie vor dem Start einen Blutdruckwert bis zu 200 haben, der aber sofort nach dem Start absinkt, sobald einmal die Sache anläuft und die Ungewißheit schwindet.

Man weiß zum Beispiel, daß an der Stelle zu Beginn des dritten Aktes von ‹Tristan und Isolde›, bei der Joseph Keilberth während der Aufführung starb, eine stark erhöhte innere Spannung auftritt, hervorgerufen durch die Ungewißheit, ob der Sänger da auch alles richtig macht oder sich etwa irrt. Gerade weil sich an jener Stelle musikalisch scheinbar wenig tut, geschieht es sehr viel leichter, daß der Sänger nervös wird und über eine Pause hinwegsingt. Und dann weiß auch das Orchester nicht genau, wo der Sänger ist. Das ist, so meine ich, immer die größte Belastung.»

Wer Karajan im Konzert aufmerksam zuhört, wird an Stellen, die gewaltige Klangentladungen, Befreiung von emotionellem Stau oder von der Anspannung vor einem Einsatz bringen, urwüchsige, fast grunzende Laute aus seiner Kehle vernehmen. Dieses Grunzen, das er bei Schallplattenaufnahmen oft nur mühsam unterdrückt, erklärt er sich so: «Ich glaub', das ist der Ausdruck eines Spannungsniveaus zwischen Erreichtem und Gewolltem.»

Die Anspannung des Interpreten vor dem Auftritt ist ähnlich der vor musikalisch bedeutungsvollen Stellen. Hat Karajan Lampenfieber, jenes Gefühl der nervösen Unruhe und inneren Beklemmung vor dem Konzert, unter dem nicht wenige Künstler leiden?

«Nein, ich hab' überhaupt kein Lampenfieber, ich kenne dieses Gefühl nicht. Ich weiß nur, daß ich gern beginnen möchte. Ich habe Lust anzufangen! – Was ich noch gern untersucht haben möchte, ist, ob sich trotz des völligen Mangels an Lampenfieber bei einer Messung nicht doch verschiedene Veränderungen ergeben würden.»

Karajan ist darauf bedacht, jede Einschränkung seiner geistigen Präsenz zu vermeiden. Zum Dirigieren braucht er einen klaren Kopf. Deshalb verzichtet er vor einem Konzert auf den Genuß von Alkohol, der, wie er selbst festgestellt hat, den Höreindruck völlig verändert und verfälscht. Im Salzburger Forschungsinstitut unterzog er sich zusätzlich einem Dirigier- und Hörtest unter der Einwirkung des Sedativums «Valium». Es war das erste Mal, daß Karajan dieses Beruhigungsmittel einnahm.

«Der Test erstreckte sich aufs Dirigieren und das Abhören einer davon gemachten Aufnahme ohne und mit Valium. Da habe ich die Erfahrung gemacht, wie sehr man doch das Opfer von Vorstellungen ist, die man gar nicht kontrollieren kann. So war ich nach der Einnahme von Valium der Überzeugung, daß das, was ich dirigiert hatte, tadellos gelungen war. Genau das Gegenteil war jedoch der Fall. Ich hatte mich auch für einen Versuch mit einer Art Lügendetektor zur Verfügung gestellt. Dabei wurden mir Namen vorgelesen, von denen mir nur einer, der meiner Frau, bekannt war. Sobald ihr Name fiel, schlug die Gefühlskurve aus, obwohl ich mir vorgenommen hatte, mich zu beherrschen. Eine Wiederholung zeigte das gleiche Ergebnis. Dies war für mich sehr aufschlußreich.»

Eine Beeinflussung des Interpreten durch die Musik in dem Sinne, daß sie zu einer Dämpfung zwischenmenschlicher Spannungen führen kann, schließt Karajan nicht aus. Er glaubt, daß Musiker, die aus innerem Antrieb ihre ganze Existenz auf die Basis einer die künstlerische Meinung des anderen respektierenden Haltung stellen, auch in anderen Bereichen Respekt und Toleranz bekunden. Dies leitet er ab von der für eine künstlerische Kollektivleistung, wie sie ein Orchester erbringt, unerläßlichen Achtung vor dem Partner, so wie sie auch im Gedanken der «Philharmonie», der Liebe zur Musik, zum Ausdruck kommt. Wer ein beglückendes musikalisches Erlebnis hatte, werde, so meint Karajan, versuchen, in seinem Bereich die Dinge besser zu machen, sei es im Beruf oder im Kontakt zu seinen Mitmenschen. Möglicherweise werde dadurch auch die Bereitschaft gestärkt, gegen Schwierigkeiten oder Krankheit anzugehen. In den Mythen sei nicht grundlos vom wohltätigen Einfluß der Musik die Rede. Die seelische Wirkung der Musik findet er auch darin bestätigt, daß nach musikpsychologischen Erfahrungen Musik bei psychischen Spannungen positiven Einfluß auf das Unbewußte haben könne, speziell auch bei behinderten Kindern, bei denen sie selbst dann Möglichkeiten des Kontaktes zu schaffen vermöge, wenn andere Wege verschlossen schienen.

Die Berliner Philharmoniker wählten 1955 Herbert von Karajan als Nachfolger von Wilhelm Furtwängler, seinem einstigen Antipoden, zu ihrem Chef auf Lebenszeit. Ein Orchestererzieher ohnegleichen, unter dessen Händen Orchester wie die Wiener Sinfoniker oder das Philharmonia Orchestra London zu Instrumenten ersten Ranges heranwuchsen, formte er auch die Berliner Philharmoniker, die als ein Ensemble hervorragender Solisten stets schon eine Sonderklasse darstellten, zu einem der großartigsten Klangkörper unseres Jahrhunderts. Mit ihnen verwirklichte er in einzigartiger Symbiose jenen verfeinerten Klangästhetizismus, der eines seiner bezeichnendsten Stilmerkmale ist. Die unübertroffene Meisterschaft raffinierter Orchesterbehandlung baut auf seiner Empfänglichkeit und Hellhörigkeit für feinste Nuancen auf sowie einer vom Rhythmischen beherrschten Ausdrucksgestaltung und einer besonderen Sensibilität für subtilste Klangvaleurs. Hypersensibler Schönklang, schlanke Eleganz und weitgewölbte Bogen kennzeichnen den Stil dieses Klangregisseurs und Fanatikers überfeinerter Klangkultur. Es ist der in seinem Wesen begründete Hang zum Luxus, dem das Beste gerade gut genug ist, der sich in seiner Kunst manifestiert. Hinzu kommt ein Drang nach ununterbrochener Selbstdarstellung unter bestmöglichen Bedingungen, der sich ebenso im künstlerischen wie im privaten Bereich äußert. So fällt es oft nicht leicht auseinanderzuhalten, ob sich Karajan, der Meister der zur Selbstverständlichkeit gewordenen Pose, nun darstellt, wie er sich gesehen haben will, oder ob er sich so gibt, wie er glaubt, daß man ihn gern sehen möchte.

Über das Spezifische des karajanschen Orchesterklanges ist viel gerätselt worden. Karajan selbst spricht als Praktiker mit jahrzehntelanger Orchestererfahrung einem Orchester einen ihm eigenen, unverwechselbaren Klang ab.

«Ich glaube nicht, daß ein Orchester einen spezifischen Klang hat. Da ist viel Einbildung im Spiel. Der Klang eines Orchesters hängt doch weitgehend vom Dirigenten ab. Daß das von mir geleitete Orchester so und nicht anders klingt, liegt am innigen Zusammenhalt mit meinem Orchester, verbunden mit jahrelanger Arbeit. Das Primäre ist der menschliche Kontakt, den wir zueinander haben. Dann natürlich auch, weil wir sehr exakt arbeiten – eine Viertelnote wird bei uns eben auch als

Viertelnote gespielt. Dadurch, daß wir Platten und Filme machen, werden die großen Werke ja immer wieder aus neuer Sicht angegangen und kontrolliert. Und sicher ist manchmal die Probe gar nicht dafür da, ein Stück kennenzulernen, sondern um die Spielkultur an einem besonderen Beispiel noch einmal zu exemplifizieren. Da wird natürlich eine Art der Interpretation erreicht, die es anderswo einfach nicht gibt.

Ich habe mir mit sehr viel Liebe und ebensoviel Mühe dieses Instrument geschaffen. Und wir sind nun eigentlich ein Herz und eine Seele geworden. Wir sind zwei Partner, die sich gegenüberstehen und einander respektieren. Nur so ist dieses Massenerlebnis möglich, daß sich über hundert Musiker zu einem einzigen Instrument zusammenschließen. Wenn man ein Orchester nur als eine Masse von soundsoviel Menschen betrachtet, die das zu tun haben, was man ihnen sagt, dann wird man nie zum wahren Glück des Musizierens finden. Wenn die Philharmoniker und ich proben, dann ist das manchmal so, wie wenn sich zwei Freunde zusammensetzen, um gemeinsam ein Buch zu lesen und sich gegenseitig zu fragen, was sie dabei empfinden. Unsere Arbeit baut auch auf dem Wissen auf, was wir zusammen schon geleistet und erlebt haben. Sie ist mehr eine Diskussion darüber, was noch fehlt und wie sich ein bestimmter Ausdruck finden läßt. Dann kommt es auch zum schöpferischen Moment – das Schönste, was wir erleben können.

Musik sollte man weniger mit dem Verstand ergründen als fühlen und empfinden. Niemand kann so tief die Spannungsmomente nachfühlen wie ein Dirigent, der etwas wirklich mit dem Herzen tut. Das sind Dinge, die man beim Dirigieren erlebt und erlitten haben muß. Es ist eigentlich unmöglich, jemandem, der es selbst nicht kennt, zu erklären, was es bedeutet, wenn man an guten Abenden die Schönheit eines Werkes erlebt, und die Dankbarkeit des einen für den anderen. Ich bin meinem Schicksal sehr dankbar, daß es mich mit diesem Orchester zusammengeführt hat. Im Grunde genommen war es eine Bindung von der ersten Begegnung an, die mich damals wie ein Schlag getroffen hat – so stark war das Erlebnis.»

Dankbarkeit empfindet Karajan nicht nur für den Kontakt zu den Berliner Philharmonikern, auf die er sich in den vergangenen Jahren mehr und mehr beschränkte, weil er mit ihnen zu einem einzigen lebendigen Organismus zusammenwuchs und in ihnen die Vollendung fand. Dankbarkeit ist es auch, was er beim Dirigieren empfindet.

«Dankbarkeit, es tun zu dürfen. Und Freude... Wissen Sie, wenn man jung ist, macht man sich viele Gedanken über das, was (oder ob etwas) da drinnen im Herzen verborgen ist. Je mehr und je genauer ich jetzt den Dingen auf den Grund gehe, desto mehr ist da nur Musik. Und ich spüre – ich glaube, da täusche ich mich nicht –, daß auch die Jugend von heute nicht mehr belastet ist mit geistigen oder bildlichen Interpretationsvorstellungen, denen die Generation meines Vaters zum Beispiel noch sehr verhaftet war, sondern daß sie Musik als Musik empfindet und hört – als Ausdruck einer inneren Dynamik der Seele und des Geistes.

So wie ich mich heute frage, wie ich Musik empfinde, so frage ich auch meine Hörer, was in ihnen beim Hören von Musik vorgeht, ob sie eine rein sensible Hörvorstellung haben oder ob sie Musik teilweise auch noch mit anderen Vorstellungen zusammenbringen. Ein Konzert ist doch eine sehr komplexe Sache, weil es aus

Herbert von Karajan am Flügel. Alexis Weissenberg, Solist der Einspielung sämtlicher Beethoven-Klavierkonzerte mit Karajan und den Berliner Philharmonikern, lauscht dem Spiel des berühmten Dirigenten und ausgebildeten Pianisten in einer Pause während der Aufnahme des 5. Klavierkonzerts in der Berliner Philharmonie (links).

Das *jus primae noctis* des Dirigenten, das Recht der Uraufführung, nimmt Herbert von Karajan (unten mit seiner Frau Eliette und dem Autor) äußerst selten wahr. Sein eher rückwärts gewandtes Repertoire erfuhr 1973 eine Erweiterung in zeitgenössische Bereiche, als er im Rahmen der Salzburger Festspiele das szenische Oratorium «De Temporum fine comoedia – Spiel vom Ende der Zeiten» von Carl Orff (rechts im Gespräch mit dem Dirigenten) uraufführte.

einer geistigen Idee entsteht und beim Hörer wieder in einer geistigen Idee endet. Was dazwischenliegt, ist ein Weg, über den man sich normalerweise nicht klar ist. Es ist zuerst einmal das Umsetzen einer geistigen Idee in eine musikalische Form durch den Komponisten. Der Interpret steht dann vor der schwierigen Aufgabe, das Notierte zum Klingen zu bringen.

Die Notenschrift aber ist bestenfalls eine Andeutung dessen, was der Komponist meint. Alle Angaben einer Partitur sind relativ. Wieviel Dezibeln entspricht zum Beispiel ein Forte? Wann muß man mit einem Stringendo beginnen, wie verläuft die Dynamik eines Diminuendos? All das sind Fragen, über die die Noten nur unzureichend Aufschluß geben. Schon deshalb kann man als Interpret nicht erwarten, den Intentionen eines Komponisten gerecht zu werden. Eine objektive Darstellung ist schon deswegen schlechterdings nicht möglich. Und der Begriff der Werktreue ist ein Widerspruch in sich selbst. Vom Dirigenten setze ich immer voraus, daß er die Partitur genau kennt. Aber selbst ihre genaueste Kenntnis ersetzt nicht ihr Umsetzen in lebendigen Klang. Es gibt auch in der Musik Dinge, die ein Dirigent in des Wortes eigentlicher Bedeutung in den Griff bekommen muß, so wie man eine Skulptur abtasten muß, wenn man ihre Form erfühlen will. Was man in der Musik empfindet, ist zum großen Teil ein solches Formgefühl.»

In Karajans Forderung nach genauester Kenntnis der Partitur spiegelt sich auch der an sich selbst gestellte Anspruch optimaler Interpretationsvoraussetzungen. Denn unter Kenntnis eines Werkes versteht er dessen auswendige, nicht mehr auf die Textvorlage angewiesene Beherrschung. Auswendigdirigieren ist ein Prinzip Karajans. Was dies in der Praxis bedeutet, läßt sich erst in der Konfrontation mit der Partitur ermessen. Von den Chorwerken Bachs bis zu den mehrstündigen Wagneropern hat Karajan alles im Kopf. Er dirigiert zum Beispiel den ganzen «Ring des Nibelungen» komplett auswendig. Das sind immerhin über fünfzehn Stunden Musik. Man vergegenwärtige sich einmal das Pensum, das er bei seinen Osterfestspielen absolviert: ob sinfonische Stücke, Chorwerke oder Opern, die sich dort Tag für Tag folgen – Karajan dirigiert sie alle ohne Partitur. Das Außerordentliche ist bei ihm zur Selbstverständlichkeit geworden.

Gewiß wird die Gedächtnisleistung eines Dirigenten oft falsch eingeschätzt, weil das Wissen um die Bedingungen fehlt, an die das Auswendiglernen eines derart komplexen Gebildes, wie es eine Partitur darstellt, geknüpft ist. Auswendiglernen, auch von Musik, gründet sich vor allem auf Fleiß. So wäre denn Karajan auch in dieser Hinsicht der fleißigste unter den Dirigenten – denn wo sind diejenigen, die es mit ihm aufnehmen könnten?

«Ich nehme mir sehr viel Zeit, um mir Dinge anzueignen, die mir neu sind. Erst durch die wiederholte Beschäftigung mit einem Werk kommt man dahin, daß man spürt, so muß es eigentlich sein – und man weiß, wo Hand anzulegen ist und wo das Werk sich aus sich selbst trägt. Denn es hat ein ganz normales Eigenleben. Es sperrt sich gegen einen fremden Willen und verschließt sich einem, wenn man es nicht leben und atmen läßt, so wie es das braucht. Ein Werk muß man in sich reifen lassen, bis es zu einem Teil unser selbst wird. Und dann wird man feststellen, daß etwas, was einem früher nie in der Weise von der Hand ging, plötzlich etwas Selbstverständliches wird, ohne daß man daran denkt. Das ist ja gerade das Schöne an der Entwicklung eines Menschen, daß er durch dieses Ausreifenlassen immer mehr an die Dinge herankommt. Und da würde es mich eigentlich ungeheuer stören, wenn ich dazu eine Partitur nehmen müßte. Es hat schon einen großen Vorteil, ein Werk auswendig zu dirigieren. Denn dazu muß man sich sehr intensiv mit dem Werk befassen. Man braucht Stunden und Stunden, um es ganz in sich aufzunehmen und den rein spirituellen Kontakt mit ihm zu erhalten. Selbstverständlich gibt es Stücke, die man gar nicht ohne Partitur dirigieren kann, weil sie zu kompliziert sind, weil zur gleichen Zeit so viel passiert, daß schon fast die Reaktionsfähigkeit auf dem Spiel steht. Aber generell muß ich sagen, daß dies keine Gedächtnisleistung ist, sondern die Wiedergabe einer Sache, die vollkommen in einem drin ist. Sie entsteigt dem Innern, ohne daß man darüber nachdenken müßte.

Schauen Sie, ich habe die ‹Meistersinger› fünfundzwanzig Jahre lang nicht dirigiert. Das Werk blieb in mir ruhen. Und im Moment, als ich mit den Orchesterproben für die Schallplattenaufnahmen begann, war mir alles so präsent wie damals. Der Preis, den ich dafür zahle, ist, daß ich alles andere vergesse: Namen, Telefonnummern und so weiter. Das bleibt bei mir nicht haften. Als Gedächtnisleistung würde ich eher das optische Sicheinprägen des Notenbildes bezeichnen. Die Wiener Philharmoniker, die ja in allem eine ungeheuer schnelle Auffassungsgabe haben, konnten Dimitrij Mitropoulos auf den Kopf zusagen, wann er im Geist die Partitur umblätterte, denn Mitropoulos nahm das Notenbild optisch in sich auf. Das ist bei mir überhaupt nicht der Fall.»

Karajan ist ein Interpret, der nichts überstürzt und sich für die Auseinandersetzung mit einem Werk viel Zeit nimmt. Das mag vor allem jene überraschen, die in ihm bloß den ruhelosen, immer beschäftigten Pultvirtuosen und Festspielunternehmer sehen. Sicherlich: Maestro und Manager, genießt er seinen Ruhm in vollen Zügen. Blau das Auge, blau das Blut, stellt er sich in den Konzertsälen der Welt und auf den Bildschirmen als eine Art Messias des Schönklangs dar und dirigiert sich – vom Finanzclan des Festspielpublikums umschmeichelt und gefeiert – in die Annalen der Musikgeschichte hinein. Allerdings – nie hat sich Karajan etwas geschenkt –, das, worauf er heute zurückschauen kann, ist Lohn der Arbeit. Einer Arbeit, die um so fanatischer und verbissener getan wurde, je leichter und müheloser ihre Frucht ihm zuzufallen schien.

Was dabei herauskommt, wenn man in Ruhe auf das Ausreifen eines Werkes warten kann, ist aus seiner Beschäftigung mit der Wiener Schule um Arnold Schönberg und dem sinfonischen Werk Gustav Mahlers zu erkennen. Am 17. Februar 1973, mit 65 Jahren, dirigierte er in einem denkwürdigen Konzert zum erstenmal mit dem Berliner Philharmonischen Orchester in Berlin die Fünfte Sinfonie von Mahler. Auf Anhieb erntete er dabei die Früchte seiner Kunst, Früchte, um die sich andere zeitlebens vergeblich bemühen. In Erlebnis und Geist von Klassik und Romantik geschult, scheint Karajan jedoch nur schwer Zugang zur Musik unserer Tage zu finden. Auch wenn er sich beispielsweise für Luigi Nonos Werk eingesetzt hat, so blieben solche Vorstöße in die moderne Musik doch eher sporadische Unternehmungen. Karajan setzt auf das Bekannte und Bewährte.

«Schauen Sie, ein gutgeführtes Museum ist eine sehr schöne Sache. Wenn wir immer wieder auf die großen Meisterwerke zurückgreifen, so deshalb, weil sie wahrscheinlich einen allgemeinen, universalen Wert haben. Die menschliche Aussage über die Werte, die uns ewig und gültig sind, ist ja das, was letztlich allein maßgebend ist. Sie hat ihren Niederschlag in den großen Werken der Kunst gefunden. Das ist der Grund, weshalb wir immer wieder zu ihnen zurückfinden. Was die Komponisten betrifft, die neue Wege gehen, so müssen sie uns erst beweisen, daß ihr Schaffen lebensfähig ist und ihre Musik einen großen Kreis anzusprechen vermag. Es ist selbstverständlich, daß jeder von uns alles tun wird, um dem Publikum auch neue Wege zu zeigen.

Avantgarde... das können ja ein paar Leute viel besser, mit einem Gartenschlauch Töne erzeugen. Ich hab's ja gesehen. Da sollen die Leute hingehen. Ich habe nur kein Publikum gesehen. Es ist ja nicht alles wertvoll, nur weil es heute geschrieben wird. Ob der eingeschlagene Weg in der modernen Musik der richtige ist, ist schwer zu sagen. Man soll nicht immer so ungeduldig sein. Strawinsky und Bartók zählen doch heute bereits zum Standardrepertoire. Vor zwanzig Jahren sah das noch ganz anders aus. Meiner Meinung nach ist es ein Fehler, die Dinge zu vergleichen: Es ist falsch, das eine gegen das andere auszuspielen. Wir können noch nicht wissen, wohin die neu beschrittenen Wege führen. Es wäre falsch, Erscheinungen, die mit so großer Kraft aus der Zeit hervorbrechen wie etwa die elektronische Musik, abzulehnen. Denn das geht von einer anderen Grundtendenz aus. In diesem Sinne ist jeder neue Versuch zu begrüßen. Man sollte nur keine Wertmaßstäbe setzen, sondern jeder sollte das tun, was er für das Richtige hält. Und wenn etwa eine Rundfunkanstalt glaubt, ihr Geld sinnvoll zu verwenden, indem sie es für Produktionen avantgardistischer Musik ausgibt, dann mag sie's ruhig tun. Ich bin für alles, was neue Horizonte eröffnet.

Die Produktion neuer Musik ist aus verständlichen Gründen so kompliziert und so teuer, daß ein Orchester, das ein großes Repertoire zu verwalten hat, zeitlich überfordert ist. Und deshalb sage ich: Das Publikum ist ja mit neuer Musik anderswo besser bedient. Soll es dahin gehen und sich das anhören. Ich mache die Dinge, von denen ich überzeugt bin, daß sie gut sind. Und was nicht bei uns gemacht wird, wird anderswo gespielt. Wenn die Leute zu mir kommen, hören sie das gesamte Repertoire von Bach bis zu Strawinsky, Schönberg und Bartók. Und, wie ich meine, sehr sorgfältig probiert und musiziert.»

Zentraler Ausgangspunkt seiner imponierenden Arbeitsleistung ist Berlin. Dort feilt er mit seinem Orchester an dem in jahrelanger Partnerschaft erarbeiteten Repertoire. Berlin ist auch der Ort seiner zahlreichen Schallplattenaufnahmen und der Musikfilmproduktion. Seine ausgedehnten Proben sind bestimmt von der Abneigung gegen Schlendrian, Mittelmaß und künstlerischen Provinzialismus. Mit äußerster Präzision weiß er, der gleichermaßen als Autorität für die französische, italienische und deutsche Musik gilt, seine Werkvorstellung optimal zu verwirklichen.

In der Probe, wo er nur unter seinesgleichen ist und nicht einem Publikum gegenübersteht, das von ihm Eleganz der Bewegungen erwartet, entfaltet sich erst so recht die Singularität dieses Musikers – hier konzentrieren sich die Magie seines Taktstockes und die Gabe der Suggestion ganz auf den Gegenstand der Arbeit, die Musik.

In ungebügelten Freizeithosen, ausgetretenen Schnallenschuhen und mit lässig über die Achsel geworfener Jerseyjacke oder um die Schultern drapiertem Pullover schlurft Karajan ans Pult. Die katzenhafte Geschmeidigkeit seiner Bewegungen, den aufrecht gereckten Körper und den sorgsam frisierten Künstlerputz spart er sich auf für den öffentlichen Auftritt.

Voller Charme, verbindlich lächelnd, fordert er vom Pult aus mit der Gelassenheit eines Souveräns von seinem Orchester Disziplin und Konzentration. Von gewinnender Liebenswürdigkeit im Umgang mit seinen Musikern, bleibt er dennoch unerbittlich in seinen Qualitätsforderungen.

Der chromglitzernde Dirigentenstuhl, auf dem er Platz nimmt, ist Thron und Liege zugleich. Auf ihm ruht er sich in kurzen Pausen aus, die Beine faulenzend ans Dirigentenpult gestützt.

Ästhet und Magier in einem, schaut er seinen kreisenden, immer im Fluß der Musik mitschwimmenden Bewegungen nach, so als wollte er sich von seiner eigenen Eleganz berücken lassen. Zwischendurch fährt er mit dem Handrücken über die Nase: Wieviel gnädige Herablassung und nonchalante Arroganz liegt doch in diesem symbolischen Schneuzen!

Beim Fortissimo nimmt er die Füße vom Pult. Unvermittelt und unmißverständlich steht er fest auf beiden Beinen, holt mit seinen Armen zu wuchtigen Schlägen aus, berauscht sich an der Steigerung und treibt den Klang an die Grenze des akustisch Erträglichen. Hier *geschieht* Musik, elementar. Über Gebühr hebt sich das Leibchen im Aufbäumen des durchtrainierten, sonnengebräunten Körpers und gestattet einen indiskreten Blick auf Bauch und Nabel: Omphalos der Leidenschaften.

Oft sind es Kleinigkeiten, Nuancen, um die er ringt, derentwegen er sich festbeißen kann und die er mit dem beharrenden Willen des nie ganz Zufriedenen fanatisch herausprobt. Hier bei der Probe spürt man, daß es ihm um mehr geht als um die Befriedigung von Eitelkeiten. Dirigieren, oft verstanden und geübt als Versuch, Aggressivität und Komplexe gleichsam in der Öffentlichkeitsarbeit loszuwerden und zu verdrängen, ist Karajan völlig fremd.

Er, der wie keiner vor und neben ihm den Musikbetrieb zu organisieren und zu technisieren verstand, ist immerfort auf der Suche nach neuen Techniken musikalischer Massenproduktion. Er ist fasziniert von der Idee der totalen musikalischen Information, die ihm künftig durch Massenherstellung audiovisueller Kunstprodukte globale Präsenz verschaffen soll. Auf dem Gebiet des Musikfilms hat er – nicht unumstrittene – Pionierdienste geleistet.

«Die visuelle Darstellung sinfonischer Musik ist eines meiner Hauptanliegen. Dabei strebe ich nicht eine Reportage, sondern die Umsetzung von Musik ins Bild mit ästhetischen Mitteln an, eine optische Interpretation der Musik mit ihren Spannungsmomenten, lyrischen und dramatischen Werten – und zwar so, daß sie verstärkt auf den Hörer wirkt. Auf dem Gebiet des Kabelfernsehens und der Bildkassette kommt eine gigantische Entwicklung auf uns zu. Die gegenwärtig neu entstehenden Verfahren, die zum Teil sogar auf der Basis von Hologrammen arbeiten werden, bedeuten einen enormen Fortschritt. Es ist ganz klar, daß die Entwicklung nicht mehr aufzuhalten ist, und es ist einfach komisch, wenn sich manche Menschen da noch derart kritisch verhalten und zurückwollen in eine Zeit, die längst passé ist. Das ist nun einmal die Zukunft, sie wird kommen, und es gibt keine Möglichkeit mehr, diese Entwicklung aufzuhalten.

Die Einbeziehung aller zur Verfügung stehenden technischen Mittel ist allein schon deshalb gerechtfertigt, weil nur dadurch die ungeheure Nachfrage nach Musik gedeckt werden kann. Ich müßte mehrere Leben haben, wollte ich im Konzertsaal so viele Leute erreichen, wie ich sie durch eine einzige Fernsehsendung anspreche. Musik ist eine Sprache, die heute die ganze Welt versteht und die zum Herzen geht. Ich bin dagegen, daß sie ein Reservat für ein paar Kenner bleibt – ich finde es ungerecht, wenn nur ein kleiner Kreis Opern und Konzerte besuchen kann. Man sollte hier im guten Sinne sozial denken und auch den weniger Begünstigten, die nicht die Möglichkeit haben, ein Konzert zu besuchen, eine Chance geben, auf die sie ein Recht haben. Man darf ihnen das Hörerlebnis nicht vorenthalten. Deshalb setze ich mich so für diese Dinge ein. Denn die Botschaft, die die Musik bringt, wirkt erhebend. Alles, was von ihr angerührt wird, macht sie erhaben – sie hat die Kraft, aus tiefster Tiefe zu reinster Schönheit zu erheben.

Auf einem Spaziergang in der Umgebung von Salzburg kam ich einmal mit einem alten Bauern ins Gespräch, der mich erkannt hatte und es gar nicht glauben konnte, daß er mir da im Wald begegnet war. ‹Jedes Konzert schau' ich mir an, da simmer immer alle da›, erklärte er mir. Der Grad der Aufgeschlossenheit und der Bildung von Menschen, die früher nichts anderes gelesen haben als vielleicht die Bibel (wenn sie sie überhaupt gelesen haben), das ist für mich – und das hat mir diese Begegnung wieder deutlich gemacht – eine der schönsten Errungenschaften unserer heutigen Zeit – und daß im Grunde genommen jeder, dem daran gelegen ist, die Möglichkeit hat, sich über alles nicht nur zu informieren, sondern es auch zu erleben. Ich ersehe auch gerade aus den Zuschriften, die ich von Fernsehzuschauern erhalte, daß wir mit dem Musikfilm auf dem richtigen Weg sind. Denn fast alle sagen: ‹Wir haben dadurch, daß wir es mitsehen können, einen viel besseren Höreindruck erhalten.› Wenn man richtig darauf angesprochen wird, kann jeder Musik verstehen. Deshalb bin ich in dieser Richtung eigentlich sehr optimistisch.»

Karajans unbedingter Glaube an den Fortschritt ist gekoppelt mit einem untrüglichen Blick für das optimal Machbare. Mit den Osterfestspielen hat er sich ein Wirkungsfeld geschaffen, das ihm ein Höchstmaß an Selbstentfaltung ermöglicht. Nur sich selbst Rechenschaft schuldig und befreit von der Behinderung intriganter Bürokratie, versammelt der Dirigent und Regisseur alljährlich die Freunde und Förderer seiner Festspiele zum exklusivsten Musikfestival unserer Tage. Ein rationelles Produktionsverfahren, das die Vorauseinspielung des Bühnenwerkes für die Schallplatte einbezieht, ermöglicht eine Konzentration der Probenzeit und gestattet den Verzicht auf Inanspruchnahme größerer öffentlicher Subventionen.

«Ich finde gar nichts Ehrenrühriges dabei, daß man unterstützt wird. Die Zuschüsse zu den Osterfestspielen sind notwendig geworden aus dem ganz einfachen Grund, weil die Kosten – und das ist es, was viele Menschen nicht begreifen wollen – bei annähernd gleichen Eintrittspreisen unentwegt gestiegen sind. Ich müßte die Preise erhöhen, aber ich kann es nicht aus Loyalität zu den Festspielen im August. Diese würden die Preise nicht nachziehen können. Wir haben angefangen mit zweihundert Förderern – und jetzt hab' ich über zweitausend. Ich könnte noch bis auf dreitausend gehen; dann müßte ich aber meine treuen Abonnenten vor die Tür setzen und ihnen sagen: ich kann euch nicht mehr nehmen... Eher laß ich mir eine Hand abhacken. In der Klemme bin ich jetzt, da ich eigentlich viel mehr Geld haben könnte und es zum Fenster hinauswerfen muß, weil ich es nicht mitverwenden kann, weil ich sonst die Struktur generell verändern würde. Da müssen die anderen einspringen. Schließlich bringen wir für die Fremdenindustrie Millionen Schillinge nach Salzburg.»

Nach verschiedenen internen Differenzen kam es im Juni 1964 zu einem schweren Konflikt zwischen Karajan und dem damaligen österreichischen Unterrichtsminister Theodor Piffl-Percevic: Karajan nahm nach achtjähriger Herrschaft über die Wiener Staatsoper verärgert seinen Hut und verließ Wien im Groll. «Als ich sah, daß alles, was ich in acht Jahren mühsam aufgebaut hatte, nicht in meinem Sinne weitergeführt werden sollte, als man mir nicht jene Arbeitsmöglichkeiten zugestehen wollte, die ich forderte, zog ich die Konsequenzen... Ich war wohl der letzte individualistische Opernleiter in eigener Verantwortung... Ich lasse mir in künstlerische Dinge nicht und von niemand hereinreden.»

Nur Gustav Mahler habe es drei Monate länger als er an diesem Institut ausgehalten, meint Karajan, der bekennt, an der Wiener Staatsoper unendlich viel gelernt zu haben, und sich dankbar für diese Zeit zeigt, da sie ihn selbst auch sehr viel weitergebracht habe. Der unbedingte Anspruch auf Unabhängigkeit in der Wahl der künstlerischen Mittel führte zur Gründung der eigenen Festspiele.

«Ganz sicher werde ich nie mehr die Leitung eines Opernhauses übernehmen, weil das bestehende System der sogenannten Repertoireoper immer fragwürdiger wird von der Qualität her. Die Jahre in Wien haben mir die Unmöglichkeit des Opernbetriebes schlechthin klargemacht. Ich zweifle auch, daß es noch sehr lange so weitergehen wird. Und ich sehe keinen Grund, warum man etwas am Leben erhalten soll, wovon man längst überzeugt ist, daß es nicht mehr lange halten wird, und zwar aus dem einfachen Grund, weil das Verhältnis zwischen Kosten und gebotener Qualität nicht mehr stimmt. Wenn ein Staat bereit ist, den Zuschuß zu geben, den er für wirkliche Qualität geben müßte, dann ist die einzige Möglichkeit, dieses Geld nun endlich für eine wirklich perfekte, wunderbare Produktion im Fernsehen herzugeben. Dann haben alle was davon. Ich plädiere nicht für die Schließung der Opernhäuser, keine Spur. Die werden immer da sein. Aber die Oper mit ihrem Repertoirebetrieb ist mir eine grauenhafte Sache, weshalb ich schließlich gesagt habe: es hat keinen Zweck mehr.»

Aktivitäten, wie sie Karajan entfaltet, setzen weiträumiges Denken voraus. Er ist überzeugt, daß die Ensembleoper traditioneller Prägung abgewirtschaftet hat. Die Zukunft des Musiktheaters sieht er in der nach einem Rotationssystem arbeitenden Verbundoper, im Austausch künstlerisch hochwertiger Inszenierungen mit erstklassigen Solisten, Dirigenten und Orchestern zwischen den bedeutendsten Opernhäusern. Ansätze dazu hat er selbst mit den auf Wanderschaft geschickten Inszenierungen von «La Bohème», «Il Trovatore» und eines Teils seiner Salzburger Produktion gemacht. Der Erfolg hat ihm bestätigt, daß sein Modell das richtige ist. Die Osterfestspiele, sein Gegen-Bayreuth, absorbieren und erfüllen ihn so vollständig, daß an eine Rückkehr an frühere Wirkungsstätten, wie etwa die Bayreuther Festspiele, denen er in den fünfziger Jahren nicht zuletzt wegen der Reformbestrebungen Wieland Wagners den Rücken gekehrt hatte, kaum zu denken ist. Zwar hat er die Verbindung zu Wien wieder aufgenommen – doch unter Bedingungen, die ganz seinem Konzept einer Internationalisierung und Straffung des Opernbetriebes in Richtung größerer Qualität unterworfen sind.

«Es ist ganz einfach so: Ich habe die zwei Festspiele in Salzburg – das eine ist mein persönliches Werk, und beim anderen spreche ich mit anderen Kollegen das Programm ab. Das ergibt im Jahr durchschnittlich ein bis zwei Inszenierungen. Damit bin ich vollkommen ausgelastet. Und ich bin auch restlos glücklich und zufrieden. Weil wir in Salzburg in einer Atmosphäre arbeiten, die man an einem normalen Opernhaus überhaupt nicht schaffen kann. Da ist man in einem Getriebe drin. Wir arbeiten in Salzburg praktisch ein ganzes Jahr für neun Tage. Es entsteht da die Atmosphäre einer wirklichen Mannschaft. Und das ist das Ensembletheater, so wie ich es sehe: daß die Menschen zusammenschmelzen, weil sie bei einer Aufgabe mitwirken. Schwieriger ist es schon bei den Festspielen im August. Weil da schon wieder sechs konträre Dinge im Fluß sind.

Die innere Harmonie, mit der man zum Beispiel bei den Osterfestspielen die Arbeit tut – die im Grunde genommen ein reines Vergnügen ist und bei der der Monat der Proben hingeht wie zwei Tage –, die können sie anderswo nicht herstellen. Nach elf Monaten der Vorbereitung und Vorfreude quillt man förmlich davon über – und ich lebe wieder das nächste Jahr davon. Ich kann mir nicht vorstellen, daß ich heute, wo ich im Begriff bin, den ganzen Wagner mit meinem Orchester zu erarbeiten, noch jemals glücklich sein könnte mit irgend etwas anderem. Denn in Salzburg arbeite ich unter Voraussetzungen, die mir erlauben zu sagen: das drückt meine Vorstellung aus, so muß es sein. Wenn es dann doch nicht gut geworden ist, dann ist es allein meine Schuld, weil ich zu keinen Kompromissen gezwungen war. Aber daß ich etwas realisieren kann, wie ich es mir vorstelle, das ist etwas, was mich glücklich macht.»

1976, beim zehnjährigen Jubiläum der Osterfestspiele Salzburg, mischten sich erstmals auch nach außen hin vernehmbare Mißtöne in die von Karajan so gelobte Harmonie der partnerschaftlichen Zusammenarbeit mit den Sängern und Musikern seines Nobelfestivals. Der erste Eklat war die Niederlegung der Titelrolle des «Lohengrin» durch René Kollo. Dann erfolgte die Ankündigung des Bassisten Karl Ridderbusch, der die Partie des König Heinrich sang, er werde die vertraglichen Verpflichtungen in Salzburg noch erfüllen, dann aber den Osterfestspielen, bei denen er von Anfang an mitgewirkt hat, den Rücken kehren. Die Spannungen zwischen Karajan und den beiden Sängern wurden mit einer gewissen Überempfindlichkeit nach schwerer Krankheit, die Karajan für ein Vierteljahr ans Bett gefesselt und arbeitsunfähig gemacht hatte, erklärt. Karajan hatte sich im Zürcher Kantonsspital einer Bandscheibenoperation unterzogen, war dort wegen Arthritis und Nierensteinen behandelt worden und hatte deshalb alle Konzerte zwischen dem 7. Dezember 1975 und dem 7. März 1976 absagen müssen. Am Schluß des ersten Konzertes nach seiner Genesung, in dem Karajan in der Berliner Philharmonie mit «seinen» Philharmonikern die Fünfte Sinfonie von Tschaikowsky interpretierte, wurde der lang vermißte Chefdirigent von der anwesenden kulturtragenden und politischen Prominenz (vom Regierenden Bürgermeister abwärts) begeistert akklamiert und mit Stehovationen gefeiert.

Im Gegensatz zu früher, als er zu und mit den verschiedensten europäischen Orchestern reiste – «Ich habe sehr darunter gelitten» –, konzentriert sich Karajan heute ganz auf seine Zusammenarbeit mit den Berliner Philharmonikern. Mit ihnen bestreitet er die Osterfestspiele und Pfingstkonzerte in Salzburg, es ist auch das Orchester, mit dem er regelmäßig auf Konzertreisen geht. Daran hat er Freude. «Es ist für uns immer sehr schön, mit einem großen Repertoire auf Reisen zu gehen.»

Karajans kernig-gutturale Stimme mit dem Timbre des unvergleichlichen Salzburger Akzents wirkt verbindlich, kaum jemals abweisend. Sein heiserer, zuweilen knarzender Bariton weiß Forderungen in angenehm-liebenswürdigem Ton zu stellen. Obwohl er an sich wie wenige zu formulieren und komplexe Erfahrungen zu artikulieren versteht, bricht er gern mitten in der Rede ab, läßt Sätze unvollendet und wechselt unvermittelt das Thema. Dies ist natürlich auch ein probates Mittel, um von unbequemen Fragen loszukommen – wovon er dann und wann gern Gebrauch macht. Seine Antworten wechseln zwischen Weitschweifigkeit und prägnanter Kürze. Wo andere weit ausholen würden, beschränkt er sich nicht selten auf Äußerungen von aphoristischer Knappheit. Wie etwa bei der Frage, was sein Verhältnis zu Beethoven präge, dessen sinfonisches Werk ein drittes Mal für die Schallplatte aufzunehmen er sich anschickt und das ihn seit Beginn seiner Laufbahn beschäftigt. «Meine grenzenlose Verehrung für ihn und weil ich seit meiner Jugend versucht habe, mich darauf zu konzentrieren.» Aussprüche wie «Ich stehe um sechs Uhr auf, sonst komme ich zu nichts» oder «Mich fasziniert jede Perfektion» und «Ich muß nicht repräsentieren» umreißen den Charakter eines Künstlers, dessen Mythos nicht zuletzt auf besessener Arbeit und persönlicher Ausstrahlung beruht.

Herbert von Karajans Einzigartigkeit entzieht sich letztlich einer erschöpfenden Wertung. Woher er seine nie versiegende Energie und physische Kraft nimmt, bleibt ein Rätsel. Die Vitalität, die sein Tun durchdringt, läßt jedoch keinen Zweifel, daß Musik für ihn bis in die letzte Faser eine höchst sinnenhafte Sache ist. Seine Antwort auf die Frage, was er tue, um die physischen und psychischen Belastungen seines künstlerischen Wirkens zu meistern, eines Wirkens, das alles von ihm fordert und dem er alles gibt, ist ebenso knapp wie klar: «Sehr gesund leben.»

Und was versteht er darunter?

«Das Prinzip *mens sana in corpore sano* – ein gesunder Geist in einem gesunden Körper.»

Rudolf Kempe

Vergegenwärtigt man sich einmal die Situation der deutschen Dirigenten im internationalen Musikleben und auch im Musikleben ihrer Heimat, so muß man sich unwillkürlich fragen, wo sie denn eigentlich geblieben sind, die großen Dirigenten Deutschlands. Namen wie Fritz Busch, Klemperer, Erich Kleiber, Knappertsbusch, Furtwängler, Bruno Walter, Keilberth, Schmidt-Isserstedt und Schuricht gehören der Vergangenheit an; sie alle sind – Repräsentanten bester deutscher Interpretenkultur – seit Jahren tot. Die Fortsetzung und Verwaltung ihres Erbes durch die nachfolgende Generation liegt in den Händen einer – hochgerechnet – Handvoll Dirigenten, die ihrerseits bereits im siebenten Lebensjahrzehnt oder darüber stehen. Gemeint sind Eugen Jochum, Karl Münchinger und Ferdinand Leitner. Ihnen zuzurechnen war als einer der großen Kapellmeister alten Schlages, der in der sinfonischen Literatur genauso zu Hause war wie in der Oper, der aus Sachsen stammende Rudolf Kempe. Zu dieser kleinen Schar bedeutender deutscher Dirigenten könnte man noch die etwas jüngeren Horst Stein, Wolfgang Sawallisch und Karl Richter zählen.

Das ist nicht viel angesichts des Potentials an musikalischen Begabungen und des geschichtlichen Hintergrunds, den die Musikernation Deutschland für sich reklamieren kann. Aber auch innerhalb der jüngeren Generation, also jener zwischen etwa 35 und 50, sieht es recht trostlos aus. Zwar zeugen Namen wie Christoph von Dohnányi, Carlos Kleiber und Bernhard Klee vom Durchsetzungsvermögen auch junger deutscher Dirigenten. Doch kann dies nicht darüber hinwegtäuschen, daß die repräsentativsten Orchester der Bundesrepublik einschließlich der Rundfunkorchester größtenteils fest in den Händen ausländischer Dirigenten sind. Ganz ähnlich liegen die Dinge auch in Österreich, dessen bedeutendsten Orchestern – Wiener Philharmoniker und Wiener Symphoniker – die italienischen Dirigenten Claudio Abbado und Carlo Maria Giulini vorstehen. Aber auch in der Schweiz sind die wichtigsten Dirigentenstellen vorwiegend von Künstlern aus dem Ausland besetzt.

Da muß man sich natürlich fragen, ob die Nachwuchskräfte dieser Länder den Anforderungen, die die entsprechenden Positionen mit sich bringen, nicht gerecht werden. Daß dies offenbar nicht zutrifft, ist daraus zu ersehen, daß sie sich mit

Erfolg im Ausland zu profilieren vermögen. So ist es wohl nicht abwegig, in den Besetzungsmodi für Chefpositionen exponierter Orchester im deutschsprachigen Raum (mit Ausnahme der DDR) langfristig betrachtet eine Fehlplanung in der Kulturpolitik zu sehen.

Von den deutschen Dirigenten internationaler Reputation war Rudolf Kempe der deutscheste seiner Generation. Er verkörperte wie kein anderer echteste deutsche Musiziertradition. Das kann eigentlich auch nicht verwundern, war doch Kempe im heute zu Dresden gehörenden Niederpoyritz geboren. Das musikalische Klima Dresdens – bis zum Zweiten Weltkrieg eines der Musikzentren Deutschlands und Europas und als Uraufführungsort zahlreicher Opern von Richard Strauss weltweit ein Begriff – hatte ihn augenscheinlich geprägt: Kempe galt als einer der kompetentesten Interpreten des Werkes von Richard Strauss. Zeugnis davon gibt nicht zuletzt die Einspielung fast des gesamten Orchesterwerks von Strauss mit der Staatskapelle Dresden für die Schallplatte – eine interpretatorische Meisterleistung, an der sich zu orientieren nicht von Nachteil sein kann.

Deutsch, das hieß bei Kempe vor allem: Solidität und Genauigkeit der Ausführung sowie Fundiertheit der Aussage auf der Basis einer breiten und traditionsbewußten musikalischen Ausbildung. Mit knapp sechs Jahren erhielt er ersten Klavierunterricht, mit zwölf Jahren Violinunterricht. An der Orchesterschule der Sächsischen Staatskapelle Dresden ließ er sich später, von 1924 bis 1928, zum Oboisten ausbilden. Seine Laufbahn als Berufsmusiker begann er 1928 als Erster Oboist im Dortmunder Opernorchester. Ein Jahr darauf zog er in gleicher Funktion nach Leipzig zum Gewandhausorchester, wo er auch als Kammermusiker, Begleiter und Pianist tätig war. Erst als er das Metier des Kapellmeisters aus der Sicht des direkt Betroffenen, des Orchestermusikers, aufmerksam studiert hatte, wandte er sich dem Dirigieren zu, zu dem er mehr zufällig und aushilfsweise als direkt gewollt fand.

An der Städtischen Oper Leipzig, wo er sich seit 1933 auch als Korrepetitor betätigte, begann er im Dezember 1935 seine Laufbahn als Dirigent, als er eine Aufführung von Lortzings «Wildschütz» leitete. 1942 wurde Kempe sodann Erster Kapellmeister am Opernhaus in Chemnitz. Dort gab er auch mit 32 Jahren sein erstes Konzert. 1946 wurde er zum Generalmusikdirektor von Chemnitz ernannt. Im Juli 1948 folgte er einem Ruf als stellvertretender Generalmusikdirektor des Deutschen Nationaltheaters und der Weimarischen Staatskapelle nach Weimar. Im August 1949 schließlich kam er als Staatskapellmeister und stellvertretender Generalmusikdirektor nach Dresden, seiner Heimatstadt – womit sich der Kreis schloß. Im darauffolgenden Jahr trat er die Nachfolge des Dresden verlassenden Joseph Keilberth an und wurde Generalmusikdirektor in Dresden.

1952 übernahm Kempe in der Nachfolge von Georg Solti die Position des Generalmusikdirektors und musikalischen Oberleiters der Bayerischen Staatsoper in München. Mit einem Gastspiel in Covent Garden stellte er sich 1953 erstmals dem Londoner Publikum vor und knüpfte damit ein Band, das in der Folge immer fester wurde. Kempe löste bereits 1954 vorzeitig seinen Vertrag an der Bayerischen Staatsoper. Seinen Rücktritt begründete er mit mangelhafter Beschäftigungsmöglichkeit und mit ungewöhnlicher Einschränkung seiner Kompetenzen durch den

Intendanten der Oper, Rudolf Hartmann. Sein Nachfolger in München wurde Hans Knappertsbusch. Kempe selbst wurde für die Spielzeit 1954/55 an die Metropolitan Opera in New York verpflichtet. 1955 dirigierte er zwei zyklische Aufführungen von Wagners «Ring des Nibelungen» in Covent Garden und bei den Salzburger Festspielen «Palestrina» von Pfitzner. In den Jahren darauf folgten zahlreiche Engagements, unter anderem an die Wiener Staatsoper und erneut an die Met.

Die Wende vom Opern- zum Konzertdirigenten wurde 1960 mit der Berufung zum künstlerischen Direktor und Hauptdirigenten des Royal Philharmonic Orchestra London in der Nachfolge des verstorbenen Sir Thomas Beecham eingeleitet. Diese Position gab Kempe erst 1975 wieder ab, um sie mit der eines Chefdirigenten des BBC-Sinfonieorchesters zu tauschen. Ab 1965 bekleidete Kempe zusätzlich für acht Jahre das Amt des Chefdirigenten des Tonhalle-Orchesters Zürich. 1967 übernahm er als Nachfolger von Fritz Rieger die Leitung der Münchner Philharmoniker.

Die große Beliebtheit, deren Kempe sich seit Jahren vor allem beim Londoner Publikum und nicht minder in München erfreute, war sicher auch auf seine gänzlich unprätentiöse Art zurückzuführen, die jeden nach außen gerichteten Effekt zu meiden suchte. Kempe war ein Mann der musikalischen Praxis, einer, der sein Metier beherrschte und aus eigener Orchestererfahrung wußte, was man vom Orchester verlangen kann und muß. Er war deshalb auch kein bequemer Musiker – er machte es weder sich noch den anderen leicht. Musikalische und orchestrale Disziplin hatte bei ihm höchsten Stellenwert. Das machte ihn zum Orchestererzieher *comme il faut.* Kempe hat in seiner Arbeit beim Royal Philharmonic Orchestra, dem Tonhalle-Orchester Zürich und bei den Münchner Philharmonikern Hervorragendes geleistet. Alle drei Orchester haben unter seiner Obhut ihr Niveau erheblich steigern können. Die Orchester in London und München erreichten zudem unter seiner Leitung wieder Weltniveau. Der Sachse Kempe war kein Freund großer Gebärden. Seine Zeichengebung war zweckbestimmt und äußerst präzise, wobei ihm die völlige Selbständigkeit beider Arme etwas Selbstverständliches war. Bei der in ihrer rhythmischen Balance heiklen Fuge «Von der Wissenschaft» in der Tondichtung «Also sprach Zarathustra» von Richard Strauss dirigierte Kempe zum Beispiel sowohl die Triolen als auch die gradtaktigen langsamen Viertel und demonstrierte damit die motorische Unabhängigkeit der Arme voneinander, veranschaulichte dadurch aber gleichzeitig den Sinngehalt der Musik an dieser Stelle, die das nicht mehr wirklichkeitsorientierte Trocken-Akademische einer in Formalismus erstarrten Wissenschaft karikiert. Kempes Musizieren war von klassischem Denken bestimmt, es war frei von bombastischem Schwulst und strapaziösem Pathos. Ihm ging es vorrangig um Konzentration des Ausdrucks und des Klanges, was ihn für die Musik von Richard Strauss geradezu prädestinierte, schafft dies doch eine spannungsvolle Distanz zum programmatischen Geschehen seiner Musik.

Kempe war ein Dirigent des beherrschten, gezügelten Engagements und der kühl dosierten, kalkulierten Emotion. Als Inszenator musikalischer Vorgänge kam es ihm nicht zuletzt auf unbedingte Zuverlässigkeit der Ausführung an, was eine Kontrolle seinerseits bedingte, die Selbstvergessenheit während des Musizierens ausschließen mußte. Ekstase war seine Sache nicht. Darüber konnte sein vitales Musizieren keinen Augenblick hinwegtäuschen. Kempe ging es um eine hellwache, detailtreue Ausdeutung des Textes, bei der selbst im musikalischen Exzeß die eigene Empfindung zurückgestellt wurde. Und darin, in diesem Sichzurücknehmen vor dem Werk, erwies er sich als Meister.

Der nachfolgende Brief geht auf eine Anregung Rudolf Kempes zurück. Da wir uns im Sommer und Herbst 1975 weder in London, wo wir uns zweimal in dieser Angelegenheit sprachen, noch in München infolge Terminüberschneidungen ausführlich genug unterhalten konnten, schlug er eine schriftliche Beantwortung meiner Fragen vor. Dieser Idee stand ich zwar anfänglich skeptisch gegenüber – sie schloß ja die direkte Gegenrede des persönlichen Gesprächs aus und damit auch die Möglichkeit, im Dialog in Bereiche vorzudringen, die für gewöhnlich sorgsam abgeschirmt werden. In der Ausführlichkeit jedoch, mit der sich Rudolf Kempe der Sache widmete, spiegelt sich sein Bemühen, einer befürchteten Einseitigkeit in Richtung eines monologischen Gesprächs auszuweichen, aber auch die Gründlichkeit, mit der er ihm gestellte Aufgaben anging. In Kempes dialogischem Monolog – wie ich seinen Brief bezeichnen möchte, und der da und dort zu entschiedener Replik reizt – drückt sich zum Teil sehr deutlich das Unbehagen und der Unmut eines Interpreten über gewisse Erscheinungen des Musikbetriebes sowie der musikalischen Ausbildung aus, die ihm in einem Maße zuteil wurde, daß man sie schlicht universell nennen kann.

Rudolf Kempe starb am 11. Mai 1976 in Zürich, einer der wichtigsten Stationen seiner vielen Wirkungsstätten, wohin er sich nach seinem letzten Konzert am 1. März des gleichen Jahres in München, schwer erkrankt, zwecks ärztlicher Behandlung begeben hatte. Durch seinen viel zu frühen Tod ist sein Brief nun zu einer Art Vermächtnis geworden.

Stockholm, 21. Oktober 1975

Sehr geehrter Herr Bachmann,
weil unsereiner sein Gewerbe im Umherziehen ausübt (es ist mit eine der unerfreulichsten Seiten in diesem Beruf, aber das muß man eben in Kauf nehmen), bin ich erst in diesen Tagen dazu gekommen, meine Antworten auf Ihre Fragen, mit denen ich mich während des Sommers auseinandergesetzt habe, niederzuschreiben.

Ihre erste Frage war, was ich während des Dirigierens, des Musizierens empfinde. Lassen Sie mich von meinen Empfindungen lieber etwas später reden – wenn es schon überhaupt sein muß. Ich gebe offen zu, daß ich es sehr ungern tue und daß ich es überhaupt nicht ausstehen kann, reden zu müssen. Vielleicht bin ich deshalb Musiker geworden und nicht Vertreter, Pfarrer, Politiker oder sonst was ähnliches. Dem Dirigenten bleibt das Reden zwar auch nicht immer erspart, aber aus eigener Erfahrung weiß ich, daß Orchestermusiker Dirigenten nicht leiden können, die viel reden. Und so trifft es sich ganz gut mit meiner eigenen diesbezüglichen Abneigung; und ich behelfe mich eben mit Dirigieren, um mich verständlich zu machen. Gelegentlich sogar mir Erfolg. Wenn ich jemandem ganz und gar nicht entkommen kann, so wie Ihnen, dann habe ich wirklich Pech gehabt.

Um nun aber endlich auf Ihre erste Frage zu kommen: Ich fürchte, ich muß, um Begriffe wie Dirigieren und Musizieren und die damit verbundene Problematik aus meiner Sicht ein wenig zu umreißen, mich gleich zu Anfang selber Lügen strafen und ein bißchen weiter ausholen. Vielleicht kommt damit manches zur Sprache, was Sie ohnehin interessiert.

Dirigieren und Musizieren ist leider schon einmal durchaus zweierlei. Ob und wieviel an Empfindung ich mir überhaupt leisten kann, sei es bei der Probenarbeit oder selbst im Konzert, hängt wesentlich davon ab, wieweit ich vom Dirigieren ins Musizieren übergehen kann. Und das liegt wiederum nicht bei mir.

Es klingt äußerst kompliziert, aber ich will versuchen, es deutlich zu machen. Sehen Sie, Dirigieren ist eine rein handwerkliche Tätigkeit wie Trompete blasen oder Geige spielen. Nur mit einem Unterschied: Wenn ich ein Instrument spiele und es handwerklich beherrsche, bin ich in der Lage, zu musizieren. Falls ich musikalisch bin, natürlich. Wenn ich dirigiere, mein Handwerk beherrsche und musikalisch bin – ob das auf mich zutrifft, wage ich nicht zu beurteilen, es trifft überhaupt sehr selten zu –, wenn also das technische mit dem musikalischen Können zusammentrifft, dann ist noch lange nicht gesagt, daß man während des Dirigierens auch zum Musizieren kommt. Es gehört noch weit mehr dazu, aber davon später.

Zunächst einmal ist und bleibt meiner Ansicht nach technisches Können, auch und in erster Linie im Dirigentenberuf, die erste Voraussetzung. Und es ist eigentlich ein sehr seltsames Phänomen, daß gerade in unserer Zeit, die auf allen Gebieten – musikalischen wie außermusikalischen – die Technik geradezu zum Fetisch erhebt, diese ausgerechnet beim Dirigieren offensichtlich aus der Mode gekommen, ja geradezu verpönt ist. Vielleicht liegt das daran, daß beim Dirigenten das Vorhandensein oder Nichtvorhandensein von Technik nicht primär zu hören ist, während beispielsweise ein Geiger, der keine Technik hat, ob seines Gekratzes und Gewimmers von jedem Unmusikalischen sofort als Nichtkönner entlarvt wird. Jedenfalls ist es heutzutage geradezu eine Schande, wenn man als Dirigent einen klarverständlichen Auftakt gibt. Allzuleicht wird einem schon deshalb die Musikalität abgesprochen.

Nur so ist es mir jedenfalls erklärlich, daß so viele junge und ganz junge Dirigenten mit möglichst mysteriösen Bewegungen vor dem Orchester wie im Teig rühren, um desto sicherer als tiefsinnige, tiefschürfende Interpreten angesehen zu werden. Die Ergebnisse sind übrigens auch danach. Präzision zum Beispiel ist durchaus nicht so epidemisch verbreitet, wie man aufgrund des segenreichen Wirkens der Schallplattenindustrie und ähnlicher Einrichtungen annehmen sollte. Man wünscht sich manchmal, es wären mehr Musikkonsumenten in der Lage, mit der Partitur in der Hand zu verfolgen, was ihnen da so als technisch einwandfrei, von allem anderen ganz zu schweigen, verkauft wird. Aber lassen wir das, denn das ist ein zu trauriges Kapitel.

Ich selbst jedenfalls – und vielleicht kennen Sie mich gut genug, um mir das abzunehmen –, ich selbst bin ganz bestimmt der letzte, der auf Präzision und Technik herumreitet. Aber ich verlange sie von mir wie von meinen Musikern deshalb, weil sie unabdingbare Voraussetzung zum eigentlichen Musizieren sind. Nicht weniger, aber auch nicht mehr.

Wenn Sie mich nun fragen, was ich unter Musizieren verstehe: Nun, ich tue es lieber, als daß ich Worte darüber mache. Aber wenn es denn sein muß, dann möchte ich es ungefähr so formulieren: Es ist das Hinhören auf den natürlichen Fluß der Musik, das Nachempfinden dessen, was an Gehalt in ihr ist, und gleichzeitig das Deutlichmachen des Erspürten und Empfundenen für einen vorhandenen oder nichtvorhandenen Hörer. Dazu gehört natürlich Musikalität. Und die muß nicht nur angeboren sein, sondern auch geweckt, gebildet und weiterentwickelt werden durch immer neues Hineinhören in all die Musik, die unsere Kultur im Laufe der Jahrhunderte hervorgebracht hat und der bestimmte Naturgesetze innewohnen wie auch der Chemie oder der Physik. Nur mit dem Unterschied, daß in der Chemie oder in der Physik jedes Verstoßen gegen die Naturgesetze verheerende Folgen hat in Form von Krach, Gestank und ähnlichem. In der Musik dagegen bleiben solche Verstöße bekanntlich ungestraft. Leider – oder doch lieber: Gott sei Dank. Die musikalischen Naturgesetze jedenfalls bestimmen den Verlauf einer Phrase, ihre Höhe- und Tiefpunkte, ihre rhythmischen Schwerpunkte; sie bestimmen Dynamik wie Agogik, das heißt laut und leise, An- und Abschwellen ebenso wie Verhalten oder Anziehen des Tempos.

All dies findet sich in der Musik genau wie in der menschlichen Sprache. Und hier wie dort gibt es in der Niederschrift gewisse Hilfsmittel zur Interpretation, die jedoch im Verlaufe der Kulturgeschichte auf beiden Gebieten eine bedauerliche Inflation erfahren haben. So sind etwa bei den Schriftstellern der griechischen Antike keine Wortakzente und nur spärlich Interpunktionszeichen zu finden, da offensichtlich jeder halbwegs gebildete Zeitgenosse die Gesetze seiner Sprache im Blut hatte. Ebenso finden wir in der Notenschrift etwa der Gregorianik bis zum Barock und in die frühe Klassik hinein spärlichste Vortragszeichen, weil anscheinend jeder Spieler von Natur aus musikalisch genug war, um zu wissen, wie er zu phrasieren hatte, welche Dynamik erforderlich war und so weiter. Und, das kommt noch hinzu, weil das in eine Zeit gehört, die man noch als das verlorene Paradies der Musik bezeichnen könnte, das heißt in der es praktisch keine stilistischen Unterschiede gab, etwa zwischen weltlicher und geistlicher Musik, während dann im Verlauf der Entwicklung sich das alles ja sehr weit voneinander entfernte und schon da auf den verschiedenen Gebieten innerhalb einer Epoche große Unterschiede zu machen sind.

Im Gegensatz zur früheren, spärlich bezeichneten Schreibweise haben spätere Komponisten bis (und besonders) in die Gegenwart hinein ihre Werke mehr und mehr mit Vortragszeichen jeder Art befrachtet, von denen das pedantischste und unmenschlichste die Metronomzahl ist, die übrigens oft genug im Widerspruch steht zur übergeordneten Tempobezeichnung und so den Interpreten in ein heilloses Dilemma stürzt. Das kommt etwa bei Bartók vor oder bei Janáček. Davon, wie die Partituren der sogenannten Musica-Viva aussehen, die nur noch mit der Stoppuhr in der Hand und daher vielleicht eher von Verkehrspolizisten am Dirigentenpult als von Musikern zu bewältigen sind, möchte ich in diesem Zusammenhang lieber gar nicht reden. Tatsache ist jedenfalls, daß die geschilderte Entwicklung der musikalischen Schreibweise dem heutigen Interpreten auch in bezug auf das Repertoire der sogenannten musealen Musik, der Klassik und Romantik, jede Unbefangenheit von vornherein nimmt und es ihm schwer, wenn nicht sogar unmöglich macht, zu musizieren.

Wenn man gewohnt ist, daß jeder Takt mit 37 verschiedenen Vortragszeichen angefüllt ist, nach denen man sich einfach stur zu richten hat, wobei dann alles Weitere von selber kommt, dann ist man ja gewissermaßen hilflos, wenn man sich plötzlich wieder vor einer Musik findet, die so gut wie gar nicht bezeichnet ist. Daher wohl diese unerhörte Scheu, die heute die meisten Musiker haben, etwa ein kleines Ritenuto oder Accelerando zu machen, das nicht im Notentext vermerkt ist und das den Musikern früherer Epochen wahrscheinlich selbstverständlich erschien und deshalb nicht erst notiert zu werden brauchte. Heute dagegen erscheint so etwas geradezu als ein Sakrileg. Wir sind bei einer Sterilität des Interpretierens angelangt, dessen höchste Erfüllung Buchstabentreue ist. Und diese wird mit Werktreue gleichgesetzt, was ich für einen verhängnisvollen Irrtum halte.

Zugegeben, es ist in früheren Zeiten, also etwa Ende des letzten und Anfang dieses Jahrhunderts sehr viel, allzuviel, frisch-fröhlich drauflosgesündigt worden durch willkürliches Befrachten älterer Musik mit subjektivem, eindeutig gegenwartsgebundenem Empfindungs- und Gedankengut. Aber welches letzten Endes das größere Verbrechen am eigentlichen Wesen der Musik ist – ob es nicht doch die heute vielfach praktizierte dürre, trockene, phantasielose, arme und letztlich lieblose sogenannte Werktreue ist –, ich bin mir da nicht sicher. Letztlich hat sich doch, wenn wir ehrlich sind, die menschliche Natur mit all ihren elementarsten seelischen Bedürfnissen nicht wesentlich verändert. Aber wer gibt das schon zu?... Soviel nur, quasi im Vorbeigehen, über Musikalität und Musizieren. Ausgegangen waren wir ja von den für den Dirigenten notwendigen Voraussetzungen der Technik und der Musikalität.

Was jedoch darüber hinaus vom Dirigenten wie von keinem anderen Musiker noch gefordert wird, ist eine Fähigkeit, die angeboren sein muß, denn sie wird auf keiner Akademie gelehrt und ist wohl auch nicht erlernbar (und wie viele scheitern übrigens, gerade weil ihnen diese Fähigkeit abgeht). Ich möchte es eine Art Suggestionskraft nennen, die es überhaupt erst möglich macht, musikalische Intentionen zu übertragen auf ein lebendiges und so kompliziertes Instrument, wie es ein Orchester darstellt. Dieses Instrument setzt sich aus einer nicht geringen Anzahl von Menschen, besser gesagt von Individuen zusammen, die alle mehr oder weniger eigenes musikalisches Empfinden mitbringen und alle ihr Instrument mehr oder weniger gut beherrschen.

Unter der Fähigkeit der Übertragung verstehe ich eine Suggestionskraft, die primär auf das Orchester wirkt, nicht auf das Publikum, und die aus dem Orchester ein Ganzes macht, einen musizierenden Klangkörper. Es ist eine Kraft, die bei geringstmöglichem äußerem Aufwand wirksam sein kann – im Gegensatz zu jener total mißverstandenen, aber vielfach praktizierten, bei der unter ungeheurem Aufwand an Choreographie dem Publikum optisch Erstaunliches suggeriert wird, was leider in keinerlei Zusammenhang steht mit den musikalischen Resultaten, die aus dem Orchester kommen. In diesem Fall handelt es sich nicht mehr um Musizieren, sondern in meinen Augen um einen höchst peinlichen Akt der Selbstdarstellung, ja der Selbstbeweihräucherung, der mir persönlich zuwider ist.

Zu den drei erwähnten Hauptfähigkeiten, die vom Dirigenten verlangt werden, kommt noch eine beträchtliche Anzahl verschiedenartigster und ebenso notwendiger Vorbedingungen hinzu. Beispielsweise eine umfassende Kenntnis der Möglichkeiten und Grenzen aller im Orchester vorkommenden Instrumente. Wie Dirigenten lavieren, die nicht einmal Klavier spielen können, geschweige denn irgendein anderes Instrument beherrschen (und ihrer sind nicht wenige), das ist mir offengestanden ein völliges Rätsel. Ferner etwa die Fähigkeit, akustische Verhältnisse oder Mißverhältnisse genau zu taxieren und sofort aus dem Moment heraus auszubalancieren. So könnte man noch viele Beispiele anführen und sich vor allem noch über die psychologische Seite der Sache verbreiten, die ganz wesentlich ist. Wenn zum Beispiel ein Dirigent nicht in der Lage ist, etwaige Föhneinflüsse auf die Gemüter der Musiker miteinzukalkulieren und seine eigenen diesbezüglichen Empfindlichkeiten zurückzustellen, wenn er nicht in der Lage ist, kritische Situationen, Spannungen zu entschärfen und zu überwinden, dann kann er fachlich noch so gut sein – das Orchester wird ihn mitunter nicht akzeptieren oder ihm das Leben zumindest sehr sauer machen.

So langsam wird es Sie wohl interessieren, warum ich das nun alles so ausführlich dargelegt habe. Ihre Frage nach den Empfindungen nämlich erübrigt sich fast, wenn Sie sich in allen Einzelheiten vergegenwärtigen, was man als Dirigent in jedem Moment zu denken und zu tun hat in voller Verantwortung für – sagen wir – 50 bis 100 Musiker (sofern es sich um Opern und Werke mit Sängern und Chor handelt, noch für viel mehr); Verantwortung sowohl gegenüber der Musik, also dem Komponisten, als auch gegenüber dem Hörer, der ja schließlich mit gewissen Erwartungen kommt, die man in keinem Fall enttäuschen darf – ob es sich jetzt um ein hochgebildetes und verwöhntes Publikum einer Musikmetropole handelt oder um ein paar Leutchen in irgendeinem Nest, die von Beethoven nicht viel mehr als nur den Namen kennen, das spielt in dem Fall keine Rolle. Für mich jedenfalls nicht.

Jede Aufführung soll oder sollte optimal sein, soweit es an mir liegt. Und nur wenn alles gutgeht in der Aufführung, unter sämtlichen Gesichtspunkten gutgeht, kann ich als Dirigent es mir leisten, während des Dirigierens zu empfinden. Das heißt das zu empfinden, was mir die Musik sagt, die ich eben dirigiere, und was ich an Empfindungen weitergeben möchte, weitergeben soll. Aber wenn mitten in der schönsten Empfindung nur ein einziger Musiker meinetwegen in einer völlig untergeordneten Bläserstimme einen Takt oder auch nur einen Schlag zu früh oder zu spät einsetzt – wenn ich mit Empfinden oder mit Musikgenießen beschäftigt bin (was der Hörer tun soll), dann ist es wirklich aus. Und das ist etwas, was immer und unter allen Voraussetzungen passieren kann, mit jedem, auch dem besten Orchester. Darum ist die stete Kontrolle durch den Intellekt leider immer vorrangig. Man könnte fast soweit gehen und sagen, daß ein Dirigent, der mit dem Heben des Taktstocks sich quasi vom Ufer abstößt und dann geschlossenen Auges auf dem Meer seiner Empfindungen dahintreibt, für die meisten Orchester zumindest überflüssig, wenn nicht sogar unbrauchbar ist. Es geht ja nicht darum, daß der Dirigent etwas empfindet, sondern daß er die Empfindungen, die der Komponist ausdrücken möchte, dem Publikum vermittelt.

Rudolf Kempes Zeichengebung war ebenso präzise wie virtuos. Musikalische und orchestrale Disziplin hatten bei ihm höchsten Stellenwert. Das machte ihn zum Orchestererzieher par excellence. Die Probenfotos rechts stammen aus Kempes Zeit als Chefdirigent des Tonhalle-Orchesters Zürich. Das Foto links unten entstand während der Probe zu seinem letzten Konzert, einem Faschingskonzert in München am 1. März 1976.

Bild oben: Rudolf Kempe in seinem Münchner Heim beim Musizieren mit seiner Frau Cordula Öttinger.

Bild Mitte: Der Dirigent mit seiner Frau und dem Filmschauspieler Joachim Fuchsberger bei der Vorbereitung des Programmes für das Faschingskonzert 1976 in München.

Jetzt sind wir übrigens schon mittendrin in der Frage nach den Voraussetzungen zum Interpretieren. Dabei sollten wir zunächst einmal unterscheiden zwischen Interpretation und Wiedergabe der Interpretation, die also im Konzert stattfindet. Ihre Stichworte Intuition, Spontaneität und Kontrolle durch den Intellekt gehören nämlich teils zum einen, teils zum anderen. Die eigentliche Interpretation ist die Vorstellung, die ich von einem Stück habe, nachdem ich mich ausgiebig mit ihm beschäftigt und es mir zu eigen gemacht habe und die in jedem Fall fertig sein muß, ehe ich vors Orchester trete. Wieweit sie sich dann in der Aufführung realisieren läßt, ist eine andere Frage.

Das setzt also voraus, daß ich mir ein Stück zu eigen gemacht habe, und das kann ich wieder nur mit Stücken, bei denen ich in der Lage bin, etwas zu empfinden, also mit Werken, die mir etwas sagen. Stücke, die mich nicht ansprechen, mit denen ich also quasi nichts anzufangen weiß, dirigiere ich prinzipiell nicht. Wenn man es trotzdem tut, geht es meistens schief. Man muß da wirklich sehr kritisch und auch ehrlich mit sich selbst sein. Natürlich kommt man im Lauf des Lebens, vor allem in jungen Jahren, nicht immer darum herum, tatsächlich einmal Werke aufzuführen, die einem ganz und gar nicht liegen. Aus irgendwelchen äußerlichen Gründen muß man es tun. Aber ich habe die Erfahrung gemacht, daß es dann keine gute Interpretationen gibt. Mir ist es übrigens mit Stücken verschiedenster Epochen so ergangen. Insbesondere mit Werken der Moderne, das heißt der Avantgarde, geht es mir oft noch heute so. Sobald nämlich keine eigentliche Musik mehr im Spiel ist, sondern es sich mehr um Geräusche als um Klänge handelt, strecke ich, das muß ich offen gestehen, die Waffen. Ich habe zum Beispiel in jungen Jahren Werke sehr gern dirigiert, die mir später plötzlich nichts mehr gesagt haben, und umgekehrt, zu manchen Stücken erst spät den Zugang gefunden – aber das geht wohl jedem so. Den Zugang zu einem Stück verschaffe ich mir meistens, indem ich die Partitur lese. Höchstens bei sehr komplizierten Sachen und wenn es mir ganz und gar nicht gelingt, mir nur durch Lesen das Stück vorzustellen, setze ich mich ans Klavier und spiele die entscheidenden Stellen eben durch, um sie zum Klingen zu bringen. Während ich mich also teils lesend, teils am Klavier mit einem Stück beschäftige, kristallisiert sich für mich bereits heraus, welche Tempi ich beispielsweise nehmen werde. Natürlich gehe ich von der Satzbezeichnung und – sofern es sich um Musik nach 1790 handelt, als das segensreiche Metronom erfunden wurde – auch von der Metronomzahl aus, wenn der Komponist eine vorschreibt. Aber, wie gesagt, dabei kann es vorkommen, daß Differenzen auftreten, und da muß dann ein gangbarer Weg ausgesucht, das heißt, es muß ein möglichst überzeugendes Tempo gefunden werden. Ein Kriterium dafür ist die technische Spielbarkeit. Um ein Beispiel zu nennen: Es gibt in der «Sinfonietta» von Leoš Janáček eine Flötenstelle, die derart schwer und schnell ist, daß kein Flötist sie im vorgeschriebenen Tempo spielen kann. Da muß man dann das Werk im Tempo nach dieser Stelle einrichten. Weil wir gerade beim Tempo sind: Es kommt natürlich vor, daß man in der Aufführungspraxis mitunter Konzessionen macht, also von der eigenen Vorstellung ein bißchen abgehen muß, wenn man – beispielsweise im letzten Satz der Vierten Sinfonie von Beethoven – einen Fagottisten im Orchester hat, der das Thema eben nur in einem bestimmten Schnelligkeitsgrad spielen kann.

Ein weiteres Kapitel ist die Dynamik innerhalb eines Stückes, die ich mir natürlich schon zurechtlege, während ich es mir erarbeite, die aber mitunter während der Probenarbeit noch abgeändert wird, wenn es sich erweist, daß vielleicht sogar Retuschen nötig sind, um die Durchsichtigkeit der Stimmführung zu erhalten, und damit nichts zugedeckt wird, was wesentlich ist. Solche Retuschen sind nötig bei Schumann, selbst bei Schubert und mitunter sogar bei Mozart. Aber in jedem Fall müssen diese Retuschen in absoluter Verantwortlichkeit gegenüber dem Komponisten stattfinden. Das heißt, ich darf nicht irgend etwas machen, was mir jetzt eben gerade besser gefällt. Wenn ich eine Dynamik abändere oder neu einzeichne, dann muß es einen triftigen sachlichen Grund haben, den ich verantworten kann. Daß übrigens derartige Retuschen nicht nur erlaubt, sondern mitunter erforderlich und durchaus im Sinne des Komponisten sind, das haben einige Komponisten, die eigene Werke dirigierten, selbst demonstriert.

Ein weiterer und sehr wesentlicher Bestandteil der Interpretation, die ich mir zurechtlege, ist die Agogik, also die Frage, wo etwa meinem Gefühl nach ein Vorangehen oder ein Verhalten im Tempo notwendig ist. Und, sehen Sie, das ist nun wirklich eine reine Frage des persönlichen musikalischen Empfindens, über die sich auch schlecht diskutieren läßt. Denn in dem Moment, wo man darüber redet, ist es meistens schon zuviel.

Diese geschilderte Arbeit des Sichzueigenmachens eines Werkes ist das, was Sie schöpferischen Prozeß beim Interpretieren nennen. Ich würde es lieber einen nachschöpferischen Prozeß nennen, denn als Interpret, also als Nachschaffender, soll ich ja nicht aus einem noch unbearbeiteten Material heraus etwas neuschaffen, mit anderen Worten also komponieren – das ist übrigens etwas, womit ich mich seit meiner Studienzeit nicht mehr beschäftigt habe und was ich auch lieber anderen überlasse –, sondern es geht darum, daß ich, während ich selbst empfinde (aber doch immer nachempfinde), meine eigenen Empfindungen immer messe und kontrolliere an dem, was aus der Musik heraus quasi von selbst kommt. Das Entscheidende ist, daß sich die Empfindungen des Interpreten und die des Komponisten nach Möglichkeit decken, was man natürlich letzten Endes nie beweisen kann. Aber im Moment, wo das einigermaßen überzeugend so klingt, als ob sie sich dekken würden, könnte man von Intuition reden. In jedem Fall aber muß diese Intuition beim Erarbeiten des Stückes kommen und nicht in der Wiedergabe – da ist es zu spät, denn das Entscheidende ist ja: ich muß wissen, wie die Empfindung entstanden ist bei mir selber und, vor allem, wie ich sie übertrage auf das Orchester und auf den Hörer. Das heißt, welche technischen Abläufe im einzelnen notwendig sind bis ins kleinste Detail, um diese Empfindung wieder beim Hörer zu erwecken.

Das ist genaugenommen nichts anderes, als was jeder Schauspieler macht, der sich in der Aufführung auch nicht mit einer Rolle identifizieren darf, denn dann wirkt er meistens schlecht. Sondern er muß so hinter der Person, die er darstellt, stehen, daß er sie wie eine Marionette an Fäden zieht. Immer vorausgesetzt natürlich, daß er während des Erarbeitens sich schon damit identifiziert hat. Das ist das Wesentliche für den Interpreten: daß er fähig ist, im Augenblick der Wiedergabe seiner Interpretation auf eigene Empfindungen zu verzichten zugunsten des Prozesses, der nötig ist, die Empfindungen im Gegenüber, eben im Hörer, herzustellen. Deshalb: Je größer und komplizierter das Instrument ist, mit dem interpretiert wird, also etwa das Orchester, je länger der Weg vom Verstand und vom Herzen bis hin zum Klangergebnis, desto mehr Verzicht wird eigentlich gefordert von dem, der interpretiert. Und glauben Sie mir, das ist ein Grund, warum ich wirklich manchmal lieber zu Hause an meinem Klavier oder an meinem Cembalo sitze und vor mich hin musiziere.

Spontaneität während des Interpretierens, die gibt es nicht. Das heißt, es gibt sie natürlich bei der Wiedergabe, und da ist sie mitunter sogar absolut notwendig – nämlich wenn irgend etwas passiert, was außerhalb meiner Interpretation liegt, was nicht verabredet ist in den Proben, also beispielsweise, wenn ein Solist etwas macht im Tempo, was ihm im Moment einfällt; dann muß ich spontan reagieren, um es erst einmal abzufangen und um irgendwie noch etwas einigermaßen Überzeugendes daraus zu machen. Daß die stete Kontrolle durch den Intellekt absolut notwendig ist bei der Wiedergabe der Interpretation, das ist, glaube ich, klar genug geworden. – Ob Auswendigdirigieren eine Voraussetzung für optimale Interpretation ist, wollen Sie ebenfalls von mir wissen. Erstmals müßte man festhalten, daß es hier sehr wohl Unterschiede gibt. So gibt es Leute, die, wenn sie auswendig dirigieren, ein Stück nur ungefähr der Spur nach auswendig gelernt haben oder auswendig beherrschen und sich mehr oder weniger überraschen lassen, was so im nächsten Takt vom Orchester her kommt. Das ist eine ganz gefährliche Sache, denn damit kann man natürlich, sobald die kleinste Kleinigkeit passiert, böse hereinfallen. Wenn man auswendig dirigiert, sollte man ein Werk wirklich so beherrschen, daß man praktisch jede Note weiß. Das hat erstens einmal für die Interpretation den Vorteil, daß sie dann wirklich ganz ausgeschöpft sein kann. Und umgekehrt könnte man sagen, man sollte ein Stück eigentlich erst dann spielen, musizieren, wenn man es so gut durchgearbeitet hat, daß man es praktisch auswendig kann.

Dazu kommt, daß selbstverständlich das Auswendigdirigieren ein viel freieres Musizieren erlaubt und vor allem der Kontakt zwischen Dirigent und Orchester viel intensiver ist, wenn der Dirigent nicht mit den Augen an der Partitur hängt. Ich halte übrigens den Augenkontakt zwischen Dirigent und Orchester für etwas ganz Wichtiges in dieser Beziehung überhaupt. Ein Bläser etwa, der eine längere Pause gehabt hat, schaut selbstverständlich gegen Ende dieser Pause zum Dirigenten hin, und wenn dann sein Blick erwidert wird, dann weiß er: jetzt kommt mein Einsatz. Es gibt ihm einfach ein Gefühl größerer Sicherheit. Man könnte sogar soweit gehen zu sagen, daß man als Dirigent psychologisch Einfluß nehmen kann auf einen Spieler, der eine schwierige Stelle zu bewältigen hat, bei der leicht etwas geschehen kann, indem man ihn vorher ein bißchen aufmunternd oder freundlich anschaut. Er wird sich dadurch sicherer fühlen, so daß dann nichts passiert.

Selbstverständlich ist man in der Praxis gezwungen, öfter Kompromisse zu schließen, das heißt Stücke zu dirigieren, die man eben nicht auswendig oder nicht gut genug auswendig kann, um sie auch tatsächlich ohne Noten zu dirigieren. Denn schließlich ist das Konzertrepertoire heute so groß, daß man unmöglich alle Werke, die man im Laufe einer Spielzeit aufführen muß, ständig vollkommen parat hat. Aber in jedem Fall muß die Vorarbeit so gut sein, daß man nicht so oft in die Partitur schauen muß. Es gibt einen Fall, in dem ich das Auswendigdirigieren nicht für

gut halte: das ist jede Art von Begleiten. Ich habe im Lauf meines Lebens oft genug erfahren, daß Solisten sich von vornherein sicherer fühlen, wenn sie selber auswendig spielen oder spielen müssen und der Dirigent die Partitur daliegen hat. Es gibt ihnen das Gefühl, sie könnten im Notfall, wenn was passiert, schnell reinschauen. Und es ist auch tatsächlich schon vorgekommen, daß jemand vollkommen «raus» war – und wenn ich dann als Dirigent keine Noten gehabt hätte, hätten wir aufhören müssen. Zusammenfassend könnte man so sagen: Ob man Noten daliegen hat oder nicht, ist nicht entscheidend. Entscheidend ist, daß man das Stück so durchgearbeitet hat, daß man nicht viel hineinschauen muß. In jedem Fall aber ist es unsinnig, wenn ein Dirigent aus falschem Ehrgeiz die Partitur wegläßt und somit Risiken eingeht.
Nun zu Ihrer Frage, inwieweit Interpretationen anderer Künstler meine eigenen Interpretationen beeinflussen. Fest steht, daß trotz allen Bemühens um Objektivität und authentische Wiedergabe doch jede Interpretation subjektiv ist. Denn jeder Mensch ist anders veranlagt, empfindet anders, hat einen anderen Pulsschlag. Er muß ja mit seiner ganzen Überzeugung zu seiner Interpretation stehen. Daraus resultiert schon einmal, daß es verschiedene Interpretationen geben muß, und das ist auch gut so. Ich selber lasse mich sehr gern von Interpretationen anderer Künstler überzeugen, und ich kann mich sogar freuen an Interpretationen, die von meinen eigenen vielleicht sogar wesentlich abweichen. Aber ich glaube nicht, daß ich mich direkt beeinflussen lasse. Höchstens insoweit, als natürlich die Auseinandersetzung mit den verschiedenen Möglichkeiten der Interpretation einem den eigenen Weg, den man dann letzten Endes geht, klarer aufzeigt. Übrigens wäre ja – wenn man so will – eigentlich alles, was man von Kind auf je gehört hat, beeinflussend. Aber in jedem Fall entscheidet dann, wenn man sich selber aktiv mit dem Stück beschäftigt, das eigene Empfinden über die Wegrichtung.

Zur Frage, ob die Auseinandersetzung mit den Möglichkeiten der Massenmedien meinen Interpretationsstil beeinflußt, möchte ich von vornherein einmal festhalten, daß an Produktionen für den Rundfunk, das Fernsehen oder die Schallplatte nicht dieselben Maßstäbe angelegt werden können wie an das, was man im Konzert bringt. Bei einer Wiedergabe, die festgehalten wird, muß selbstverständlich eine größere technische Vollkommenheit angestrebt werden. Das führt dazu, daß wiederholt geschnitten, oft sogar gestückelt werden muß, daß aus technischen Gründen Ermüdungserscheinungen auftreten. Kurz, es gibt hundert Dinge, die das natürliche Musizieren erschweren. Hinzu kommt, daß man von vornherein vieles anders machen muß als im Konzert. So muß zum Beispiel die dynamische Balance unter Umständen anders sein, oder die Tempi müssen etwas verändert, das heißt etwas mehr gestrafft werden. Auskomponierte Pausen müssen verkürzt, mitunter sogar stark verkürzt werden, einfach deshalb, weil beim Hören das Zeitgefühl sich in dem Moment ändert, wo der optische Eindruck, der ja im Konzert vorhanden ist, wegfällt. Aber das sind alles Dinge, die die Wiedergabe der Interpretationen höchstens ein wenig beeinflussen; die eigentliche Interpretation sollte davon unberührt bleiben.

Natürlich erlebe ich Musik auch physisch. Denn Musik ist ja schließlich eine Kunst, bei der alles, was geschieht, also was im geistig-seelischen Bereich entstanden ist, überhaupt erst zum Leben erweckt wird, sich durch physisch auszuführende und physisch wahrnehmbare Vorgänge mitteilt. Zum anderen sind die Empfindungen selbst, die der Gehalt der Musik vermittelt oder vermitteln soll, wie Freude oder Schmerz, ja durchaus Empfindungen, die physisch, also körperlich spürbar sind; und um diese Empfindungen im Hörer zu erwecken, muß ich als Dirigent ja physische Bewegungen ausführen, von denen sehr viel, um nicht zu sagen alles abhängt. Ob ich große oder kleine Dirigierbewegungen mache, beeinflußt sofort die Dynamik. Wenn ich pianissimo gespielt haben will, mache ich natürlich ganz kleine Dirigierbewegungen, und wenn ich einen Akkord sehr prononciert haben will, dann muß er härter geschlagen werden, als wenn ich ihn weich angesetzt haben will; das sind alles rein physische Dinge, die aber eine kolossale Rolle spielen. Genauso wichtig ist die ständige akustische Kontrolle der Dynamik, der Intonation und die optische und akustische Kontrolle der Präzision.

Selbstverständlich hat Musik für mich die Funktion einer Sprache, ja sogar weit mehr: die einer Weltsprache. Das ist sie nicht nur für mich; sondern ich glaube, sie ist es überhaupt, einfach deshalb, weil jeder Mensch, der empfänglich ist für Musik, ohne Rücksicht auf seine Herkunft, seine Sprache, selbst seinen kulturellen Hintergrund, angesprochen werden kann durch die Musik.

Wieweit sich Außermusikalisches durch Musik transportieren oder weitergeben läßt, ist eine sehr heikle Frage. Aber wir wissen ja alle, daß beispielsweise in der Oper Außermusikalisches durch Musik verdeutlicht und vermittelt wird. Heutzutage wird dieses Prinzip auf den verschiedensten Gebieten angewendet, angefangen bei den Kühen, die angeblich bessere Milch geben, wenn sie mit Beethoven berieselt werden, bis zu der allgemein praktizierten und wirklich lästigen Art der Berieselung, der man fast nirgendwo mehr entgehen kann, sei es in Kaufhäusern oder in Hotelfahrstühlen oder wo auch immer. Das führt dazu, daß der Mensch allmählich nicht mehr unterscheiden kann, was er vom Hintergrund hört, und seine Sensibilität und seine Aufnahmefähigkeit für Musik mehr und mehr verliert. Das ist eine verhängnisvolle Entwicklung. Ich bin nicht sehr begeistert von der Idee, außermusikalische Dinge durch Musik zu vermitteln.

Wenn Sie nach meinem Verhältnis zur Kritik fragen, so meinen Sie vermutlich die Kritik in der Presse. Ganz allgemein möchte ich sagen, daß jede Art von Kritik eine sehr schöne und notwendige Sache ist oder sein könnte, sofern sie sachlich und konstruktiv ist und der Kritisierende zugibt, daß seine Meinung subjektiv ist. Objektive Kritik zu verlangen wäre unsinnig, denn jeder Mensch empfindet anders, während des Spielens sowohl wie während des Hörens, und darum ist jeder Eindruck letzten Endes immer subjektiv. Das tut aber gar nichts und wäre trotzdem oder gerade deshalb für jeden Künstler interessant zu hören, wenn eben nicht solche Kritik geäußert würde, wie es heute meistens der Fall ist: mit dem Anspruch des absolut Gültigen, für jedermann Verbindlichen. Als notwendig für den Künstler betrachte ich die Kritik, ehrlich gesagt, nicht. Denn jeder Künstler muß von Anbeginn in sich selber einen Maßstab haben und ihn ständig weiterentwickeln und weiterbilden durch möglichst häufiges Hören auch von Interpretationen anderer Künstler. Es hat keinen Sinn, im stillen Kämmerlein allein vor sich hin zu üben oder zu arbeiten, sondern man muß, schon allein um konkurrenzfähig zu sein, wissen, was andere machen, und sich auch andere Dinge anhören, die mit den eigenen Auffassungen nicht übereinstimmen, um den eigenen Weg klarer zu sehen. Nur so kann man sich nach und nach zur Selbstkritik erziehen. Die allerdings ist wirklich absolut notwendig für jeden Künstler.

Meistens, oder sehr oft, wird sie im Widerspruch stehen zur Kritik, die von außen kommt. Was nützt mir die schönste Kritik in der Zeitung, wenn ich selber weiß, daß die Aufführung in meinen Augen nicht gut war. Auf der anderen Seite kann ich mich wieder trösten, wenn ich mal das Gefühl habe, es war einigermaßen gelungen, und die Aufführung dennoch verrissen wird. Ich muß als Künstler allein vor meinem Gewissen verantworten, was ich mache, wie ich interpretiere, und ich muß im Laufe meines Lebens dahin gelangen, daß ich mich unabhängig mache vom Urteil anderer. Das ist etwas, was für junge Künstler besonders schwer ist, die bei ihrem ersten Auftreten entweder fertiggemacht oder in den Himmel gehoben werden, was beides mitunter falsch sein kann und was zumindest für eine gewisse Zeit großen Einfluß darauf haben kann, ob und von wem und wie oft sie weiterhin engagiert werden. Ich persönlich richte mich in solchen Fällen nicht nach Kritiken. Wenn ich jemanden als Solisten engagiere, verlasse ich mich ausschließlich auf mein eigenes Urteil.

Die Kritiken meiner Konzerte habe ich früher mal gelesen, nach und nach aber jene Erfahrungen gemacht, von denen ich eben gesprochen habe. Seitdem lese ich sie nicht mehr. Auch wenn beispielsweise unsere Putzfrau mit einem Kritikausschnitt daherkommt, lese ich ihn nicht. Ich schaue mir nur die Überschrift an, die meistens etwas sehr Lustiges oder Aufschlußreiches enthält über das, was ich mir gedacht oder nicht gedacht habe. Diese Überschriften, das muß ich Ihnen gestehen, sammle ich in einem Album, das sehr reichhaltig und amüsant ist.

Ihre Frage nach der künstlerischen Selbstsicherheit, die sich auch gegen Kritik und Widerstand durchsetzt, ist eigentlich schon mit dem beantwortet, was ich eben gesagt habe, daß nämlich das Entscheidende für jeden Künstler, nicht nur für mich, eben die Selbstkritik ist, die einem auch in schwierigen Situationen die Kraft gibt, sich durchzusetzen. Wenn Sie nun noch fragen, ob Kritik meinen Interpretationsstil verändert hat, dann muß ich Sie sehr enttäuschen: Das ist ganz und gar nicht der Fall.

Eine andere Sache ist das Verhältnis zum Publikum. Ich persönlich bin eigentlich nicht unbedingt darauf angewiesen. Um ehrlich zu sein: Ich sitze fast lieber zu Hause an meinem Instrument und musiziere für mich auch ohne Publikum. Etwas anderes ist es für ein Orchester. Da meine Hauptarbeit schließlich im Dirigieren, in der Arbeit mit dem Orchester besteht, ist das Publikum auch für mich ein sehr wesentlicher Faktor. Da ganz allgemein gesagt die Musik ja dazu geschrieben wurde, um gespielt und gehört zu werden, ist die Präsenz eines Publikums für den einzelnen Musiker oder für ein Orchester insgesamt von entscheidender Bedeutung. Es ist ein riesengroßer Unterschied, ob ein Orchester nur oder sehr viel ins Mikrofon spielt, ohne im Moment des Musizierens ein Publikum direkt zu erreichen und von diesem auch Impulse zu erhalten. Diese entstehen nämlich durchaus, wenn ein Publikum da ist, das während des Musizierens mitgeht, mitlebt, mitatmet. Das ist selbstverständlich ein großes Stimulans für jeden Künstler.

Diese Impulse spornen ihn an, alle seine Kräfte einzusetzen. Sie stellen eine besondere Art von Spannung her, die sich positiv auf die Intensität des Musizierens auswirkt, wodurch wiederum das Publikum stärker angesprochen wird. Eine reine Wechselbeziehung also. Wie stark diese Ströme sein und wirksam sein können, wird beim Vergleich eines Live-Konzertmitschnittes mit einer Studioaufnahme ohne Publikum deutlich. Bei der letzteren kann alles noch so gut und richtig und schön gespielt sein – es fehlt dennoch ein gewisses Etwas, das man die Lebendigkeit des Musizierens nennen könnte. Darum können meiner Ansicht nach Funk und Schallplatte, so hilfreich sie für das Kennenlernen und Studieren der einzelnen Werke sowohl für den Laien wie für den Musiker sein mögen, das Konzerterlebnis doch niemals ersetzen.

Herr Bachmann, Sie fragen unter anderem auch, warum ich Dirigent bin. Die Frage, warum auf dieser Welt etwas passiert, kann man eigentlich, wenn man ehrlich ist, als Mensch nie beantworten. Und warum ich Dirigent geworden bin, kann ich Ihnen schon gar nicht sagen. Sie dürfen mich höchstens fragen, wie es dazu kam. Und ich nehme an, das meinen Sie auch. Fest steht nur soviel, daß ich es ursprünglich gar nicht werden wollte. Ich wollte einfach Musiker werden, und das war ich ja denn auch geworden, trotz mancher Hindernisse. Die Eltern wollten es ursprünglich nicht. Vielmehr wollten sie mich einen sogenannten anständigen Beruf erlernen lassen, weshalb sie mich auf die kaufmännische Hochschule schickten. Daß diese sich dann zufällig im selben Gebäude befand wie die Orchesterschule der Staatskapelle Dresden, das war wirklich nicht meine Schuld. Und so ist es eben passiert.

Bis zu meinem 26. Lebensjahr war ich dann Oboist. Nebenher habe ich sehr viel Kammermusik am Klavier gemacht und bin wiederum durch den sogenannten Zufall zum Dirigieren gekommen, nämlich einfach dadurch, daß einige Orchesterkollegen irgendwie rauskriegten, daß ich Begabung zum Dirigieren hatte, und mich dann quasi hineinschubsten. Ich mußte aus dem Orchester heraus in einer Probe das Finale des zweiten Aktes von Mozarts «Figaro» dirigieren und hatte kurze Zeit danach Gelegenheit, eine ganze Aufführung zu dirigieren, nämlich den «Wildschütz» von Lortzing. Nach der Vorstellung stellte man mich vor die Wahl, ob ich nun Oboist bleiben oder Kapellmeister werden wollte – und da waren's eigentlich wieder meine Kollegen, die mir dringend dazu rieten, in den Kapellmeisterberuf überzuwechseln, was ich dann auch getan habe.

Die Faktoren, die für meine künstlerische Entwicklung entscheidend waren, sind kurz gesagt folgende: Zuerst einmal war es schon die Tatsache, daß ich meine Studien an der Orchesterschule der Staatskapelle Dresden absolviert habe, einem Institut also, an dem hervorragende Könner unterrichteten, die eben nicht nur Lehrer waren, sondern gleichzeitig aktive Musiker, Konzertmeister und Solobläser eines der besten Orchester der Welt und die mir weit über das rein Instrumentale hinaus ihre ganze praktische Erfahrung aus dem Konzert- und Opernbetrieb mitgegeben haben. Ebenso wesentlich war für mich, daß ich schon während des Studiums fast jede Art von musikalischer Erfahrung machen konnte, auch zu machen gezwungen war, indem ich mir mein Studium verdiente durch Kirchenmusik, Unterhaltungs- und Tanzmusik und alles, was sich nur denken läßt, sei es auf der Oboe, sei es am Klavier. Später, als ich dann Oboist im Gewandhausorchester Leipzig war, hatte ich Gelegenheit, alles, was für den Dirigentenberuf entscheidend wichtig ist, aus der Perspektive des Orchestermusikers zu beobachten an Dirigenten wie Fritz Busch, Bruno Walter und Otto Klemperer, der mich vielleicht am meisten beeindruckt hat und den ich auch heute noch, so wie er damals war, als die bedeutendste Persönlichkeit dieser Zeit bezeichnen möchte. Selbstverständlich waren es auch Furtwängler und Erich Kleiber – kurzum eigentlich alles, was Rang und Namen und nicht nur Rang und Namen, sondern eben auch entsprechendes Können hatte. Es ist meiner Ansicht nach in kaum einem anderen Musikerberuf so viel durch Beobachten zu lernen wie beim Dirigieren.

Im nächsten Stadium meiner Laufbahn, als ich selber mit Dirigieren anfing, war die unerhört breite Basis, auf der ich praktische Erfahrungen sammeln konnte, ein wesentlicher Faktor. Angefangen beim Repetieren mit Sängern übers Vorhangziehen bis hin zur Bühnenmusik gab es auf musikalischem Gebiet praktisch nichts, womit ich nicht konfrontiert worden wäre. Und das ist, glaube ich, die beste Grundlage für den Dirigentenberuf. Später, als ich dann schon in führenden Positionen war, habe ich festgestellt, daß alle diese praktischen Erfahrungen unersetzlich und, sofern man sie nicht frühzeitig gemacht hat, später durch nichts wettzumachen sind. Darum kann ich heute nur den Kopf schütteln, wenn, wie es so oft geschieht, junge Leute zu mir kommen und mich fragen, wie sie es anstellen sollen, Dirigent zu werden. Auf meine Frage hin müssen sie meistens eingestehen, daß sie bestenfalls Noten lesen können und kaum ein Instrument spielen. Wenn ich Ihnen dann rate, in die Oper zu gehen, um praktische Erfahrungen zu sammeln, und sei es auch in untergeordneter Stellung, lassen sie meist durchblicken, daß sie das für unter ihrer Würde halten. Sie sitzen tatsächlich lieber herum, dirigieren in zwei Jahren ein Konzert und wollen nicht einsehen, daß das einfach zu wenig Praxis ist für jemand, der sich in diesem Beruf betätigen will.

Ob ich mit meiner Tätigkeit als Künstler eine Mission verbinde und worin ich meinen Auftrag sehe, wollen Sie abschließend wissen. Bezeichnungen wie Auftrag oder gar Mission gehen mir offengestanden etwas gegen den Strich. Ich möchte es einfach eine Aufgabe nennen, das, was mir die Musik bedeutet, was mir an ihr wesentlich scheint, nach besten Kräften, Wissen und Gewissen zu vertreten und zu praktizieren – in der Hoffnung, ein bißchen von dem wenigen, was es in dieser Welt noch an Positivem gibt, den Menschen nahezubringen und ihnen damit das Leben vielleicht ein wenig erfreulicher zu machen.

Mit freundlichen Grüßen

Rudolf Kempe

Erich Leinsdorf

Erich Leinsdorf, erlauben Sie mir, zunächst kurz Ihren musikalischen Werdegang zu resümieren: Seit über vierzig Jahren sind Sie als Dirigent tätig, seit fast fünfzig Jahren machen Sie sozusagen hauptberuflich Musik. Das ist eine lange Zeit, ein Menschenleben fast, und dabei kommen Sie erst jetzt in das Alter, in dem Dirigenten gemeinhin zu voller Blüte sich entfalten, womit ich nicht unterstellen möchte, daß Sie dies erst noch vor sich hätten. Ich will damit nur ausdrücken, auf welch reiche, langjährige Erfahrung Sie in einem Alter zurückblicken können, in dem heutzutage für die meisten zwar bereits der Ruhestand beginnt, der ausübende Musiker jedoch in aller Regel sich gerade anschickt, die in langen Jahren gereiften Früchte seines künstlerischen Wirkens zu ernten. Sie haben an der Staatsakademie in Wien, Ihrer Geburtsstadt, studiert; Violoncello und, bei Paul Emmerich, Klavier. Als 15- oder 16jähriger haben Sie bereits begonnen, sich Ihren Lebensunterhalt mit Musik zu verdienen. Mit zwanzig haben Sie stundenlang für Wilhelm von Wymetal korrepetiert und Ihr Opernrepertoire aufgebaut.

1934, erst 22jährig, berief Sie Bruno Walter als Assistent zu den Salzburger Festspielen, wo Sie sogleich die Aufmerksamkeit Toscaninis erregten, der Sie daraufhin ebenfalls zum Assistenten nahm, und zwar in den Jahren 1935 bis 1937. Toscanini war es auch, der Sie an die Metropolitan Oper in New York empfahl. Dort wurden Sie, gerade 25 Jahre alt, als Zweiter Dirigent verpflichtet. Diese für Sie damals höchst ehrenvolle Berufung kam Ihnen in einer Zeit, da sich in Europa der Nationalsozialismus breitmachte, mehr als gelegen. Während der Spielzeit 1939/40, nach dem plötzlichen Tod von Artur Bodanzky, de-facto-Chefdirigent an der Met, übernahmen Sie dessen Position als Hauptdirigent für das deutsche Repertoire. An der Met wirkten Sie bis 1943. Dann erhielten Sie einen Dreijahresvertrag als ständiger Dirigent des Cleveland Orchestra, dessen Leitung Sie 1946 an George Szell abgaben.

Es wäre gewiß falsch, Sie unstet zu nennen, aber Sie haben gern Ihre Positionen gewechselt – länger als etwa acht Jahre haben Sie es nirgendwo ausgehalten, wenn ich das einmal so ausdrücken darf. Von 1946 bis 1954 standen Sie dann dem Rochester Philharmonic Orchestra als Music Director vor, 1956 wurden Sie zum Direktor der New York City Opera bestellt, und 1957 lud Sie Rudolf Bing, Generaldirektor der Met, ein, wieder in seinem Haus zu dirigieren. Er schuf eigens für Sie die Position eines musikalischen Beraters, und so blieben Sie dem berühmtesten Opernhaus der Neuen Welt bis 1962 aufs engste verbunden. Dann zog es Sie nach Boston, zum nicht minder bekannten Boston Symphony Orchestra. Das Amt des Music Director legten Sie nach sechs Jahren intensiver Zusammenarbeit mit diesem Orchester nieder. Danach sind Sie keine festen Verpflichtungen mehr eingegangen. Seit 1969 treten Sie nur noch als Gastdirigent in Erscheinung.

In Europa haben Sie sich Jahrzehnte rar gemacht, weswegen man Ihnen daselbst eine Zeitlang nicht jenen Stellenwert einräumte, der Ihnen fraglos zusteht. Doch das hat sich inzwischen geändert. Als Sie ab 1970 etwa Ihre Gastspieltätigkeit in Europa ausdehnten, hat man schnell erkannt, was einem da über viele gute Jahre entgangen war. 1972 haben Sie bei den Bayreuther Festspielen einen zumindest musikalisch vielumjubelten «Tannhäuser» dirigiert, Sie waren auf Tournee mit dem London Symphony Orchestra. Wien hat Sie mit offenen Armen empfangen. Daß Sie sich in Europa wohl fühlen, darf man daraus schließen, daß Sie nunmehr in der Schweiz domiziliert sind. Wenn Sie nun Rückschau halten, was, glauben Sie, ließe sich als Essenz von vier Jahrzehnten Tätigkeit als Dirigent bezeichnen, welcher Gedanke hat Ihrem Künstlertum all die Jahre zugrunde gelegen?

«Ich habe meine Tätigkeit als Interpret immer als eine große moralische und künstlerische Verpflichtung empfunden, denn wir Musiker sind die Treuhänder und Sachwalter eines großen Erbes, das im Wandel der Zeiten sich ändert. Dabei ist es unsere Aufgabe, darüber zu wachen, daß dieses Erbe gut verwahrt wird. Nun darf man in diesem Zusammenhang das Element des Erfolges und das der Wahrheit in der Kunst nicht miteinander verwechseln. Es gibt in der Musik Aspekte des Falschen und Richtigen, die jedoch durch den Glanz großer Persönlichkeiten verdeckt werden. So wie es erfolgreiche, bedeutende Künstler gibt, so finden sich auch Faiseure mit großen Erfolgen in der Kunst. Aber die Wahrheit und die Moralität, die in der Musik liegen, stehen mit dem persönlichen Erfolg des Individuums in keinerlei Verbindung. Und so übt der Musiker den wohl einzigen Beruf aus, in dem sich Unaufrichtigkeit garantiert nicht auszahlt, in dem über kurz oder lang die Wahrheit über seine wirklichen Qualitäten an den Tag kommt.

Ich habe, wenn ich mich, nach so vielen Jahren der Auseinandersetzung mit der Materie der Musik, mit Meisterwerken der Musikliteratur beschäftige, immer wieder das Gefühl, daß ich sozusagen ein privilegierter Mensch bin. Der Künstler ist meistens nicht auf Rosen gebettet oder dann auf Rosen mit Dornen – aber es bedeutet doch irgendwie ein großes Privileg, Künstler zu sein. Und dieses Vorzugs bin ich mir bewußt. Er bedeutet aber auch eine Verpflichtung.»

In welcher Weise?

«Nun, ich habe mich stets vor großen Worten gescheut, nicht zuletzt weil man dann leicht als arrogant oder großtuerisch betrachtet wird, und das bin ich gewiß nicht. Aber was mir als Verpflichtung und Mission des Dirigenten erscheint, ist, daß er in seinem Musizieren mit anderen, und das ist ja doch die Arbeit des Dirigenten, das Element des Spiels niemals vernachlässigt. Das ist die wichtigste Aufgabe des Dirigenten. Musizieren darf niemals Arbeit sein, man *spielt* Musik, man *arbeitet* nicht Musik, ebenso wie man nicht Theater arbeitet, sondern spielt. Man geht ins Konzert, um Musik *spielen* zu hören. Also, das Wort ‹spielen›, das ist von höchster Bedeutung. Das brachte mir schon mein Klavierlehrer bei: Was immer man vorträgt, es soll dem Publikum scheinen, als ob es kein Problem wäre. Man soll niemals den Schweiß der Anstrengung sehen, obwohl gerade das heute sehr populär ist und die Leute sich auf dem Podium abboxen. Ich bin mir mit aller Deutlichkeit bewußt, daß man als Dirigent gewisse Aufgaben zu erfüllen hat, und dazu rechne ich, das Spielerische in der Musik immer zu wahren. Ein Routinespiel darf es allerdings nicht sein. Alle Musik ist tiefe Kunst, auch die leichte Musik...»

...woraus wohl zu schließen ist, daß Sie nicht zwischen sogenannter (E)rnster Musik und (U)nterhaltungsmusik unterscheiden.

«Ja. Diese Unterscheidung anerkenne ich nicht. Ich baue gern sogenannte Unterhaltungsmusik in meine Programme ein, wobei ich nicht selten auf den Widerstand der Konzertveranstalter stoße. Zu dieser Art von leichter Musik zähle ich zum Beispiel Werke der Strauß-Dynastie, von Offenbach, die Tänze von Mozart, den ‹Ragtime› von Strawinsky, um nur ganz wenige Beispiele zu nennen. Das ist alles sogenannte Unterhaltungsmusik, dafür aber erstklassige! Wenn mir in einem Programm die Verbindung des Spirituellen mit dem Heiteren und Unterhaltenden gelingt, dann habe ich, glaube ich, sehr viel erreicht. Als Beispiel eines solchen Programmes möchte ich dasjenige eines Konzertes zum Thanksgiving Day im November 1974 in New York anführen. Da ist mir diese Verbindung der Idee des Erntedankfestes mit der Musik besonders geglückt. Ich begann mit der ‹Moldau›, darauf folgte die ‹Pastorale›, Werke, in denen die Naturverbundenheit besonders zum Ausdruck kommt. Nach der Pause folgten sechs Deutsche Tänze von Mozart, richtige Gstanzeln. Und das Konzert, zu dem unzählige Familien erschienen waren, beschloß ich mit der Harry-János-Suite von Kodály, einem Werk, das man in Amerika vorzugsweise bei Pop-Konzerten hört. Also, diese willkürliche Trennung in U- und E-Musik erkenne ich einfach nicht an. Ich unterscheide nur zwischen guter und schlechter Musik.»

Musik, was ist das für Sie?

«Musik bedeutet für mich eine Vollkommenheit, die den idealen Wunschzustand des Menschen spiegelt. Deshalb glaube ich auch, daß Musik für Menschen, die irgendwie in innerer Not sind, sehr viel bedeuten kann...»

Musik als stimulierendes Surrogat?

«Nein, nicht als Surrogat, sondern als Spiegelbild dessen, was man sich emotionell vom Leben erhofft. Deshalb sind ja auch die bedeutenden Werke der großen Meister für unser Zeitmaß unsterblich. Ein Werk kann den Menschen über unzählige Generationen nur deshalb soviel bedeuten, weil es eben einen Idealzustand spiegelt, der einer inneren Notwendigkeit entspricht.»

Das hieße, wenn ich Sie recht verstehe, daß der Musik eine stets gültige Botschaft immanent ist, Musik also die Funktion einer Sprache übernähme?

«Vielleicht, wobei wir diese Sprache, die wir Musik nennen, nicht verbal erklären können. Darin zeigt sich gerade das wahre Wesen der Musik. Natürlich, in Proben versuche ich oft, etwas mit Worten auszudrücken, was eigentlich gar nicht verbal zu fassen ist, um die Phantasie der Spieler anzufeuern. Aber manchmal mißlingt dies auch, und das kann dann für eine Interpretation sogar ziemlich gefährlich werden, weil man in der Phantasie des Spielers etwas angeregt hat, was eigentlich gar nicht beabsichtigt war.»

Wenn man von der Musik als einer Sprache redet, was wird denn hier verstanden?

«Was hier verstanden wird, ist... Ich kann es nur umschreiben: Wir sitzen zusammen in einem Konzert, und plötzlich stoße ich Sie mit dem Ellbogen in die Rippen, weil sich da etwas Großartiges ereignet. Es ist eine Verständigung zwischen uns, weil wir im selben Moment das gleiche fühlen und wir uns sagen möchten: Ist das nicht herrlich? Es geschieht eine Verständigung zwischen Menschen. Eine Botschaft kommt von der Musik, die von Individuum zu Individuum geht. Und möglicherweise kann der einzelne seine Freude gemeinsam mit anderen noch intensiver erleben.»

Glauben Sie, daß Musik auch Völkerverständigung bedeuten kann?

«Nein, das ist meiner Meinung nach doch eine sehr optimistische, ja äußerst naive Vorstellung. Ein Wunschtraum, der mit der Realität nichts zu tun hat. Was ist denn das ‹Volk›? Welche ‹Völker› erreiche ich überhaupt mit der Art von Musik, die ich interpretiere? Mein Publikum ist da, wo die Konzentration von Menschen am größten und die kulturelle Aufgeschlossenheit im allgemeinen am ausgeprägtesten ist, nämlich in der Stadt, und auch da erreiche ich nur eine ganz kleine Minorität, die für das ‹Volk› nicht repräsentativ ist.

Ich möchte hier an die Worte erinnern, die Beethoven der Missa solemnis vorangestellt hat: Von Herzen, möge es wieder zu Herzen gehen. Wenn man nach einem Konzert feststellt, daß man an derselben Stelle das gleiche empfunden hat, und man sich sagt: ‹wir verstehen uns›, und sich einander nahe fühlt – dann geht das von Mensch zu Mensch, aber – leider – nicht von Kollektiv zu Kollektiv. Musik ist keine politische Kraft. Völkerverständigung muß leider Gottes den Politikern überlassen bleiben, die weit davon entfernt sind, das ideale Lebensbild, wie es Menschen guten Willens mittels Musik schaffen wollen, zu verwirklichen. Ich bin, was diese Idee von der Völkerverständigung betrifft, sehr skeptisch.»

Dann gibt es also Ihrer Meinung nach keine «Weltsprache Musik»?

«Nein. Dies ist durch die Wirklichkeit widerlegt. Nachdem zum Beispiel 1973 amerikanische und europäische Orchester nach China gereist waren, machten die Chinesen die Grenze wieder dicht. Sie sagten, danke, nein, wir haben vorerst genug. Man ist versucht, hier leichtfertig politische Gründe zu unterstellen. Aber das ist falsch. Die Chinesen wissen ganz genau, warum sie mit der abendländischen Musik nichts zu tun haben wollen. Für sie ist unsere Musik einfach bedeutungslos. Wenn man heute hier bei uns versucht, östliche Musik zu verstehen, so kommt das, wie es bei Richard III. heißt, aus des Winters Mißvergnügen; es spiegelt sich darin unsere Unzufriedenheit mit unserer Zivilisation. Aber ich glaube nicht, daß mir Ravi Shankar die Antwort darauf geben kann. Seine Musik unterhält mich zwar für eine halbe Stunde, aber sie bedeutet mir eben nicht dasselbe wie die westliche Musik, die auf der Kultur des Abendlandes und dem Gemütsleben des abendländischen Individuums aufbaut.»

Sie haben schon in jungen Jahren Karriere gemacht. Wer hat damals am meisten Ihre künstlerische Entwicklung beeinflußt?

«Sehr entscheidend war für mich der Einfluß Toscaninis. Als sein Assistent und Korrepetitor habe ich ihn natürlich maßlos bewundert. Das heißt aber nicht, daß ich von ihm alles akzeptiert hätte. Mich, und ich glaube auch viele andere Musiker meiner Generation, hatte Toscaninis ‹Zauberflöte› 1937 in Salzburg ‹erledigt›, weil er ganz einfach das Werk nicht verstand. Seine große Persönlichkeit trug jedoch das Werk über alle unsere traditionellen Ansichten hinweg zum Erfolg. Aber der denkende Mensch darf sich vom Erfolg nicht verführen und irritieren lassen – meiner Meinung nach war seine Darstellung völlig verfehlt. Sie wurde nur von der starken Persönlichkeit und Lauterkeit Toscaninis getragen, und so ließ man sich für den Augenblick dieser vier Aufführungen gern mitreißen, um aber hinterher, wie nach einer durchzechten Nacht, mit einem schweren Kater aufzuwachen und sich zu sagen, das war ja eigentlich doch ganz falsch.»

Die drei Jahre als Assistent bei den Salzburger Festspielen, wo Sie ja 1937 sogar in einem Konzert mit Toscanini als Klaviersolist auftraten, haben Ihr kritisches Bewußtsein geformt. Was hat Sie darüber hinaus noch geprägt?

«Wesentlich beeinflußt hat mich später die Erkenntnis, daß an den großen, bedeutenden Opernplätzen, so zum Beispiel an der Met, die Repertoirefrage nicht lösbar ist. Man verliert dann bald alle Illusionen in dieser Hinsicht. (Rückblickend muß ich heute sagen, daß ich damals vielleicht schon etwas zu lange an der Met geblieben war, bevor ich mich dann loslöste.)

Was mich auch sehr beeinflußte, war die Erkenntnis, daß man sich früh entscheiden muß, ob man über eine Organisation oder als Einzelgänger seine musikalischen Ideen zu verwirklichen trachtet. Es hat beides sehr viel für sich. Bei den amerikanischen Orchestern besteht für den Dirigenten leicht die Gefahr, daß er sich zu stark mit außerkünstlerischen Fragen beschäftigen muß, denn die Organisation eines Orchesters ist ja heutzutage mit Syndikaten, Gewerkschaften und Gremien behaftet, so daß es einer besonderen Flexibilität des Dirigenten bedarf. Selbst energische Menschen verfügen nur über ein begrenztes Reservoir von Energie und Arbeitskraft, so daß die Gefahr besteht, daß ein Dirigent die Kräfte, die er für die Musik aufsparen sollte, an organisatorische Dinge verschwenden muß. Das Musikalische kommt dann zu kurz. Es sind eben zwei Dinge, die miteinander in Widerspruch stehen. Wohin man damit gerät, habe ich selbst in Boston erlebt. Dort habe ich es einmal zum Skandal kommen lassen, weil man mir eine Generalprobe unterbrechen wollte.

Es sind nicht so sehr die Gewerkschaften wie die gewählten Komitees der Orchester selbst, die in den USA die militanteste Haltung einnehmen. Es wird auch in Europa so werden, die USA sind uns in diesen Dingen zeitlich immer nur ein bißchen voraus. In England hat man schon ganz schön imitiert. Obwohl die Engländer ein phantastisches Musikleben haben, greift unter den englischen Musikern eine bedenkliche Krankheit um sich. Der Materialismus hat sich dort schon so prächtig etabliert, daß es manchmal sehr schwierig ist, bei ihnen die richtige Einstellung zum Musizieren zu finden. Nach London gehe ich heute nur noch des Publikums wegen.»

Da Sie das Publikum erwähnen – musizieren Sie primär für sich selbst, mit dem Publikum als Kulisse...

«Durchaus nicht. Ich habe ein sehr starkes Verhältnis zum Publikum, ich hege ihm gegenüber sehr freundliche Gefühle. Und wenn man das Publikum liebt, dann sollte man ihm nicht irgendwelche Verhaltensregeln aufzwingen. Als ich einmal in New York in der Carnegie Hall ein Konzert gab, applaudierte das Publikum bereits nach dem ersten Satz des Zweiten Klavierkonzertes von Brahms, das ein junger Pianist großartig spielte. Da habe ich mich zu ihm hinuntergebeugt und gesagt: ‹Steh auf und bedanke dich.› Als ich ihn später einmal wiedertraf, sagte dieser junge Mensch zu mir: Das war der beste Rat, den man mir je gegeben hat.

Nun, als ich in London das Violinkonzert von Brahms mit Henryk Szeryng aufführte, das er sehr gut spielte, geschah nach dem ersten Satz dasselbe wie in New York. Das Publikum applaudierte. Doch Szeryng hob den Bogen, um dem Applaus Einhalt zu gebieten, als ob es sich hier um ein Sakrileg handelte. Diese kalte Dusche für den Enthusiasmus des Publikums war entschieden deplaziert. So etwas erstickt das Spontane völlig. Gerade wir Künstler sollten alles daransetzen, daß der Musikgenuß aus dieser unnatürlichen Treibhausatmosphäre herausfindet. Denn es ist ja absolut unnatürlich, zwischen den Sätzen nicht zu applaudieren. Es ist doch ein Spiel, das ein Genuß, eine Freude sein soll und nicht eine Andachtszeremonie.

Das ist auch der Grund, warum ich den Frack aufgegeben habe. Aber es gehört natürlich mehr dazu, als nur ein Kleidungsstück abzulegen. Ein wichtiger Bestandteil meines Musizierens ist die Spontaneität. Sie ist enorm wichtig. Denn wenn ich ins Theater gehe, möchte ich auch nicht das Gefühl haben, in der fünfundvierzigsten Aufführung zu sitzen, ich will den Eindruck haben, es sei die erste.»

Sie haben gleichsam als symbolischen Akt den Frack in die Requisitenkammer gehängt. Wollen Sie damit, wenn vielleicht auch nicht laut ausgesprochen, Ihr Unbehagen am Musikbetrieb unserer Zeit ausdrücken?

«Der Frack repräsentiert symbolisch etwas im Musikleben, was ich als falsch empfinde. Als Kleidungsstück gefällt mir der Frack, ich fühlte mich sehr wohl in ihm, er war mir gar nicht unbequem. Und ich habe sehr gut passende, gutgeschneiderte Frackröcke getragen, die mich durchaus nicht beengt haben. Dennoch habe ich 1970 mit dem Frack Schluß gemacht. Wir befinden uns ja irgendwo in einer großen Krise des Bürgertums. Aber obwohl mir junges, unkompliziertes Publikum viel sympathischer ist als die festlich geputzten Bürgerehepaare, muß ich doch sagen, daß ich im Augenblick noch nicht sehe, wie dieses Bürgertum im Musikleben ersetzt werden könnte. Denn Städte wie Hamburg, Frankfurt, Zürich und auch Wien, die haben ja doch noch ein stark betontes bürgerliches Publikum im Sinne des neunzehnten Jahrhunderts, das für das Konzert- und Musikleben äußerst vorteilhaft war.

Aber ich spreche da eher von sozialen Gegebenheiten als von musikalischen. Das Konzert- und Opernleben ist ja vom Sozialen her gestaltet, als Musiker hat man da leider kaum Einfluß. Mein Hauptinteresse ist heute die Musik und weniger das Sozialpolitische, das dann die musikalische Praxis beeinflußt. Man wehrt sich ja im Musikleben, das dauernd Wandlungen unterworfen ist, nur gegen sehr radikale Änderungsversuche.

Ich habe mir also anstelle des Fracks ein Kleidungsstück anfertigen lassen, das – mit einer Ausnahme – überall sehr gelobt und bewundert wurde. Ich höre darüber

Erich Leinsdorf, gebürtiger Wiener, zählt zu den großen amerikanischen Dirigenten europäischer Herkunft. Nach jahrzehntelangem Wirken an der Metropolitan Opera New York sowie bei verschiedenen bedeutenden amerikanischen Orchestern ist er in den vergangenen Jahren auch wieder in Europa aktiver geworden. Als ein Pultvirtuose, der wohlkalkulierten Effekt und kontrollierte Emotion zu seinen Vorzügen rechnet und nichts dem Zufall überläßt, weiß Leinsdorf (links im Gespräch mit dem Autor) durch eindringliche Mimik und beschwörende Gestik Musiker wie Publikum zu begeistern.

nichts als Komplimente, und die Leute sagen, ja, so sollte man gekleidet sein. Noch hat es aber niemand imitiert! Es ist eine Jacke, eine Kombination aus Gehrock und Smoking etwa, die man vorn offen tragen kann. Die Ausnahme, von der ich spreche, ist eine amüsante Geschichte, die ich Ihnen nicht vorenthalten will: Bei einem Konzert in Madrid, wo ich anstelle des Fracks diesen Rock trug, hörte meine Frau, die, da sie in Argentinien aufgewachsen ist, des Spanischen mächtig ist, wie zwei Damen hinter ihr sich während der Pause über meinen Anzug mit folgender Bemerkung entsetzten: Aber er hätte doch wenigstens einen Frack mieten können! Das ist eine wahre Geschichte, und ich muß dazu sagen, daß das Publikum in Madrid vielleicht das eleganteste der ganzen Welt ist, ob Sommer oder Winter, so wie es seinerzeit einmal in Italien war. Das bedeutet natürlich nicht, daß das Madrider Publikum von Musik mehr versteht als anderswo, aber es ist bezeichnend, welche Ansprüche dort, aber auch anderswo, in Sachen Kleidung noch an den Dirigenten gestellt werden.»

Die Oper stand am Anfang Ihrer Laufbahn, Sie haben den Kontakt zu ihr auch während Ihrer Engagements als Konzertdirigent nie abgebrochen. Was das Metier des Kapellmeisters betrifft, so sind Sie das, was man einen «alten Fuchs» nennt, gewaschen mit allen Wassern des Opernbetriebes, klaren wie trüben. Ihre unbestrittene Kompetenz manifestiert sich auch in den unzähligen Operneinspielungen für die Schallplatte, die, man muß das angesichts einer so exemplarischen Aufnahme wie etwa der Fünften Sinfonie von Mahler bedauernd erwähnen, Ihr Wirken als Interpret sinfonischer Literatur auf der Schallplatte etwas zurücktreten ließen, jedenfalls im europäischen Raum. Welche speziellen Erfahrungen haben Sie in dieser schwierigen Sparte im Laufe der Jahre gewonnen?

«Die Repertoire-Oper ist bankrott. Das gilt auch für die Met. Eine Repertoire-Oper ist heute nicht mehr in der Lage, eine gute Opernaufführung zu garantieren. Der Dirigent gerät in die Situation, daß das Repertoire ihm künstlerisch nicht mehr genügt, weil es an sich schon eine große Degeneration der Qualität bedeutet. Das ist im Konzertleben nicht der Fall, weshalb ich den sozialen Fragen des Konzertlebens heute auch ein bißchen den Rücken kehren kann. Ich befinde mich zurzeit in einer Art Interregnum, wo ich keine Oper mache. Nach dem Tristan Anfang 1974 an der Met wollte ich aus verschiedenen Gründen, die nicht weiter von Belang sind, eine Pause einlegen. So habe ich es abgelehnt, 1975 und 1976 an der Met zu dirigieren. Ich werde es aber später wieder versuchen. Mit der Oper hapert es heute. Zusätzlich leidet sie unter den Schallplatteneinspielungen. Die Oper in Starbesetzung kommt heute per Schallplatte in jedes Haus, zu jedem Musikliebhaber. Dadurch hat der Besuch einer Oper an Attraktivität verloren, denn nicht jeder Musikfreund will sich noch nicht reife Anfänger oder bereits überreife Sänger auf der Bühne anhören.

Doch was tun die Opernhäuser jetzt? Nehmen wir Provinzstädte wie Frankfurt oder Hamburg. Die dortigen Bühnen verwenden einen Gutteil ihres Etats, um einige Male im Jahr berühmte Sänger zu engagieren, und stellen sie über das eigene Ensemble. Für Neuinszenierungen importieren diese Bühnen internationale Stars, die aber nur für eine begrenzte Anzahl von Aufführungen zur Verfügung stehen. An die Stelle dieser Importware treten dann die Lokalgrößen. Was hier geschieht, läuft letztlich auf einen Schwindel hinaus. Denn diejenigen Zuschauer, die bei den ersten Vorstellungen nicht dabeisein können – vielleicht haben sie ein Abonnement –, müssen in ihrer Vorstellung, in der sie mit Recht den Gesangsstar und den berühmten Dirigenten erwarten, mit dem Herrn Halsbrenner und Maestro Unrhythmisch vorliebnehmen.

Die Repertoire-Oper beschwindelt also das Publikum. Dabei sind wir verpflichtet, dem Publikum, von dem ich sehr viel halte, das zu geben, was wir versprochen haben. Der Betrieb an einer Repertoire-Oper führt dann zwangsläufig zu den groteskesten Erscheinungen; die importierten Stars sind nach ihrer Ankunft oft auf der Gastbühne gar nicht in der Lage zu singen, weil sie sich durch die Hast des Reisens übernommen haben.

Ich habe stets Karajans Versuche bewundert, mit mehr als einem Haus zu arbeiten. Was den Opernbetrieb anbetrifft, so hat er einige großartige Ideen, denn er weiß noch, wie man eine gute Opernaufführung zuwege bringt. Daß es ihm bisher noch nie gelungen ist, auf längere Zeit von zwei Seiten Zustimmung zu finden, ist nicht seine Schuld. Das ändert aber nichts daran, daß seine Idee außerordentlich gut ist. Und eigentlich ist es auch die einzige, die dazu beitragen könnte, daß sich erstklassige Oper international behauptet. Seine Idee, daß eine optimale Inszenierung mit besten Sängern und künstlerischen Kräften die international bedeutenden Opernhäuser bereist, etwa Mailand, Paris, Hamburg, New York, Wien, Berlin, London und Salzburg – was ja nicht innerhalb von wenigen Wochen sein muß: das scheint mir die einzige richtige Antwort auf diese Krisis der Oper.»

Anfang 1975 veröffentlichten Sie im «Times Literary Supplement» unter der Überschrift «Rounding the Square» einen Artikel, in dem Sie sehr nachdrücklich zur Opernregie Stellung bezogen. Äußerer Anlaß waren die klassenkämpferisch angelegten Inszenierungen von «Tannhäuser» in Bayreuth und «Rheingold» und «Walküre» an der Londoner Covent Garden Opera durch Götz Friedrich. In dem Artikel stellen Sie unter anderem fest, daß «die immer stärker werdende Vorurteilslosigkeit und die immer weitgehendere Toleranz unserer Zeit dazu geführt haben, daß uns die Begriffe ‹richtig› und ‹falsch› abhandengekommen sind», und Sie geben der Befürchtung Ausdruck, daß «die Opernhäuser schließlich nur noch Versuchsstationen einer kleinen Schar von Wirrköpfen sein werden». Gemeint sind damit die Regisseure. Das sind klare Worte...

«Ich glaube ziemlich genau zu wissen, was ein guter und was ein schlechter Regisseur ist. Ich habe lange genug mit ausgezeichneten Regisseuren gearbeitet. Wenn ich nun heute und in Ergänzung dieses ‹Times›-Artikels sage, daß die Regisseure die Oper auf den Hund gebracht haben, so ist das keine Provokation, sondern meine durch die Praxis gewonnene Überzeugung. Die Oper leidet heute darunter, daß der Regisseur die Hauptfigur geworden ist. Bei der Regie geht es nur um die Frage, ob der Regisseur das Werk so inszeniert hat, daß der Zuschauer es auch versteht. Gelingt ihm das nicht, hat er seine Aufgabe verfehlt. Es ist mir vollkommen egal, was für ein intellektuelles ‹Cramuri› er mir dann vorzitiert; wenn das Stück nicht verstanden wird, ist es eben schlecht inszeniert.

1972 in Bayreuth habe ich das bei der Neuinszenierung des ‹Tannhäuser› durch Götz Friedrich selbst erlebt. Das Ergebnis dieser Inszenierung war auch der

Grund, weshalb ich nach 1972 nicht mehr zurück nach Bayreuth ging. In dieser vielumstrittenen Neueinstudierung, die ich musikalisch leitete, war Götz vor allem bemüht, seinen Marxismus vorzuexerzieren. Er wollte den dem Werk zugrunde liegenden christlichen Gedanken der Erlösung offensichtlich nicht auf die Bühne bringen und mußte deshalb notgedrungen, wenn er den Text nicht auch noch ändern wollte, an ihm vorbeiinszenieren. So hat er das Wunder des grünenden Priesterstabes – wohl die zentrale Idee des Werkes – am Schluß einfach verschwiegen. Ja, aber dazu hat man doch kein Recht, so wie ich nicht das Recht habe, dem Original der ‹Mona Lisa› einen Schnurrbart anzumalen. Das ist Verfälschung, ist Vandalismus, und dem muß man mit aller Energie entgegentreten. Da gibt es keinen Liberalismus, da gibt es nur richtig oder falsch. Und das in Bayreuth war falsch. Wir haben Platz genug für viele künstlerische Ansichten. Aber es gibt gewisse Dinge, die für uns bindend sind, über die man sich nicht hinwegsetzen kann.»

Ihre Kritik an der Selbstherrlichkeit vieler Regisseure läßt an Deutlichkeit nichts zu wünschen übrig. Reibungsflächen ergeben sich für einen Interpreten aber nicht nur in der Zusammenarbeit mit anderen Künstlern, sie finden sich oft auch in seiner Beziehung zu jener Instanz, die sein Tun zensiert, der Kritik nämlich. Wie ist Ihr Verhältnis zur Kritik?

«Mein Verhältnis zur Kritik ist ein nicht bestehendes. Weil sowohl der Kritiker als auch der Künstler fürs Publikum arbeiten, das Ziel ihrer Arbeit also auf den gleichen Gegenstand gerichtet ist. Ich habe am Anfang meiner Karriere wie alle Menschen, die ihre Laufbahn mit einem plötzlichen Erfolg beginnen, allerbeste Erfahrungen mit der Kritik gemacht, und ich habe dann im Verlauf meiner weiteren Karriere entdeckt, daß der Kritiker und der Künstler parallele Wege gehen. Ich teile nicht die Meinung vieler meiner Berufskollegen, daß der Kritiker für oder gegen den Künstler schreibe. Er schreibt für das Publikum. Es soll ja überall irgendwo eine Cliquenwirtschaft geben – ich habe aber gefunden, daß die meisten Kritiker ihre Aufgabe im allgemeinen sehr ernst nehmen und in seriöser Weise ihrem Beruf nachgehen, genau wie wir ausführenden Künstler. Wenn ich dem Kritiker nicht gerade auf den Fuß trete, bin ich eigentlich ohne jeden Kontakt zu ihm...»

Ohne Einschränkung? Das würde bedeuten, daß Sie die Kritik auch nicht lesen.

«Nein, ich lese sie nicht, und weil ich sie nicht lese, beziehe ich auch keine Anregungen von ihr, was wiederum ausschließt, daß die Kritik meinen Interpretationsstil beeinflußt. Meine künstlerische Entwicklung hat sich völlig außerhalb des Einflußbereichs der Kritik vollzogen. Eine echte Fachkritik ist übrigens ja nur möglich, wenn man viel mehr ins Detail geht, als es einem Kritiker überhaupt möglich ist. Ich habe nichts gegen den Kritiker. Er, der ja nicht den Künstler repräsentiert und sich auch nicht unmittelbar an ihn wendet, ist meiner Ansicht nach in einer wichtigen Position. Denn der Kritiker ist die geschulte Minorität im Publikum und muß das ausdrücken, was dem Publikum zweifellos entgeht – das ist seine Idealfunktion.»

Sie verzichten auf die Kritik als potentielles Mittel der Selbstprüfung. Sie demonstrieren damit ein ausgeprägtes künstlerisches Selbstverständnis, das Sie wohl gegen Kritik von außen immun macht. Wie erklären Sie sich dieses Selbstverständnis?

«Die Kritik hat nicht die Aufgabe, dem Künstler bei der Selbstprüfung beizustehen, damit wäre ihre Funktion verfehlt. Die Selbstprüfung wird durch eine ganze Reihe von anderen Instanzen an uns herangetragen, eigentlich ununterbrochen, weil man ja dauernd mit anderen Menschen in Kontakt ist. Ein Sänger braucht, ganz ungeachtet seiner Bedeutung und seines Könnens, immer einen Korrepetitor, wenn nicht einen Gesangsmeister, weil er sich selbst nicht hört. Er hört seine Stimme nur von innen und nicht, wie sie nach außen wirklich klingt. Wir haben auch das Tonband als Kontrollmöglichkeit, da hört man sich selbst zu wie ein Konzertgast. Dies kann das Selbstverständnis fördern.

Ich habe aber noch ein anderes großes Sicherheitsventil: Ich lasse alle bedeutenden Werke zwischen den Wiederholungen einige Zeit liegen. Denn mir graut vor der Routine, und ich habe Angst, das Publikum könnte große Werke als selbstverständlich hinnehmen, weil es dauernd mit ihnen konfrontiert wird. Ich habe seinerzeit die Oper verlassen, weil man dort immer wieder dasselbe dirigiert, was für mich verheerend ist. Nicht für alle – es gibt Dirigenten, die sich gern intensiv mit einem kleinen Repertoire beschäftigen. Ich nicht. Das Publikum sollte – das ist der Idealfall – ein Werk so präsentiert bekommen, als sei es das erste Mal. Der Interpret muß also immer versuchen, in den Aufführungen das historische Novum eines Werkes festzuhalten. So muß man zum Beispiel bedenken, daß die Chromatik der Jupitersinfonie von Mozart im Vergleich zu der des ‹Tristan› zwar sehr milde ist, für die Zeit ihrer Entstehung aber, also 1788, als Wagner noch nicht einmal gezeugt war, jedoch sehr kühn war. Und gerade das muß durch die Interpretation geweckt werden, der Eindruck: Das ist neu, das ist kühn, das ist noch nie dagewesen.

Mir geht es mit Musikwerken wie mit einer Stadt, in der ich lange nicht gewesen bin. Ich kenne die Stadt genau, ihre versteckten Schönheiten, die Gassen, Winkel. Und doch hat sie sich im Laufe der Zeit verändert: Einbahnstraßen, neue Gebäude anstelle alter, vertrauter. Und doch – man kennt die Stadt. Auch bei einem Werk glaubt man jeden Winkel zu kennen. Doch läßt man es längere Zeit ruhen, entdeckt man immer wieder Neues, und auch Altbekanntes sieht man mit anderen Augen. Das Werk kommt gleichsam in voller Frische auf einen zu. Nach einer solchen Ruheperiode gehe ich das Werk stets mit dem Willen an, es neu zu entdecken. Ich kann mich dann nicht mehr erinnern, wie ich es früher gesehen habe, weil es immer wieder neu für mich ist.»

Eine solche Arbeitsweise schließt dann wohl aus, daß Sie Ihre Interpretationen mit denen anderer Dirigenten vergleichen, um möglicherweise Anregungen daraus zu schöpfen.

«Eigentlich ja. Schon den jungen Leuten gebe ich den Rat mit auf den Weg: Bitte, hört euch keine Platten an. Studiert zuerst den Komponisten, dann die Partituren, vergeßt alle Kommentatoren, vergeßt die Platten, sonst lehnt ihr euch nur an die anderen an. Wer mit der Platte lernt, wird nie etwas lernen, weil er dann immer imitiert – bewußt, unbewußt, halbbewußt. Was immer dabei herauskommt, es ist nicht die eigene Meinung. Die individuelle Verantwortlichkeit muß gestärkt werden, dafür trete ich ein.»

Stärkung der individuellen Verantwortlichkeit – haben Sie dafür ein Rezept?

«Ich arbeite zurzeit an einer Schrift über das Lesen der Musik, in der ich in Form von Essays Thesen zum Verständnis einer Komposition entwerfe. Ich gehe dabei von meiner Beobachtung aus, daß das Lesen der Musik gar keine allgemein bekannte Kunst ist. Was ich da zu systematisieren versuche und dann einer Lehrtätigkeit zugrunde legen will, ist die Forderung, daß der Interpret sich von allen anderen Quellen als dem Komponisten unabhängig machen soll. Das heißt, wenn er ein Werk vorbereitet, soll er sich nicht auf die verfälschten Überlieferungen oder die Kommentatoren verlassen. Für einen Pianisten bedeutet das, daß er sich nicht auf die Ausgaben Bülows, Schnabels oder sonst wen verläßt. Denn dann würde er nicht mit Beethoven in Kontakt treten, sondern mit dem Herausgeber der entsprechenden Ausgabe. Er muß sich also auf sich selbst verlassen. Für das Verständnis eines Werkes ist die Kenntnis des gesamten Œuvre des betreffenden Komponisten, auch die Kenntnis der Zeit, in der er lebte, Voraussetzung. Denn es ist absurd, wenn ein Musiker ein Werk studiert, ohne den ganzen Hintergrund eines Komponisten zu kennen.

Der Interpret muß sich heute von vielen Ideen und Meinungen emanzipieren, will er zum Kern eines Werkes einer vergangenen Epoche vordringen. Was ich mit meiner Lehrtätigkeit anstrebe, die im Rahmen von Meisterklassen nur Berufsmusikern vorbehalten bleiben soll, ist ebendiese Emanzipation des Interpreten und daß er sich beim Lesen der Musik ganz auf sich verläßt, daß er bei der Auseinandersetzung mit dem Werk niemandem als nur sich selbst glaubt.»

Ein Verfahren, das nicht ganz ohne Risiko ist, denn es birgt ja die Gefahr folgenschwerer Irrtümer, wenn der Interpret nicht über ein breites Wissen verfügt...

«Selbst der bestialischste Irrtum ist mir, wenn er aus eigener Verantwortung herrührt, lieber als die Imitation eines Vorbildes durch den Interpreten. Mehr falsche Interpretationen als in den rund hundertfünfzig Jahren seit Beethovens Tod sind kaum mehr denkbar. Wenn seine Kompositionen schon zu seinen Lebzeiten mißverstanden wurden und Beethoven deshalb das Metronom willkommen heißt, dann brauchen wir doch wohl nicht anzunehmen, daß in den Jahren nach seinem Tod seine Werke weniger mißverstanden werden. Die moralische Basis und die künstlerische Ehrlichkeit, die kann ich dem Musiker nicht vermitteln. Was ich ihm auch nicht geben kann, was er aber unbedingt zum Lesen braucht, ist Phantasie. Mit der Kenntnis allein bleibt der Interpret ein Beckmesser, ein Pedant. Er sollte aber ein Mensch voller Phantasie sein. Wenn die Phantasie durch meine Kurse in Musiklesen wirklich beflügelt würde und sich dies auf die Interpretation auswirkte, dann hätte ich schon viel erreicht.»

Wenn man Ihnen bei der Arbeit auf dem Podium zuschaut, kann man Ihre Freude am Dirigieren geradezu körperlich verspüren. Den linken Arm in die Hüfte gestemmt, die Rechte in klaren Bewegungen überlegen führend, bereitet Ihnen Ihre Arbeit, die sich durch Gründlichkeit und Methodik auszeichnet, offensichtlich Vergnügen: Ihr oft lebhaft bewegtes, dann wieder fast versteinertes Gesicht wirkt wie ein Abbild des musikalischen Geschehens. Was empfinden Sie eigentlich während des Musizierens?

«Ich habe über diese Dinge in solcher Weise eigentlich noch nie nachgedacht. Ich kann das nicht in Worte fassen. Vielleicht nur soviel, daß ich Musik empfinde mit dem Wohlgefühl dessen, der sich sagt, es ist alles richtig in Gottes Welt. Selbst wenn es Musik ist, die einen tiefen Schmerz ausdrückt: die tiefste Empfindung eines sterbenden Tristan – auch das ist ja ein vollendetes Weltbild. Und dann ist natürlich eine große Konzentration während des Musizierens, so daß ich nicht feststellen kann, was ich dabei empfinde. Ich weiß bloß, daß, wenn etwas geschieht, was nicht geschehen sollte, sich eine Art Schock einstellt. Man gerät für einen Moment aus der Fassung.

Wahrscheinlich gibt es so eine Art Schwebezustand während des Dirigierens, es ist sehr viel Improvisatorisches dabei. Es sind, denke ich, drei Faktoren, die während des Musizierens zu beachten sind: die Musik, die Musiker und der Saal, der durch das Publikum ebenfalls zu einem lebendigen Etwas wird. Die Balance zwischen diesen drei Faktoren herzustellen ist nicht leicht, aber mit einiger Erfahrung geht das sehr gut.

Eine gute Mischung von Intuition und Intellekt ist übrigens Voraussetzung für das Interpretieren. Kenntnis und Phantasie, das sind die beiden Komponenten, ohne die es nicht geht. Wenn ich nach Jahren einem Werk wiederbegegne, weiß ich nicht, wohin es mich führt, denn ich lasse mich immer auch von der Intuition leiten. Am liebsten bei Werken, die ich seit vielen Jahren intim kenne. Da bin ich dann manchmal selbst neugierig, wohin es mich führt. Ich vertraue ganz auf die Intuition, aber nur, weil ich das Stück kenne. Mit Werken, die ich nur oberflächlich kenne, ist das anders.

Bei mir braucht es lange, bis ein Werk zur Reife gelangt. Dann aber beherrsche ich es völlig. Das war bei mir von Anfang an so. Mein Start an der Met 1938 wäre nicht denkbar gewesen, wenn ich das Werk nicht genau gekannt hätte. Ich dirigierte damals, noch nicht sechsundzwanzig Jahre alt, die ‹Walküre›. Ohne Bühnenprobe und ohne den zweiten und dritten Akt jemals zuvor mit dem Orchester geprobt zu haben. Ich hatte lediglich eine Orchesterprobe ohne Sänger für den ersten Akt und Klavierproben für die Sänger. Und das bei einem Debüt an der Met in New York, nicht etwa in Kaiserslautern. Ich kannte das Werk, das kann ich heute sagen, besser als mein Chef Artur Bodanzky, der sich sehr fair zu mir benommen hat und dem ich es verdanke, daß ich damals in Amerika eine so schnelle Karriere gemacht habe.»

Kennen Sie Lustgefühle während des Dirigierens?

«Ja, durchaus. Es stellen sich doch alle möglichen Gefühle und Reflexionen ein. Denn die Möglichkeiten der Musik sind ja unendlich; sie reichen vom ganz Ordinären bis zum Allerheiligsten.»

Sie meinen, es fließt beim Hören von Musik allerlei Außermusikalisches hinein?

Spielt beim Hören von Musik auch Außermusikalisches eine Rolle?

«Ja. Obwohl es Leute gibt, sowohl unter den Musikern als auch unter den Schriftstellern und Kritikern, die mit dem Außermusikalischen nichts zu tun haben wollen. Da kommen dann sonderbare Tabus zustande. Diese Leute stehen einigen der größten Werke notgedrungen mit Distanz gegenüber, weil sie nur das rein Musikalische und nicht auch das Außermusikalische in ihnen empfinden. Ihnen müssen dann – sagen wir – Bachs Passionswerke fremd sein. Sie erscheinen ihnen nicht als das, was sie sind, denn die Passionen sind ohne das Außermusikalische unverständlich. Bachs Passionen muß man als große Dramen aufführen. Nicht mit gefalteten Händen. Wir sollten das Geistige nicht fälschlich in das Gewand des Kirchlichen hüllen.»

Befriedigt Sie die nachschöpferische Tätigkeit als Dirigent, eine Tätigkeit, die zwar, wie jedes Interpretieren, auch eine eigenschöpferische Komponente, letztlich aber doch im Nachvollzug ihre Bestimmung hat?

«Ja. Früher hatte auch ich den Wunsch, eigenschöpferisch tätig zu sein. Ich habe aber den Gedanken daran schon früh aufgegeben, weil ich merkte, daß ich im Komponieren keine natürliche Bestätigung fand. Ich verstehe zwar viel von Komposition, und ich glaube auch, daß ich einem Komponisten eine Hilfe sein kann, was ich in meinen vielen Jahren musikalischer Tätigkeit auch versucht habe. Aber ich glaube nicht, daß der Welt etwas verlorengeht, weil ich nicht komponiere.

Daß der Dirigentenberuf mich vollauf befriedigt, verdanke ich nicht zuletzt den Konzerten für Kinder, um die ich mich künftig noch mehr kümmern will. In meinen Kinderkonzerten gebe ich keine Werkbeschreibungen. Die finden sich ja in den gedruckten Programmen. Ich weise die Kinder lediglich darauf hin, daß es an ihnen selbst liegt, den Weg ins Reich der Musik zu finden, nachdem ich ihnen durch die Konzerte eine Tür dahin geöffnet habe. Ich sage ihnen: Ihr könnt nicht einfach da hineingehen und die großen Werke hören und sie genießen, ohne etwas darüber zu wissen. Es kostet Mühe, aber es lohnt sich auch. Jetzt scheint es euch vielleicht noch unnötig. Aber ihr alle kommt in ein Alter, da werdet ihr merken, daß die Welt nicht vollkommen ist. Und wie man dann über die Unvollkommenheit des Lebens hinwegfinden kann, das könnt ihr durch die Musik erfahren. Aber dafür muß man auch etwas tun. Das, so sage ich den Kindern, ist meine Meinung über die Musik.»

Lorin Maazel

Von seiner Wohnung auf dem Oak Hill in Hampstead hat Lorin Maazel einen herrlichen Rundblick auf London, das ihm gleichsam zu Füßen liegt. Stadt als Landschaft, das ist der Eindruck, den der Betrachter von dieser Anhöhe im Nordwesten der Millionenmetropole gewinnt. Maazel hat hier Quartier bezogen, als er 1970 neben Otto Klemperer an die Spitze des Londoner New Philharmonia Orchestra berufen wurde. Wenn er diese Position auch 1972 aufgab und einem Ruf nach Cleveland folgte, wo er als Nachfolger von George Szell die Leitung des Cleveland Orchestra übernahm, so behielt er doch die Wohnung, die ihm eigentlich stets, heute wie früher, die Funktion eines Außen- und Verbindungspostens miterfüllte. Damals, als er noch Generalmusikdirektor an der Deutschen Oper Berlin und Chefdirigent des Radio-Sinfonie-Orchesters Berlin war, hielt sie ihm die Tür zum angelsächsischen Raum, dem er entstammt, offen; heute, nachdem ihn Berlins Kulturpolitiker aus ihrer Stadt gegrault haben, deren Musikleben er neben Herbert von Karajan für ein gutes Dutzend Jahre gestaltet und unvergeßlich geprägt hat, dokumentiert sie Maazels Wunsch, die enge Beziehung zum Musikleben Europas aufrechtzuerhalten, wo er seit seinem 23. Lebensjahr wirkte. Auf dem Höhepunkt seiner Karriere ist Lorin Maazel 1975, nachdem er darum gebeten hatte, von seinem Posten als Chefdirigent des Radio-Sinfonie-Orchesters Berlin entlassen zu werden, wohl endgültig in das Land zurückgekehrt, dessen Bürger er ist: in die Vereinigten Staaten von Amerika. Endgültig, wenn er, wie Szell, seine Position in Cleveland als Lebensaufgabe betrachtet – woran nicht der geringste Zweifel besteht.

Das Cleveland Orchestra kennt Maazel sei seiner frühesten Jugend: 1943 gab er, gerade 13 Jahre alt, mit ihm einige Konzerte. Auf seine Jugendzeit einzugehen, heißt über das irritierendste aller musikalischen Phänomene berichten: das Wunderkind. Stellt ein Wunderkind an sich schon eine Ausnahmeerscheinung dar, so war «Little Lorin», wie Maazel damals in der Presse genannt wurde, gar noch eine Ausnahme unter den Wunderkindern. Denn seine Begabung beschränkte sich nicht auf die frühzeitige Beherrschung eines Instrumentes – Lorin Maazel war vielmehr eines jener höchst seltenen Exemplare dirigierender Wunderkinder, von denen die Musikgeschichte überhaupt zu berichten weiß. Daß sein Ruf als jugendliches Dirigierwunder damals im Gegensatz zum jungen Menuhin nicht nach Europa drang, lag an den Umständen der Zeit. Europa hatte andere Sorgen, es war Krieg.

Lorin Maazel spricht heute nicht gern über seine Jugendjahre, über seine Zeit als herumgezeigtes Wunderkind. Geboren am 6. März 1930 als Sohn amerikanischer Eltern in Neuilly bei Paris, wuchs er in den Vereinigten Staaten auf. Die Familie Maazel, 1932 in die Heimat zurück, nach Los Angeles. Seine Eltern, Lincoln und Marie Maazel sollten bald entdecken, daß der kleine Lorin das absolute Gehör besaß und musikalische Neigungen zeigte.

Das kam eigentlich nicht überraschend, denn die Familie Maazel zeichnete sich von jeher durch ihre Musikalität aus: Vater Maazel, in New York geboren, war zum Schauspieler und Tenor ausgebildet worden. Dessen Vater wiederum, Isaac Maazel, war Geiger und gehörte als Konzertmeister dem Orchester der Kaiserlichen Oper in Moskau an, bis er 1895 nach den Vereinigten Staaten emigrierte, wo er an der Metropolitan Opera in New York die gleiche Position innehatte. Lorin Maazels Urgroßvater schließlich stand am Hofe des Zaren einer Militärkapelle vor. Die erbliche «Belastung», die Prädisposition für Musik also, war eindeutig gegeben. Mit fünf Jahren erhielt Lorin ersten Geigenunterricht bei seiner Tante, doch bald wechselte er in das Kinderorchester von Karl Moldrem über, und mit sieben Jahren begann er bei Fanchon Armitage mit dem Klavierunterricht. Als Lorin acht Jahre alt war, brachten ihn seine Eltern zu dem Bratschisten und Dirigenten Vladimir Bakaleinikoff in Hollywood, einem in die USA emigrierten russischen Musikdirektor.

Diese Begegnung sollte sich als entscheidend für die Entwicklung des Kindes erweisen. Am 13. Juli 1938 präsentierte Bakaleinikoff seinen Schüler auf einem Festival für Musikstudenten in Moscow/Idaho als dirigierendes Wunderkind. Lorin dirigierte die Achte Sinfonie von Schubert, es spielte das University of Idaho Orchestra. Fünf Tage später gab er sein Debüt als Geiger. Unter der Leitung Bakaleinikoffs spielte er den ersten Satz eines Violinkonzertes von Viotti. Kurz darauf stand er zum erstenmal vor einem Berufsorchester in Los Angeles und dirigierte den Slawischen Marsch von Tschaikowsky.

Bakaleinikoff zeigte sein geigendes und dirigierendes Wunderkind in ganz Nordamerika herum. 1939 kam Lorin Maazel mit einem Studentenorchester aus Interlochen, wo er auch auftrat, zu Gastspielen während der Weltausstellung nach New York. Und im November lud ihn – er hatte inzwischen Schlagzeilen gemacht – sogar Leopold Stokowsky zu einem Wohltätigkeitskonzert mit dem Los Angeles Philharmonic Orchestra in die Hollywood Bowl ein.

Kein Geringerer als Arturo Toscanini schließlich holte ihn 1941 an das Pult «seines» Orchesters, des NBC Orchestra in New York. Da freilich zeigten sich die Musiker anfangs renitent. Als Lorin aufs Podium kam, lutschten sie demonstrativ Bonbons. Doch schon nach wenigen Minuten, nachdem auch sie seine eminente Begabung erkannt hatten, lenkten sie ein. Diesem Konzert folgten Einladungen zahlreicher führender Orchester der USA. Sein Debüt mit dem New York Philharmonic Orchestra gab der zwölfjährige Lorin vor 8500 begeisterten Zuhörern im Lewisohn-Stadion in Manhattan. Auf dem Programm standen die Ouvertüre zu Mozarts

«Hochzeit des Figaro», die Fünfte Sinfonie von Beethoven, die Nußknackersuite Saison bereits 15 bis 20 Konzerte. Er durchquerte in dieser Zeit mit seiner Familie dreizehnmal die Vereinigten Staaten. 1939 schloß sich die Familie Lorins Lehrer Bakaleinikoff an, der einem Ruf als Dirigent nach Pittsburgh gefolgt war, und ließ sich ebenfalls dort nieder. Bakaleinikoff überwachte die weitere Entwicklung seines Zöglings.

Während seiner Studienjahre an der Universität von Pittsburgh, wo Lorin Philosophie, Mathematik und Sprachen studierte, spielte er als Konzertmeister im Pittsburgh Symphony Orchestra und gründete das Fine Arts Quartet of Pittsburgh. Mittlerweile war aus dem einstigen Kinderstar ein ernst zu nehmender junger Musiker geworden, der zum Glück keinen merkbaren Schaden an der durch seinen Lehrer begünstigten Wunderkindkarriere genommen hatte. Serge Kussewitzky lud den 21jährigen ans Berkshire Music Center in Tanglewood ein. Auch Victor de Sabata, als Gastdirigent in Pittsburgh, sah Lorin Maazel dirigieren und riet ihm, nach Europa zu gehen. Durch ein Fulbright-Stipendium gelang ihm 1952 der Sprung über das große Wasser. Nun studierte er in Rom Werke von Meistern des Barocks.

Auffallend ist an der Vita des jungen Lorin Maazel, die sich ob der Fülle des Ereigneten und Erreichten oft wie eine erfundene Geschichte liest, daß er vom Beginn seiner Wunderkindkarriere an das Interesse der großen Dirigenten seiner Zeit erregte und ihr Wohlwollen genoß. Ihnen, Stokowsky, Toscanini und Kussewitzky, ist, ungeachtet des zirzensischen Charakters, den Auftritte von Wunderkindern gemeinhin zu haben pflegen, sofort das außergewöhnliche Talent des jungen Maazel zur Orchesterführung aufgefallen, weshalb sie ihm auch die Möglichkeit zu weiteren Konzerten verschafften, durch die er erste wichtige Erfahrungen im Umgang mit dem Orchester sammeln konnte.

Der Beruf des Interpreten setzt nach Maazels Meinung eine grundsätzliche Disposition voraus. Interpretieren sei nicht erlernbar, sagt er.

«Man ist Interpret, weil man als solcher geboren wurde. Der Interpret braucht ein intuitives Verständnis für die Sache, will er nicht ein bloßer Musikmacher sein. Der wahre Interpret besitzt die Begabung zu reagieren. Das bedeutet, daß er eine sogenannte sympathische Saite hat, vergleichbar mit den Resonanzsaiten einer Viola d'amore, die mit dem erzeugten Ton mitklingen, ohne selbst berührt zu werden. Wenn der Interpret Musik hört, dann schwingt in ihm diese sympathische Saite mit. Ohne diese Saite kann man überhaupt nichts anfangen.

Es gibt aber leider sehr viele Solisten und Dirigenten, die eine solche Saite nicht in sich haben. Das sind dann die Ingenieure unter den Musikern. Sie setzen sich, bildlich gesprochen, vor ein Gerät, drehen an Knöpfen und betätigen Schalter. Sie spielen alles sehr ordentlich, alles klingt schön zusammen – aber es geschieht nichts. Das Resultat ist ein Non-Happening, eine Nicht-Erfahrung. Eine Schöpfung ist aber mehr als die Summe der Teile, aus der sie besteht. Man muß nur an die Golden-Gate-Brücke denken. Die Schönheit dieser Brücke erklärt sich nicht durch die Vielzahl von Elementen, aus der sie technisch besteht. Die technische Seite ist ohne Bedeutung, wenn es darum geht, ihre Schönheit zu erklären, wenn es um ihre Schönheit an sich geht. Genauso in der Musik. Die Bewegung des Dirigenten oder des Geigers hat an sich überhaupt keine Bedeutung, sie ist einfach funktionell. Sie ist eine physische Leistung, wie zum Beispiel auch das Tennisspiel. Leider gehen sehr viele Konzerte so über die Runden – aber eigentlich kommen sie ja gar nicht über die Runden, weil in ihnen nichts geschieht. Solche Ingenieurmusiker machen keine Spaziergänge in der Musik.»

Musizieren, das ist für Maazel ein Spaziergang in einer Landschaft. Dieses Verständnis von Musikmachen ist für ihn, der in Kategorien denkt, die alles in einen einzigen großen Zusammenhang stellen, bezeichnend.

«Musizieren ist für mich ein Ausdruck des Lebens, wie das Atmen, wie die Liebe. Eine Partitur ist wie eine sehr vertraute Landschaft, in der man zu Hause ist, wo man jeden Stein kennt; ist die Heimat, die man liebt. Wenn man sich eine Partitur als das vorstellen kann, dann ist eine Aufführung ein Spaziergang durch diese Landschaft. Wie bei einem Spaziergang in der Natur, bei dem man vielleicht an einem Baum oder einer Wiese, auch an einem Teich vorbeikommt und die Landschaft jedesmal in einem anderen Licht und unter anderen klimatischen Bedingungen sieht, so entdeckt man auch in der Landschaft eines Werkes immer etwas Neues. Immer. Ein solcher Spaziergang ist die Bestätigung eigener Lebenserfahrung. Natürlich muß man auf einem solchen Gang voller Konzentration sein, man muß ihn, sagen wir es so: mit offener Seele tun. Diese Bereitschaft zum Sichöffnen ist entscheidende Voraussetzung, will man einen Gewinn beim Interpretieren haben. Um die Erfahrung eines solchen Spazierganges machen zu können, muß man alles andere abstreifen. Es ist das Unerwartete, das einem auf einem solchen Gang begegnet, das es zum Erlebnis werden läßt. Wenn man dabei nicht aus der Ruhe kommt, dann deshalb, weil man das Unerwartete erwartet.

Um völlig zu Hause zu sein in dieser Gegend, in der man wachen Sinnes einhergeht, bedarf es natürlich der Kenntnis der Partitur und des Geistes des Komponisten. Unter Kenntnis verstehe ich nicht das Wissen um das Biographische eines Komponisten und den Aufbau und die Entwicklung der Komposition. All diese Dinge sind selbstverständlich, sie gehören zum Beruf des Interpreten. Was ich damit meine, ist eben dieses intuitive Verständnis einer Sache. Das ist keine unnötige Mystifizierung, was ich mit dieser sympathischen Saite meine. Wer diese angeborene Fähigkeit zur Resonanz nicht besitzt, sollte keine Konzerte geben.»

Musik als Mittel, sich in einen anderen Bewußtseinszustand zu versetzen?

«Nein, Musik ist kein Mittel, kein Fahrrad. Ein Musiker ‹benutzt› Musik nicht.»

Was also ist Musik?

«Ein Ausdruck der Natur. Es ist, wie ich vorher gesagt habe, ganz einfach eine sehr geistige und gleichermaßen beruhigende Erfahrung. Ein Spaziergang... Nur wenn man die Materie nicht kennt und beherrscht, wird es schwierig. Und wenn man auf einem hohen Niveau musiziert, dann denkt man nicht mehr daran, wie man das macht. Aber um noch einmal auf das Zeitlose in der Musik zurückzukommen. Die Zeit an sich hat keinen Anfang und kein Ende, sie hat deswegen eigentlich auch keine Bewegung. In der Musik ist dieses Zeitlose sehr schön im zweiten Satz der Siebten Sinfonie von Beethoven zu erkennen. Der a-Moll-Akkord zu Beginn schwebt völlig frei im Raum. Er könnte früher anfangen oder auch später. Er ist ein kosmischer Akkord. Ihm folgt dann eine Musik, die eigentlich keine ist, es ist eine Bewegung, die nach etwa acht Minuten wieder in einen a-Moll-Akkord führt. Aber es ist kein Zurück. Es ist so, als ob man ein Fenster zum Kosmos geöffnet hätte und es dann wieder schließt. Aber hat man das Fenster wirklich geschlossen? Die Zeitlosigkeit ist in diesem Satz für ein paar Minuten dargestellt. Es könnte auch Stunden oder Jahre dauern, das hat keine Bedeutung. Wenn Musik wirklich ein Ausdruck des Kosmos ist, dann ist sie auch ein Ausdruck der Schöpfung. In diesem Falle hat die Musik eine viel größere Bedeutung. Sie ist eine Art Endziel. Wenn man ein künstlerisches Erlebnis gehabt, eine Erfahrung gemacht hat, dann ist man reifer und intelligenter geworden. Man ist dann eher in der Lage, selbständig zu denken, und läßt sich nicht mehr so leicht beeinflussen.»

Identifiziert sich Maazel mit dem Werk, das er interpretiert?

«Es gibt verschiedene Etagen, die man beim Interpretieren ersteigt. In der obersten identifiziert man sich völlig mit dem Werk, indem man alles gibt, was man geistig hergeben kann, und dann fängt das an, was ich mit dem Wort Spaziergang zu umschreiben versuchte.»

Welche Vorstellungen hat er überhaupt von den Aufgaben eines Interpreten?

«Interpretation ist ein endloser Weg des Verbesserns. Und also auch ein Zustand steter Unzufriedenheit wegen des Nichterreichten. Ich bin, wie wohl jeder Künstler, sehr selbstkritisch und daher eigentlich nie zufrieden. Ich weiß, daß ich das Beste gegeben habe, was ich geben konnte – auf dieser Ebene bin ich in einer gewissen Weise zufrieden. Aber die Unzufriedenheit kommt daher, daß ich weiß, daß ich noch nicht erreicht habe, was ich wollte.»

Zieht er die Interpretationen anderer Dirigenten und Geiger, wie er ja auch selbst einer ist, zum Vergleich heran?

«Nicht, wenn ich das Werk nicht wirklich gut kenne. Dann besteht doch die Gefahr einer Beeinflussung, obwohl ich sagen kann, daß ich eigentlich fast nie von einem bestimmten Interpreten beeinflußt wurde als vielmehr von Traditionen, die ganze Künstlergenerationen geschaffen haben, wie etwa die Generation um Furtwängler, Kleiber und Klemperer. Mit dem Vergleichen anderer Interpretationen verhält es sich etwa so wie mit jenem Freund, der mir seine Meinung mitteilt über jemanden, den ich noch nicht kenne, aber kennenzulernen wünsche. Ich habe dann bereits ein Vorurteil gegen diese Person, wenn ich ihr begegne. Und dann stellt sich möglicherweise heraus, daß sie ganz anders ist, als sie mir geschildert wurde. Dann braucht man oft sehr lange, um von einem Vorurteil loszukommen, manchmal gelingt es sogar überhaupt nicht mehr. Ich ziehe es aber vor, mir meine Meinung selbst zu bilden, nicht mit der Hilfe anderer.

Später, wenn ich ein Werk wirklich in mich aufgenommen und es schon einige Male aufgeführt habe, dann bin ich bereit, andere Interpretationen anzuhören. Das ist dann manchmal hochinteressant und sehr aufregend. Ich bin so veranlagt, daß ich die Auffassung eines anderen verstehen und begeistert darauf reagieren kann, auch wenn ich es selbst nie so machen würde.»

Wenn ihn andere Künstler kaum beeinflußt haben, was hat dann seiner künstlerischen Entwicklung prägende Impulse gegeben?

«Das Beispiel anderer Künstler in anderen Künsten. Ich liebe die Malerei, ich liebe die Pantomime. Marcel Marceau hat in den fünfziger Jahren einen starken

Einfluß auf mich ausgeübt. Und was die Malerei betrifft, so habe ich oft stundenlang vor Bildern gesessen, um die Farbgebung eines Malers zu verstehen. Dann lese ich sehr viel, ich bin auch an philosophischen Fragen sehr interessiert. In den verschiedenen Perioden meines Lebens haben natürlich einige Schriftsteller Einfluß auf micht gehabt. Um 1970 war es zum Beispiel Hermann Hesse, der inzwischen in Mode gekommen ist. Dann interessiert mich das Werk C.G. Jungs sehr. Die Einfachheit und Klarheit Rilkes haben großen Eindruck auf mich gemacht. Rilke ist ein Beispiel dafür, daß die größten Meister immer einfach sind. Etwas zu vereinfachen, das ist die größte Kunst; nichts ist schwieriger, als alles klar, deutlich und intensiv zu machen. Und ebendas will ich in meiner Kunst erreichen.»

Die Karriere des erwachsenen Lorin Maazel begann am 24. Dezember 1953 in Sizilien. An jenem Heiligabend gab er im Teatro Massimo in Catania sein Debüt in Europa. Wie in so vielen Künstlerkarrieren war es auch hier das Pech eines anderen, das sich für den Nachwuchskünstler als Glück erwies: Maazel sprang für den erkrankten Gastdirigenten Pierre Dervaux ein. Dieses Konzert in Europas südlichster musikalischer Provinz sollte der Beginn einer beispiellosen Karriere sein: Im darauffolgenden Jahr dirigiert Maazel, wo er nur kann. Meist sind es italienische Provinzstädte, in denen er auftritt: Cagliari, Bologna, Triest, dann Florenz und Turin. Hier, in Italien, erweist sich der Kontakt zu de Sabata, den Maazel bereits aus Amerika kennt, als sehr nützlich. In einem Konzert an der Mailänder Scala wird er als «jüngste Entdeckung des Maestro de Sabata» gefeiert. Im Dezember 1955 stellt er sich im Konzerthaus der Musikfreunde dem Wiener Publikum vor.

In den folgenden fünf Jahren erhält er Einladungen nach Berlin, wo er 1956 erstmals das Radio-Sinfonie-Orchester dirigiert, sowie nach Hamburg und Stockholm. Reisen führen ihn darauf nach Südamerika, Spanien, Portugal, Mexiko. Er gastiert erstmals bei Festspielen, wie etwa beim Musikfestival von Besançon, den Musikfestwochen in Luzern oder den Gulbenkian-Festspielen. Überall wo Maazel erscheint, ist die Kritik von seiner künstlerischen Persönlichkeit beeindruckt. Sie nennt ihn ein Talent von größter Spannweite, ein Genie sogar, qualifiziert ihn als einen der markantesten Vertreter der jungen Generation, lobt seine Präzision, den leidenschaftlichen künstlerischen Ernst, seine Spontaneität und attestiert ihm hervorragendes Stilgefühl. Überall dirigiert Maazel auswendig, was ihm den Ruf eines Gedächtnisakrobaten einbringt.

«Ich habe die ersten fünf Jahre in meiner Karriere die unglaublichsten Orchester dirigiert. Sie waren zum Teil so schlecht, daß ein Vergleich einfach nicht mehr möglich ist. Aber das hat mich damals überhaupt nicht gestört. Ich war überglücklich, dirigieren zu können. Ich habe mir so in der Praxis ein breites Repertoire aufbauen können. Der Wunsch, immer überdeutlich zu sein, machte dann aber doch bessere Orchester erforderlich. Ich bin sehr dankbar für diese Zeit in der Provinz.»

1960 debütiert Maazel in Bayreuth. Er ist mit seinen dreißig Jahren der jüngste international bekannte und gleichzeitig der erste amerikanische Dirigent auf dem Festspielhügel. Maazel leitet eine Wiederaufnahme des «Lohengrin». Wieland Wagner ist das Wagnis eingegangen, einem nahezu opernunerfahrenen Dirigenten diese Aufgabe anzuvertrauen. Der Erfolg ist sensationell. Maazels Auftritt wird als großer Gewinn und als ein Höhepunkt der Festspiele bewertet.

Wie andere Dirigenten seiner Generation, die es in relativ jungen Jahren zu internationalem Ansehen gebracht haben, ist auch Maazel über den Konzertsaal zur Oper vorgestoßen. Er straft damit das deutsche Vorurteil Lügen, daß eine Dirigentenlaufbahn erfolgreich nur über den Weg der Oper beschritten werden könne. Ohne irgendwelche Erfahrung als Korrepetitor oder Kapellmeister an einem Opernhaus gesammelt zu haben, stürmt Maazel die Orchestergräben der bedeutendsten Opernhäuser der Welt. 1962 dirigiert er an der Met in New York den «Don Giovanni» und leitet eine Neueinstudierung von Straussens «Rosenkavalier». 1963 stellt er sich bei den Salzburger Festspielen mit einer Reprise von Mozarts «Hochzeit des Figaro» vor, und im Herbst desselben Jahres feiert er mit Wagners «Tristan und Isolde» bei den Berliner Festwochen an der Deutschen Oper einen Triumph, der mit dem spektakulären Erfolg des jungen Karajan ein Vierteljahrhundert zuvor an der Staatsoper Berlin verglichen wird.

Berlins Antwort auf Maazels außergewöhnliche künstlerische Leistungen an der Deutschen Oper, deren Japan-Tournee Ende 1963 er leitet, sowie mit dem Radio-Sinfonie-Orchester (RSO) läßt nicht lange auf sich warten. Maazel wird 1965, mit 35 Jahren, als Nachfolger des 1963 verstorbenen Ferenc Fricsay zum Generalmusikdirektor der Deutschen Oper und zum Chefdirigenten des RSO bestellt. Damit beginnt für Berlins Musikleben eine neue Ära, die bestimmt wird durch das Wirken zweier Ausnahmeerscheinungen auf der internationalen Musikszene: Karajan und Maazel. In die Oper bringt Maazel neue Impulse, sie wird unter seiner künstlerischen Leitung wieder Deutschlands repräsentativstes Operninstitut. Und mit seinen RSO-Konzerten bezieht er partnerschaftliche Gegenposition zu den Konzerten der Berliner Philharmoniker. Maazel hat den ersten Höhepunkt seiner Karriere erreicht.

In den sechs Jahren seiner Tätigkeit als Generalmusikdirektor der Oper – sie währt bis 1971 – baut sich der einstmals opernunerfahrene Pultstar systematisch ein beträchtliches Repertoire auf. Insgesamt leitet er in dieser Zeit vierzehn Opern-Neueinstudierungen und fünf Übernahmen. Die zyklischen Programme seiner Konzerte werden zu attraktiven Akzenten im Berliner Musikleben. Auch nach 1971 bleibt Maazel, der sich inzwischen als einer der brillantesten und kompetentesten Verdi-Dirigenten neben Toscanini und de Sabata erweist, dem Haus verbunden.

«Ich muß sagen, daß mir diese sechs Jahre als Generalmusikdirektor sehr viel bedeutet haben. Ich habe an der Oper etwas aufgebaut. Von 1971 bis 1975 habe ich dann als Gastdirigent an der Deutschen Oper einen neuen Vertrag mit Neuinszenierungen von ‹Elektra›, ‹Don Giovanni› und ‹Ein Maskenball› erfüllt. Ich bin ein großer Verdi-Liebhaber. Den Schwerpunkt meiner Tätigkeit möchte ich jetzt aber von der Oper aufs Konzert verlagern. Meine Beziehung zur Deutschen Oper wird auch weiterhin bestehen bleiben. Ich werde, wenngleich seltener, auch in Zukunft Neuinszenierungen mit den dazugehörenden Repertoirevorstellungen leiten, so daß man, obwohl ich nicht sehr fest ans Haus gebunden bin, auch dann ohne weiteres wird sagen können, daß diese Inszenierungen von mir ‹stammen›.»

Im Frühjahr 1975 geraten die Beziehungen Maazels zur Berliner Oper im Zusammenhang mit der anstehenden Wahl des Generalintendanten der Oper in eine

Lorin Maazel ist ein Musiker von fesselnder Intelligenz, ein Dirigent, der mit brillanter Schlagtechnik mit Vorliebe Rhythmisches akzentuiert, ein Perfektionist, Pultstar und Meister des durch den Intellekt kontrollierten Effekts.

«Little Lorin», das dirigierende Wunderkind, gab 1938 mit acht Jahren sein Debüt als Geiger. Obwohl sich Maazel später dem Dirigieren zuwandte, ist er – Demonstration ungewöhnlicher Doppelbegabung – auch heute noch gelegentlich solistisch tätig. Lorin Maazel spielt eine Guadagnini aus dem Jahre 1783.

Krise. Die Vorgänge um die Intendantenwahl werden öffentlich diskutiert, wobei Maazel und Karajan in der Kandidatenfrage kritisch Stellung beziehen. Ein in der überregionalen deutschen Presse veröffentlichter offener Brief des Berliner Kultussenators an Lorin Maazel verhärtet die Fronten eher, als daß er sie entschärft. Maazel, der bereits zum zweitenmal als Nachfolger im Intendantenamt im Gespräch war, mußte sich durch den Senat brüskiert und zurückgesetzt fühlen.

Maazel reagiert auf seine Weise. Er zieht sich aus dem Musikleben der Stadt, in dem er viele Jahre hindurch eine zentrale Rolle gespielt hat, zurück und bittet das Radio-Sinfonie-Orchester Berlin, ihn aus seiner Position als deren Chefdirigent zu entlassen, da er «äußerer Umstände» wegen sich nicht in der Lage sehe, seiner Aufgabe beim RSO gerecht zu werden. Maazel konzentriert sich fortan ganz auf seine Tätigkeit als Chefdirigent des Cleveland Orchestra. Vom New Philharmonia Orchestra in London, dem er seit 1970 als assoziierter Chefdirigent vorstand, hatte er sich bereits 1972 wieder gelöst. In Cleveland versucht Maazel nun das zu verwirklichen, was er in Berlin nicht hat realisieren können.

«Ich glaube an die Mitwirkung des Publikums am Konzert. Deshalb praktiziere ich in Cleveland auch neue Konzertformen, in denen das Publikum selbst als Ausführender mitwirkt. Ich führe da zum Beispiel Chorsinfonien auf, in denen sich der Chor aus einem jugendlichen Publikum rekrutiert, das zum Teil noch nie ein Konzert gehört hat. Es sind Schüler und Studenten zwischen elf und sechzehn Jahren. Das junge Publikum sitzt also nicht gelangweilt und desinteressiert im Saal, sondern ist mit Begeisterung an der Aufführung selbst beteiligt und darauf eingestellt. Denn die Schüler werden in den Schulen auf das Konzert vorbereitet, sie lernen dort ihren Chorpart. Und zur Aufführung versammeln wir uns dann zu einem großen Chor, etwa 1400 bis 1500 Studenten, und führen das Werk, die Zweite Sinfonie von Mahler oder die Neunte Sinfonie von Beethoven zum Beispiel, in einem Konzertsaal mit rund 8000 Plätzen auf. Von solchen Veranstaltungen halte ich mehr als von Freilichtmassenkonzerten, bei denen das Publikum nur dasitzt und zuhört. Ich schätze, daß etwa dreißig Prozent aller Bewohner unseres Kulturraums ab und zu klassische Musik hören, im Rundfunk, auf Schallplatten, im Fernsehen. Und warum tun sie das? Weil sie verstanden haben, daß Volks- und Unterhaltungsmusik wie etwa Pop, Soul und Rock nur begrenzte musikalische Bedeutung haben. Ich bin, was das Musikverständnis des Publikums betrifft, sehr positiv eingestellt.»

In Weiterführung des bereits 1946 durch Szell angeregten Ausbildungsprogrammes für junge Dirigenten hat Maazel in Cleveland ein sogenanntes Conducter's Symposion gegründet, um Assistenten zu finden.

«Die Kandidaten müssen Obstacle-Course, eine Art Prüfung, absolvieren, der nicht ganz einfach ist und mit Dirigieren zunächst nichts zu tun hat. Sie müssen sich über musikalische Kenntnisse und Fähigkeiten allgemeiner Natur ausweisen. Sie müssen musikalisches Talent zeigen und uns erkennen lassen, daß sie Musiker sind. Dann, wenn man fühlt, daß sie musikalisch etwas zu sagen haben, kommen sie vor das Orchester. Und wenn der Kandidat eine Begabung zum Interpretieren zeigt, nehmen wir ihn. Ich hoffe, daß ich meine Kollegen davon überzeugen kann, daß ein solches Auswahlsystem doch gut ist. Denn damit können wir diese ‹one-day-wonders›, diese Eintagsfliegen, ausschalten, diese jungen Künstler, die über

Nacht weltberühmt und ebensoschnell wieder vergessen werden. Sie haben zwar einen Wettbewerb gewonnen, besitzen aber keine Erfahrung und kein Repertoire, und dann kommt ein Schallplattenproduzent, der in dem jungen Künstler ein Geschäft sieht.

Aber der Produzent ist nicht dazu berufen, er hat nach vielen Jahren vielleicht ein gewisses Fingerspitzengefühl dafür, was eine Begabung sein könnte, aber weiß er es auch wirklich?

Was bereits arrivierte Leute betrifft, so höre ich sie mir persönlich an, und wenn ich den Eindruck habe, daß ein Dirigent etwas mitzuteilen hat, dann lade ich ihn ein. Ich will Dirigenten haben, die wissen, was sie tun. Damit scheiden neunzig Prozent von vornherein aus. Dann will ich Gastdirigenten haben, die dem Orchester etwas zu sagen und zu geben haben. Das kann ich auch dann erkennen, wenn ein Dirigent mit einem Werk etwas tut, was ich persönlich nicht mag. Wir leben in einer freien Welt. Wenn ein Kandidat bei mir die Tür verschlossen findet, dann kann er anderswo sein Glück versuchen. Es gibt freilich einen objektiven Maßstab zur Beurteilung des Talentes.»

Von Maazel wird gesagt, er sei ein Musiker, der mehr mit dem Intellekt als mit dem Gefühl arbeite. Daß er nicht selten gefragt wird, wo bei ihm der Musiksinn verankert sei, mehr im Kopf oder im Herzen, ist ein Indiz dafür, daß seine Persönlichkeit so leicht nicht zu erfassen ist. Mit der Frage, was hinter der Fassade seiner brillanten Technik liegt, verbindet sich auch ein leichter Zweifel, ob sich überhaupt etwas dahinter verberge. Ohne Zweifel, Maazel ist ein Musiker von fesselnder Intelligenz. Ein Dirigent, der Rhythmisches akzentuiert, ohne es jedoch zu übertreiben; er hat einen untrüglichen Nerv für das Wesen einer Komposition, ist überlegen in der Gestaltung der Details und schwungvoll in der großen Linie. Sein Musizieren zeichnet sich durch federnde Gespanntheit aus. Unterscheidet Maazel zwischen Intellekt und Intuition? Kann er auch etwas über seinen Interpretationsstil sagen?

«Ich glaube, daß die Trennung zwischen Intellekt und Intuition ganz willkürlich ist. Ich glaube, nur wer keine Intuition hat, spricht von Intellekt. Und wer immer von Gefühlen spricht, hat wahrscheinlich gar keine. Wer aber ein Gleichgewicht findet, erkennt, daß alles völlig nutzlos im Künstlerischen ist, wenn die Intuition fehlt. Meinen Interpretationsstil kann ich nicht beschreiben, weil ich keinen habe. Wann immer ich etwas über meinen sogenannten Stil lese, muß ich lachen. Stil ist nur eine Äußerlichkeit, so wie die Kleidung eines Menschen, die verschiedenen Modetrends unterworfen ist. Also ich glaube nicht an einen Stil, obwohl ich sehr stilbewußt bin! Ich meine damit, daß zum Beispiel ein Diminuendo oder ein Sforzato bei Schubert eine ganz bestimmte Bedeutung hat, die eben nur zu Schubert paßt. Aber das ist für mich so selbstverständlich, daß ich gar nicht daran denke. Wenn jemand von einem sogenannten Mozart-Stil spricht, dann hat er schon verloren. Nicht nur ist jede Mozart-Sinfonie eine ganze Welt für sich – jeder Satz, jeder Takt ist es. Da gibt es so viele Mozartensembles; aber sie spielen alles gleich, nie zu laut, nie zu leise, nie zu schnell, nie zu langsam. Das ist katastrophal, und es macht mich krank.»

Wie empfindet er Musik – hört er sie in Farben?

«Nein, Farbenhören, das ist alles künstlich. Die verschiedenen Stimmen sind wie Worte für mich. Sie sind wie ganz kleine Unterhaltungen. Und natürlich hat jede Unterhaltung ihre eigene Farbe. Aber ich sehe keine Farben, wenn ich die Augen schließe und Musik höre.»

Dient Musikmachen ihm mehr zur eigenen Erbauung, oder will er das Erlebnis seiner «Spaziergänge» mit anderen teilen?

«Nun, ich bin selbst ein Teil des Publikums, denn jeder Interpret hört die Musik, wie ein Zuhörer sie hört. Sonst kann er sie nicht modellieren, kann ihr keine Richtung geben. Wenn ich dirigiere, höre ich komischerweise fast gleichzeitig schon den nächsten Takt. Dabei bin ich aber völlig auf den Takt konzentriert, der gerade erklingt. Ich empfinde während des Dirigierens die Anwesenheit des Publikums geradezu körperlich. Ganz besonders gern dirigiere ich in der Royal Festival Hall in London, weil dort, wie übrigens auch in der Berliner Philharmonie, ein Teil des Publikums hinter dem Orchester sitzt. Zwar bin ich mir während des Musizierens nicht unmittelbar bewußt, daß das Publikum da ist, ich schaue es auch nicht an, aber unterschwellig weiß ich, daß vor mir einige hundert meist junge Menschen sitzen und mir zuhören. Und ich bin sehr glücklich, wenn ich während der Satzpausen bei diesen jungen Hörern das Auge des Liebhabers entdecke, wenn ich ihre Aufgeschlossenheit für die Musik und ihre Bereitschaft sehe, mit mir diesen Spaziergang zu machen. Und ich nehme sie mit.»

Wie kommt diese Verbindung mit dem Publikum zustande?

«Es ist eine telepathische Energie, das ist für mich klar. Man spürt diese Verbindung mit dem Publikum. Wir stehen ja als Menschen noch ganz am Anfang unserer Entwicklung. Wir werden uns vielleicht eines Tages ohne Worte verständigen können. Nur durch Gedankenübertragung. Ich habe selbst einmal ein Erlebnis gehabt, das in diese Richtung weist. Ich hatte einem italienischen Freund einen komplizierten Sachverhalt auf englisch erklärt. Im ersten Moment hatte ich gar nicht daran gedacht, daß er überhaupt nicht Englisch spricht. Aber er hatte ganz genau verstanden, was ich meinte. Er selbst war darüber außerordentlich verblüfft. Das muß also solch ein telepathischer Vorgang gewesen sein. Und genauso ist es im Konzertsaal, es entsteht ein Fluidum, das die Verbindung zwischen mir und dem Publikum herstellt. Es ist dasselbe Fluidum, wie wenn ich am Ende meines Taktstockes das Orchester spüre.»

Glaubt Maazel, als Künstler eine Mission zu erfüllen?

«Nein, das wäre eine Herabsetzung der Kunst und des Geistes. Ich weiß, an wen Sie bei dieser Frage denken. Ich halte das einfach für eine Anmaßung.»

Musik als Weltsprache, was hält er davon?

«Die sogenannte Weltsprache ist nur eine Anerkennung der heutigen Praxis der Interpretation. In zwanzig Jahren wird sie sich gänzlich verändert haben.»

Kritik ist der Schatten der Kunst. Wie verhält sich Maazel ihr gegenüber?

«Es ist eine Angelegenheit des Respekts. Es hängt davon ab, wie gut der Kritiker die Landschaft kennt, die ich durchwandere. Wenn ein Musiker, der das Stück wirklich kennt und völlig in ihm zu Hause ist, mir sagt, so geht es nicht, ich weiß, was du erreichen willst, aber du hast es nicht erreicht, und er mir Gründe dafür angibt, dann höre ich ganz genau zu. Denn es gibt Geheimnisse, die kann nur entdecken, wer diese Landschaft wirklich kennt. Wer draußen steht, wer diese Landschaft nur als Bild gesehen hat in einer zweidimensionalen Reproduktion, wer also diesen Spaziergang nicht selbst gemacht hat, der ist nicht in der Lage, einem Künstler etwas zu sagen. Das bedeutet nicht, daß es keine Kritiker gibt, die dazu nicht imstande wären. Es gibt viele Kritiker, die Musiker sind und ein Stück so gut kennen, daß das, was sie sagen, stimmt. Das spürt man, wenn man die Kritik liest. Es ist, als würde jemand den Finger auf eine offene Wunde legen. Das schmerzt. Aber ich muß sagen, mich schmerzt es nie.»

Gibt es so etwas wie eine Verzweiflung des Interpreten vor dem Werk?

«Der Komponist, der vor einem leeren Notenblatt sitzt, sieht sich mit der unfaßbaren Vielfalt der Musik konfrontiert. Das leere Blatt bedeutet alles oder nichts. Im Moment, wo er beginnt, eine Note zu schreiben, begrenzt er diese Vielfalt. Der große Komponist versucht, trotz dieser Einschränkung anzudeuten, was er sagen will. Die Aufgabe des Interpreten ist es nun, diese Andeutungen zu erkennen und zu realisieren. Aus lauter Verzweiflung, weil er seine Intentionen irgendwie deutlich machen muß, greift der Komponist auf Vortragszeichen zurück. Natürlich völlig ohne Erfolg. Was bedeutet ‹forte›, was ‹piano›, wie schwer oder wie scharf hat ein Sforzato zu sein? Das alles sind vage Bezeichnungen, die an sich nichts aussagen. Ein Interpret ohne Phantasie muß hier verzweifeln. Aber ein Interpret ohne Phantasie ist eben keiner.

Ich habe das oft mit Opernsängern erfahren: Man will an einer gewissen Stelle einen ganz bestimmten Ausdruck erreichen. Arbeitet man nun mit einem Sänger ohne Phantasie, so wird er zwar nach zwei Wochen harter Proben ganz genau das tun, was ich will. Aber es ist eine Parodie dessen, was es sein sollte. Künstlerisch eine Katastrophe. Einem Sänger mit Phantasie braucht man jedoch nur einen Wink zu geben, während der Aufführung sogar nur eine kleine Bewegung mit dem Kinn zu machen, und er versteht sofort, was ich meine. Er hat ein Gefühl dafür, er ist eben ein Interpret, und mit ihm muß man fast nicht arbeiten.»

Dem Interpreten ist bei der Gestaltung eines Werkes ein relativ großer Spielraum gegeben. Was hält Maazel von der mittlerweile durch die Schallplattenindustrie weitverbreiteten Praxis, Werke in sogenannten historischen Besetzungen, also mit Instrumenten früherer Zeiten, aufzuführen?

«Das Ergebnis einer solchen Wiedergabe ist natürlich völlig künstlich. Denn eine authentische Wiedergabe wird man damit nicht erreichen, und das wird ja vom Klangbild her angestrebt. Vielleicht ist es musikwissenschaftlich von Interesse. Aber es ist sinnlos, etwas in eine längst vergangene Zeit zurückversetzen zu wollen. Ich glaube nicht, daß man das heute wirklich hören will. Etwas anderes sind historische Platten – die sind oft wunderbar und faszinierend. Wenn ich Schallplatten höre, dann genügt mir ein ganz einfacher Plattenspieler. Stereo- und Quadrophonie sind für mich als Hörer völlig uninteressant, weil ich ohnehin eine genaue räumliche Vorstellung vom Orchester habe. Meistens höre ich Musik auch nur mit geringer Lautstärke.»

Seit seiner Berufung zum Chefdirigenten des Berliner RSO hat Maazel mit diesem, aber auch mit anderen international bekannten Orchestern zahlreiche Schallplattenaufnahmen gemacht. Seine Diskografie ist ebenso umfangreich wie breitgefächert. Die Spannweite des aufgenommenen Repertoires reicht vom Barock bis ins 20. Jahrhundert. Maazels Interpretationen zeichnen sich durch nervöse Hochspannung, federnde Akkuratesse, Eleganz und Brillanz aus. Dies ist nicht nur an seinen Einspielungen der Orchestersuiten von Bach sowie von Händels Wassermusiksuite und Feuerwerksmusik mit dem RSO zu erkennen. Auch in seiner Gesamtaufnahme der Sinfonien von Tschaikowsky mit den Wiener Philharmonikern, die 1966 mit dem Preis der deutschen Schallplattenkritik ausgezeichnet wurde, wird dies deutlich. Für die Einspielung des gesamten sinfonischen Werkes von Sibelius, gleichfalls mit den Wiener Philharmonikern, erhielt er die finnische Sibelius-Medaille. Maazels Zusammenarbeit mit dem Cleveland Orchestra hat ebenfalls bereits zu einer Reihe aufsehenerregender Produktionen geführt. So wurde die aus dem Jahre 1973 stammende Aufnahme des vollständigen Ballettes «Romeo und Julia» von Prokofieff mit dem Grand Prix du Disque in Frankreich, dem Edison-Preis in Holland, dem Special Merit in England und mit drei Grammy-Nominierungen in den USA bedacht. Seine Einspielung der «Traviata» von Verdi mit Lorengar, Aragall und Fischer-Dieskau setzte verbindliche Maßstäbe, genauso wie die Aufnahme der Puccini-Oper «Tosca» mit Nilsson, Corelli und Fischer-Dieskau und dem Chor und Orchester der Accademia di Santa Cecilia in Rom.

Lorin Maazel ist seit dem 29. September 1969 in zweiter Ehe mit der aus Haifa stammenden Pianistin Israela Margalit verheiratet. Dieser Ehe entstammen sein einziger Sohn und eine Tochter. Den Sohn hat er, ein großer Freund des Theaters und Bewunderer von Sean O'Casey, nach ihm benannt. Aus der ersten Ehe mit Miriam Sandbank, die 1952 geschlossen wurde, hat Maazel zwei Töchter. Seit 1973 ist Israela Margalit nur noch selten öffentlich aufgetreten, was nur zum Teil mit ihren Mutterpflichten zusammenhängt.

«Ich finde sie ganz wunderbar, sie ist eine fabelhafte Künstlerin. Ich dränge sie nicht wieder Konzerte zu geben. Aber ich glaube, sie wird doch wieder auftreten.»

Bedingt der Anspruch, Künstler zu sein, nicht auch den Kontakt mit dem Publikum?

«Nur mit Einschränkung. Ein Interpret, also jemand, der auf Musik zu reagieren imstande ist, kann sich auch ganz allein zu Hause mit dem Werk beschäftigen. Ist es ein Orchesterstück, dann braucht er dazu nicht einmal ein Orchester. Es genügt die Partitur. Denn in seiner Phantasie verfügt er über das idealste Orchester. Wenn er so die Partitur liest, dann hat er ein Konzert gegeben und gehört. Und er ist zufrieden dabei. Wenn er aber den Kontakt zu anderen haben will, dann muß er Konzerte geben. Und das setzt wieder die Liebe zu seinen Hörern voraus. Der Künstler muß dann aber auch spüren, daß es einen Sinn hat, vor dem Publikum zu spielen. Meine Frau hat das Erlebnis der Kommunikation durch das Konzert gehabt, viele hundertmal. Wenn sie nun wieder auftritt, dann muß sie sicher sein, das Publikum überzeugen zu können, und daß die Leute gekommen sind, um sie als Künstlerin zu hören und durch sie Musik besser zu verstehen.»

Im Herbst 1975 stellte sich Maazel, der zweite Amerikaner unter den bisher fünf Musikdirektoren des Orchesters, mit dem Cleveland Orchestra als sein neuer Chefdirigent in Europa vor. Diese vierte Europatournee des Weltklasseorchesters wurde zu einem ganz persönlichen Triumph Maazels. Ob in London, Wien, Berlin,

Paris, München oder Frankfurt – überall wurde von der Kritik bestätigt, daß das Orchester von der Qualität, die es unter Szells jahrelanger Leitung erreicht hatte, nicht nur nichts eingebüßt, sondern die klangliche Balance und Brillanz des Spiels sogar noch gesteigert hat. Die Kritik vertrat einhellig die Meinung, daß für Szell kein besserer Nachfolger hätte gefunden werden können. Maazel, der Perfektionist, Pultvirtuose und Meister des durch den Intellekt kontrollierten Effekts, will sich in Cleveland noch intensiver der Moderne widmen.

«Ich finde, daß die Musik unserer Tage viel interessanter ist als diejenige aus der Zeit von etwa 1960 bis 1970. Was moderne Musik anbelangt, so habe ich keine Vorurteile. Ich dirigiere alle Arten von Musik. Aber ich muß überzeugt sein, daß der Komponist wirklich etwas zu sagen hat und kein Scharlatan ist. Beim Studium einer neuen Partitur erkenne ich sofort, ob sie gut ist. Dann versuche ich, eine Einstellung zu dem Werk zu finden. Das geschieht grundsätzlich ohne Hilfe eines Tonbandes. Ich bin sicher kein Hellseher, doch ich traue mir zu, zu erkennen, ob etwas gut ist, auch wenn es mir grundsätzlich fremd ist. Übrigens ist nichts einfacher, als eine komplizierte Partitur zu schreiben, die interessant aussieht. Inzwischen habe ich in Cleveland einen Konzertzyklus für zeitgenössische Musik eingerichtet. Es werden dabei sowohl Werke arrivierter Komponisten als auch Neuentdeckungen vorgestellt. Ich berücksichtige das ganze Spektrum.»

Die Geige war Lorin Maazels erstes Instrument. Trotz seiner märchenhaften Karriere als Dirigent hat er das Violinspiel, in dem sich seine musikalische Begabung nicht minder manifestiert, nie vernachlässigt. In zahlreichen Konzerten hat er Beweise seiner für die heutige Zeit ungewöhnlichen Doppelbegabung geliefert. Maazel spielt eine Guadagnini aus dem Jahre 1783.

«Obwohl ich stets als Dirigent Karriere machen wollte, habe ich es doch nicht über mich gebracht, das Geigenspiel völlig aufzugeben. Im Gegenteil, ich fühlte, daß ich nach so vielen Jahren des Dirigierens wieder andere musikalische Bereiche entdecken mußte, wobei mir die Geige beste Hilfe leistet.»

Lorin Maazel, Ehrendoktor der Musik der Universität von Pittsburgh und ausgezeichnet mit dem Doctor of Humane Letters vom Beaver College in Glenside, Pennsylvania, hat neben seinen beiden großen und praxiserprobten Talenten – dem Dirigieren und dem Geigenspiel – ein drittes, das er jedoch ganz im geheimen pflegt: Komponieren. «Ich komponiere selber auch – noch nicht für die Öffentlichkeit, aber ich habe es vor, ja. Vielleicht eines Tages. Ich bin sehr kritisch gegen mich selbst und frage mich immer wieder: Warum noch ein Stück? Ich werde es aber trotzdem tun. Nur muß ich überzeugt sein, daß, was ich mit meinem Werk sagen will, wirklich Gewicht hat. Bis jetzt ist es noch nicht so ganz der Fall. Aber es macht dennoch Spaß.»

Yehudi Menuhin

Wunderkinder sind in der Geschichte der Interpreten des 20. Jahrhunderts nichts Außergewöhnliches. Nahezu die Hälfte der bedeutendsten Interpreten dieses Jahrhunderts, seien es Instrumentalisten oder Dirigenten, haben bereits im Kindesalter ein Instrument in solch erstaunlicher Weise beherrscht, daß die öffentliche Zurschaustellung ihrer instrumentalen Fertigkeit sich geradezu zwangsweise, zumindest aber folgerichtig ergab. Von den in diesem Buch zu Worte kommenden dreizehn Künstlern haben nicht weniger als sieben – Arrau, Weissenberg, Maazel, Menuhin, Milstein, Szeryng und Zukerman – für kürzere oder längere Zeit als Kind das Interesse der Musikwelt auf sich gelenkt. Einer von ihnen, Yehudi Menuhin, avancierte geradezu zum Prototyp des Wunderkindes, dieser absonderlichsten Spezies im artenreichen Revier der Künstler. Das war, neben seiner ungewöhnlich frühen künstlerischen Reife, auch durch die Umstände der Zeit und des Ortes bedingt. Menuhin, zehn Jahre früher oder zehn Jahre später und nicht in den USA, sondern in Europa geboren, wäre wohl kaum zu jener Legende geworden, der die von Amerika ausgehende und alle bisherigen Erfahrungen in diesem Bereich hinter sich lassende Glorifizierung eines geigenden Jungen die entscheidenden Impulse gab.

Doch der frühe Ruhm des zum Begnadeten hochgelobten Wunderkindes, die Aura des Legendären, die bereits vor dem Zweiten Weltkrieg die Person Menuhins und sein Leben umgab – sie schufen die Voraussetzung zu einem Phänomen, das Menuhin mit Toscanini und Karajan teilt: Inbegriff des Geigers über seinen Wirkungskreis hinaus auch für diejenigen zu sein, denen Musik und Künstlertum kaum etwas bedeuten. Die enorme Publizität, die Menuhin spätestens seit seinem von enthusiastischem Beifall umbrandeten und von kritikloser Bewunderung begleiteten Konzert 1927 in der New Yorker Carnegie Hall unter der Leitung von Fritz Busch genießt, macht verständlich, warum gerade sein Name und nicht der von Heifetz oder Milstein, die beide Menuhin an virtuoser Beherrschung des Instrumentes überlegen sind, stellvertretend für Geigenkunst schlechthin steht.

Beweis dieser außergewöhnlichen Popularität ist nicht zuletzt der Umstand, daß der Name Menuhin auch als wirksames Mittel der Werbung eingesetzt wurde. So wissen wir spätestens seit dem August 1975, «wie Yehudi Menuhin die Tempi mißt». Nein, nicht mit dem altehrwürdigen Metronom des Instrumentenmachers Johann Nepomuk Mälzel. Menuhin mißt die Tempi mit dem Chronometer Rolex Day-Date, einem Präzisionserzeugnis der Schweizer Uhrenindustrie. «Mit dieser Uhr und meiner Partitur kann ich sein, wo ich will – und sei es auf dem Mond! Sie braucht keinen Uhrmacher. Sie ist mein Metronom.» Auf einer ganzseitigen Anzeige, erschienen in Magazinen und Illustrierten, wurde da dem Leser unter anderen aufschlußreichen Details Menuhins Ansicht kundgetan, daß, wer an die neunzigmal im Jahr fliegt, eine so absolut zuverlässige Uhr wie die Rolex braucht. Der geneigte Leser erfuhr aber auch etwas über Menuhins kostbarsten Besitz, seine Geigen. Er hat demnach eine «Stradivari», eine «Guarnerius», eine «Del Gesu» und von den modernen Violinen eine «Capicchioni». Etwa ein Jahr lang, so wurde weiter verraten, spielt er auf einer seiner Lieblingsviolinen und wechselt dann zu einer anderen. Der Anzeigentext schloß nicht ohne den Hinweis, daß des großen Geigers Begeisterung für diese nur in Gold gefertigte Uhr sogar soweit ging, auch seiner Frau zu Weihnachten eine Rolex Lady-Date zu schenken. Menuhin, bekräftigend: «Meine Violine, meine Partitur, meine Uhr. Ich brauche weder Publikum noch einen Uhrmacher!» Und Rolex selbst resümiert die Qualität der eigenen Produkte lakonisch und selbstbewußt: «Was spricht mehr für sie als ihr Träger!»

Menuhin braucht selbst jenen nicht vorgestellt zu werden, denen Musik kein vorrangiges Anliegen ist. Für sie ist er der Geiger, ja der Künstler schlechthin. Daß sein Name sogar in ihre Kreise ausstrahlt, ist gewiß nicht allein die Folge eines publizitätssüchtigen Musikbetriebes und einer – man vergegenwärtige sich die Berichte über die Menuhin-Konzerte der dreißiger Jahre – hysterischen, die Maßstäbe verlierenden Musikkritik. Es liegt auch in Menuhins künstlerischem Wirken und in seiner Person selbst begründet. Wie kein anderer Instrumentalist dieses Jahrhunderts verkörpert er mit seinem Interpretentum die humane Kraft der Kunst. Während des Zweiten Weltkrieges reiste Menuhin, vom Kriegsdienst freigestellt, unter oft abenteuerlichen Umständen von Soldatenabend zu Soldatenabend, mit seiner Musik die Härten des Krieges zu mildern hoffend, der alle Kultur auszulöschen drohte. Seine Geige erklang in Krankenhäusern und Lazaretten, auf Schiffen und in Militärcamps. Er stellte sich für Benefice-Konzerte zugunsten des Roten Kreuzes, der Hilfe für Rußland und anderer karitativer Organisationen zur Verfügung. In einem amerikanischen Bomber flog er auf die Aleuten. «Ich war damals wohl der erste Geiger, der Musik dahin brachte. Da waren aber keine Einheimischen zu sehen, nur amerikanische Soldaten», erinnert sich Menuhin heute lächelnd. In insgesamt über 500 Konzerten für die alliierten Streitkräfte und das Rote Kreuz kämpfte er auf seine Weise für den Frieden. Wenige Wochen nach der Befreiung von Paris spielte er zur Eröffnung der Oper; 1945 war er der erste Künstler, der im befreiten Brüssel, Antwerpen, Bukarest und Budapest auftrat und durch die Musik den vom Krieg Geschundenen neue Hoffnung zu geben versuchte. Im Mai 1945, noch vor Kriegsende, spielte er auch in Moskau, wo er den Kontakt zu David Oistrach knüpfte (der bis zu dessen Tod im Oktober 1974 nicht mehr abreißen sollte) und mit ihm das Doppelkonzert von Bach aufführte. 1947 schließlich war er wiederum der erste, der im zerstörten Berlin unter dem im Ausland wohl nicht ganz zu Unrecht stark angefeindeten Furtwängler in demonstrativer Geste ein

Konzert gab und dergestalt seine Hand zur Versöhnung reichte. Nach dem Krieg verzichtete er mehrfach auf die Honorare seiner Konzerte zugunsten deutscher Flüchtlingskinder, und die Einnahmen seiner Konzerte in Indien, wo er 1952 und 1954 konzertierte, übergab er dem Notstandsfonds.

Menuhins Streben, mit seiner Kunst Menschen zu versöhnen und Not zu lindern, fand die Anerkennung der UNO, die ihn «als einzigen Künstler, der die ganze Welt vertritt» zur Jahresfeier der Erklärung der Menschenrechte einlud. Die ersten Jahre nach dem Krieg waren für Menuhin auch Jahre der Ehrungen, die sein Wirken im Zeichen einer universalen Humanität durch die Kraft der Musik würdigten. So wurde ihm 1945 das Ritterkreuz der Französischen Ehrenlegion verliehen. Papst Pius XII. gewährte ihm 1949 eine Privataudienz, und Indiens Premierminister Pandit Nehru, auf dessen Einladung Menuhin nach Indien gereist war, erklärte: «Das ist ein Mann, der wie ich an das Prinzip der alles umfassenden Liebe glaubt.» Belgien verlieh ihm den Leopold-Orden und den Orden de la Couronne und die Bundesrepublik Deutschland das große Bundesverdienstkreuz. Und 1951 war er es, der zusammen mit seiner Schwester Hephzibah das Eröffnungskonzert der Londoner Royal Festival Hall bestritt.

Gewollt oder ungewollt: Zu dem mit den Jahren eher hinderlich wirkenden Etikett des begnadeten Wunderkindes kam in jener Zeit noch dasjenige eines Friedensstifters mit der Geige hinzu. Und als Menuhin sich der indischen Yogalehre zuwandte, was einer interessierten Öffentlichkeit natürlich nicht verborgen blieb, bildete sich auch noch der Mythos des meditierenden und dem Transzendenten hingegebenen Künstlers. Doch ein Zuviel solch gutgemeinter Attribute kann auch zum Ballast werden und den Blick auf das Wesentliche des Künstlers – in diesem Falle sein Wirken als Musikinterpret – allzuleicht verstellen. Die permanente Identifikation seiner interpretatorischen Tätigkeit mit einer wie auch immer gearteten Mission brachte Menuhin auch manch nachsichtiges Lächeln ein von einer Seite, die durchaus nicht davon überzeugt ist, daß Musik ein probates Mittel zur Befriedung der Welt sei. Aber eigentlich war es nicht Menuhin selbst, der seine Kunst mit Weltanschauung befrachtete; es war eine ihm blind ergebene Anhängerschaft, die sein Wirken in diesem Lichte zu sehen wünschte. Menuhin selbst sieht die Dinge heute viel nüchterner:

«Befriedung der Welt und Völkerverständigung durch Musik sind, glaube ich, leider nicht möglich. Man kann nur im Augenblick des Musizierens die Herzen anderer rühren. Das ist dann ein Moment der Harmonie, da alle das gleiche fühlen, da wir verbunden und gebunden sind in einem wohltuenden Erlebnis. Aber nach dem Konzert, wenn der Mensch mit den Schwierigkeiten des Lebens, seinen Schwächen und dem, was die Gesellschaft heutzutage zerreißt, konfrontiert wird, da hat die Musik keine Macht mehr. Die großen Gedanken, die waren doch immer schon da und haben uns doch nicht dazu gebracht, Schrecklichem auszuweichen. Musik ist eine Äußerung des Menschen. Oft ist es sogar so, daß der Mensch die Musik um so tiefer spürt, je mehr er leidet und empfindet, was traurig ist im Leben. Dann ist ihm die Musik ein Trost. Er fühlt sich besser, weil er durch sie befreit wird. Als Kind aber, so mit zehn oder zwölf Jahren, bildete ich mir wirklich ein, daß die ganze Welt in Frieden leben würde, wenn ich nur die Chaconne von Bach in der

Sixtinischen Kapelle spielte. Eine kindliche Illusion, die ich inzwischen verloren habe. Aber ich schätze die Chaconne heute noch mehr als damals.»

Yehudi Menuhin bin ich zum erstenmal während der Probe zum Eröffnungskonzert der Internationalen Musikfestwochen Luzern 1961 begegnet. Ferenc Fricsay leitete die Probe des schweizerischen Festspielorchesters. Es sollte sein letztes Konzert bei den Festspielen in Luzern werden – er starb im Februar des darauffolgenden Jahres. Auch wenn wir nicht gewußt hätten, wie schlecht es um ihn stand, wir hätten es ihm sogleich ansehen können. Fricsay, von der Krankheit schwer gezeichnet und ausgezehrt, leitete jedoch die Probe mit bewundernswerter Bestimmtheit und sichtbarem Engagement. Das Programm umfaßte das Violinkonzert von Tschaikowsky, die Siebente Sinfonie von Beethoven und die Uraufführung der Sinfonie C-Dur von Zoltan Kodaly, deren Probe der alte Kodaly vom Parkett aus aufmerksam verfolgte. Wenn mir auch heute noch Fricsays heisere und nur noch knappe Anweisungen gebende Stimme im Ohr ist, so war doch die Faszination, die Menuhin damals auf mich ausübte, stärker als Fricsays nüchterner gewordener Probenstil. Menuhin war zu dieser Zeit bereits 45 Jahre alt und repräsentierte damit über 35 Jahre Musikgeschichte.

Den großen Künstler hatte ich mir damals, nach dem, was man über ihn erzählt hatte, ganz anders vorgestellt. Doch es erschien ein leicht untersetzter, fahlgesichtiger und eher unscheinbar wirkender Herr mit einem scheuen Lächeln auf den Lippen und merkwürdig zerfahren wirkendem Blick; ein paar Strähnen des sich lichtenden Kopfhaares hingen ihm ins Gesicht. Und so ganz nebenbei trug er seinen Geigenkasten. Es hätte auch eine Aktentasche oder ein Arztkoffer sein können – Menuhin hat nie viel Aufsehen um seine Person gemacht. Ihm ging es stets nur um die Musik. Einmal auf dem Podium und die Geige in der Hand, schien er in einer anderen Welt zu sein. Er schloß die Augen und hörte sich zu. Diesen ersten Eindruck, den ich damals vom Tschaikowsky spielenden Menuhin gewonnen hatte, brauchte ich auch bei späteren Begegnungen in Berlin, Kassel, Hannover, Gstaad oder London, wo wir uns, wenn Gelegenheit dazu war, über Musik unterhielten, nicht zu korrigieren. Menuhin hat bis auf den heutigen Tag sein Lächeln nicht verloren. Nur das Haar ist etwas schütterer und bleicher geworden. Sich und seinen Zielen ist er über all die Jahre treu geblieben, auch wenn er sich nach Luzern vom romantischen Virtuosenkonzert zugunsten der Kammermusik zu trennen begann.

«Ich bin kein Spezialist. Ich hasse Beengung, und ich möchte mich in keinem Sinne selbst beengen», bekennt Menuhin. Er spielt mit gleicher Hingebung Kammermusik und die großen Violinkonzerte, er unterrichtet, und er dirigiert. Seit der Gründung des Bath Festival Orchestra im Sommer 1958 steht Menuhin diesem Ensemble vor. Als künstlerischer Leiter des Bath-Festivals und des 1957 in Gstaad, seinem Schweizer Domizil, ins Leben gerufenen und in der Kirche von Saanen durchgeführten «Yehudi Menuhin»-Festivals hat er reiche Erfahrungen beim Dirigieren eines Kammerorchesters sammeln können. Seine Auftritte vor großen Orchestern, wie etwa mit den Berliner Philharmonikern oder dem New York Philharmonic Orchestra, blieben eher Episoden, mußten es bleiben, da die dort an einen Dirigenten gestellten Anforderungen anders gelagert sind als bei einem Kammerorchester. Warum dirigiert er?

«Es ist eine natürliche Entwicklung und stellt eine Erweiterung meiner musikalischen Erfahrung dar. Ein Geiger ist auf sein Griffbrett beschränkt. Fünfundvierzig Jahre lang kannte ich nur die Musik, die ich selbst auf dem Griffbrett machte. Die Geigenliteratur ist fabelhaft, gewiß; aber die Violine hat nur eine Stimme, höchstens bei Bach sind es mehrere. Ein gebildeter Musiker möchte natürlich mit allen Bereichen der Musik zu tun haben, denn die Erfahrung, die man dabei gewinnt, kommt dem Interpreten zugute. Man möchte eine Beethoven-Sinfonie zum Beispiel auch einmal selbst so gestalten, wie man sie begreift. Das Dirigieren erfrischt, und ich greife dann mit größerer Freude und Freiheit wieder zur Geige. Es ist ein wahrer Genuß, wenn ich von einer anderen musikalischen Erfahrung zurückkehre. Um zu dirigieren, muß man in erster Linie ein guter Musiker sein. Dann kann man damit anfangen. Durch die Erfahrung wird man Dirigent. Aber nur die Hand bewegen, ohne Musiker zu sein, das genügt nicht. Das Publikum hat gewiß seine Vorurteile, aber ich fühle, daß es zufrieden ist, wenn und wie ich dirigiere. Oistrach hat es ebenso gemacht wie ich, Rostropowitsch tut es auch. Das Publikum kennt ihn zwar eher als Cellisten denn als Dirigenten. Aber er dirigiert fabelhaft, weil er ein guter Musiker ist. Ich glaube, wer seiner Karriere treu war, treu seinem Publikum und treu seiner Kunst und seinem Instrument, treu über fünfzig Jahre, der darf sich mit Musik beschäftigen in allen Bereichen, die ihm liegen. Gott sei Dank ist mein Ton bislang noch immer schön. Und ich versuche, ihn immer noch schöner zu machen. Sicher wird aber der Tag kommen, wo er an Intensität und Ausdruck verliert. Dann wird vielleicht das Dirigieren das Schönste sein. Aber jetzt, vorläufig, habe ich noch beides, Geige und Orchester. Es hält sich in etwa die Waage, und doch ziehe ich die Geige vielleicht ein wenig vor.»

Wie ernst es Menuhin mit dem Dirigieren meint, verdeutlicht ein Blick in seine Diskographie. Da finden sich die Einspielungen der Pariser Sinfonien von Haydn ebenso wie die sämtlicher Schubert-Sinfonien. Neben der Wiener Klassik widmet sich Menuhin aber vor allem der Musik des Barocks und früherer Epochen. «Purcell und Dowland schätze ich sehr. Die altenglischen Komponisten sind unglaublich reich an Phantasie; ihre freie Bewegung der Stimmen, das ist etwas ganz Merkwürdiges.» Menuhins Einspielungen zeichnen sich durch unprätentiöses, schlichtes und beseeltes Musizieren aus; sie sind geprägt durch seinen unauffälligen, jedoch bestimmten und ganz dem Werk verpflichteten Musizierstil.

Yehudi Menuhin wurde am 22. April 1916 in New York geboren. Aber auch er gehört zu der Elite jüdischer Geigentalente, die ihren Ursprung in Rußland hat: Sein Vater war der Nachkomme chassidischer Rabbis aus dem Getto von Gomel in Weißrußland, und die Mutter stammte von der Krim. Sie wanderten aus Palästina in die Vereinigten Staaten aus, wo Moshe Menuhin in San Francisco Hebräisch lehrte.

«Die Tradition der russischen Geiger ruht auf zwei Pfeilern. Der eine ist die Atmosphäre hoher Musikalität in diesem Teil der Welt, dem auch noch Länder des Balkans und Ungarn und Rumänien zuzurechnen sind. Es ist unglaublich, wie reich diese Länder an Geigen sind. Wilde Geigen. Jeder Landstrich hat dort irgendeine Art Geige, die vom Volk gemacht ist. In allen Formen und mit verschiedenen Bogen, eigenartig und rustikal, nicht elegant. Sie ist dort als Volksinstrument weit verbreitet. Sie ist überall heimisch. Das hat seinen Grund einmal darin, daß sie am besten die Stimme des Menschen und seine Gefühle zum Ausdruck bringt, zum anderen ist sie das flexibelste, weil handlichste Instrument. Jeder kann sie in die Hand nehmen. Man kann überall mit ihr hinreisen. Die Geige kennt keine Transportprobleme. Das Phänomen der jüdischen Geiger hat also seinen Ursprung in der weiten Verbreitung des Instrumentes in diesen Regionen.

Der zweite Pfeiler nun ist die Geschichte des Juden selbst. Es ist nur eine Halbwahrheit, daß der Jude Rußlands besonders musikalisch sei. Er hat sehr viel leiden und Schweres erleben müssen. Er hat sehr vieles, was er in sich trägt, im Herzen und im Geist. Die Geige schien ihm das geeignetste Mittel, um auszudrücken, was er empfand. Es gab für ihn nur zwei Möglichkeiten: entweder schreiben oder musizieren. Denn gewöhnlich malte oder komponierte der Jude nicht. Er schuf Wörter anstatt Noten. Wie stark die Geige unter den Juden verbreitet war, kann man daraus ersehen, daß, wie mir ein Freund, ein alter Rabbiner, erzählte, 1905 und 1906, als Tausende von Juden wegen der Pogrome und Verfolgungen in Rußland nach Palästina flüchteten, fast jeder dritte einen Geigenkasten mit sich trug. Ein Erlebnis, das für die Beliebtheit der Geige in Rußland bezeichnend ist, hatte ich selbst in Odessa: Nach dem Konzert kommen bei uns die Zuhörer gewöhnlich ins Künstlerzimmer und sagen dem Künstler, daß ihnen das Spiel gefallen, daß es sie ergriffen hat – irgend etwas in dieser Art. Aber in Odessa fragte jeder, der nach hinten ins Künstlerzimmer kam: ‹Welchen Fingersatz?› Also sind es Geiger, die dort das Publikum bilden, Fachleute! Die Geige war, wie für die Neger in Amerika das Klavier und der Jazz, der Weg zur Befreiung. Denn der erfolgreiche Musiker, der Virtuose, wurde überall gefeiert. Ungeachtet seiner Herkunft. Und so wollte natürlich jeder jüdische Vater und jede jüdische Mutter, daß der Sohn, koste es, was es wolle, gut geige, damit er sich dadurch befreie.»

Mit fünf Jahren erhielt Yehudi Menuhin ersten Violinunterricht. Erst bei Siegmund Anker, später bei Louis Persinger, einst Konzertmeister der Berliner Philharmoniker. Von 1927 bis 1936 folgten neben seinen Auftritten als geigendes Wunderkind Studienjahre bei dem rumänischen Komponisten und Geigenvirtuosen Georges Enescu in Paris und in Sinaia sowie bei Adolf Busch in Basel. Mit einer Welttournee, die ihn in 63 Städte der Welt führte und auf der er, stürmisch gefeiert, 110 Konzerte gab, nahm der 19jährige Wundergeiger Abschied von seiner ersten Karriere. Menuhin war erwachsen geworden; die Wunderkind-Ära hatte ihr Ende gefunden. So kam es zu Menuhins erster Krise, die er dadurch zu überwinden versuchte, daß er sich für zwei Jahre ganz zurückzog. Der junge Menuhin wurde bis zu seiner Volljährigkeit wie unter einer Glasglocke gehalten. Seine Erfolge wurden ihm vorenthalten, jeder selbständige Verkehr mit der Außenwelt blieb ihm versagt. In dieser Abkapselung sahen viele einen der Gründe für Menuhins spätere Krisenzeiten. Hat er darunter gelitten, ein Wunderkind zu sein?

«Nein, im Gegenteil. Vielleicht bin ich deshalb vor den ordinären Erfahrungen des Lebens bewahrt worden. Aber es hat einen Bruch zwischen meiner Wunderkindzeit und der Zeit danach gegeben. Ich haßte diese Benennung ‹Wunderkind›, ich habe mich dagegen gewehrt», beteuert Menuhin und fügt lachend hinzu: «Aber jetzt bin ich wieder ein Kind geworden – nicht mehr ein Wunder, nur ein Kind!»

Menuhin – oder die Konzentration des Interpreten während der Aufnahme (links).

Menuhin und seine Familie: hinten, v. l., Gerard (Sohn), Anne (Schwiegertochter, Frau von Krov), Jeremy (Sohn), seine Frau Diana, Yehudi Menuhin. Vorn, v. l., Krov (Sohn aus erster Ehe), Lin (Enkelkind, Sohn von Zamira), Zamira (Tochter, verheiratet mit dem Pianisten Fou Ts'Ong).

Menuhin über das Dirigieren: «Es erfrischt, und ich greife dann mit größerer Freude und Freiheit wieder zur Geige. Es ist ein wahrer Genuß, wenn ich von einer anderen musikalischen Erfahrung zurückkehre.»

Die «ordinären» Erfahrungen des Lebens lernte Menuhin dann durch den Krieg kennen. Die Konfrontation war um so heftiger, als ihm bislang jede Berührung mit den Schattenseiten des Lebens erspart geblieben war. Denn nie zuvor hatte der von elterlicher Fürsorge beschützte, von finanzieller Sorge unbelastete und von frühem Ruhm verwöhnte Menuhin eine freudlose oder gar sich zerfleischende Welt wahrgenommen. Der Schock war nachhaltig. So wie er sich nach den Jahren sensationeller Erfolge während der Welttournee 1936 für zwei Jahre nach Kalifornien zurückgezogen hatte, um der ersten künstlerischen Krise Herr zu werden, so suchte er in der philosophisch-religiösen Jogalehre einen Halt, als er während der Kriegsjahre in eine schwere körperliche und seelische Krise geriet.

Menuhin, einer staunenden Umwelt stets als «Wunderkind» vorgestellt, hatte die handwerklichen Elementarregeln des Violinspiels nie richtig erlernt. Was ihm als Kind mühelos und unbewußt zugefallen war, mußte er sich nachträglich neu erarbeiten. «Das eigentlich Geigerische hat mich keiner meiner Lehrer gelehrt. Dies schien etwas Selbstverständliches zu sein. Wir haben nur Musik gemacht. Während Enescu durch seine Begeisterungsfähigkeit zu inspirieren verstand, war Busch ein auf Klarheit bedachter, analytischer Geist. Doch weil er romantischen Schwung besaß, war die Musik für ihn nie eine trockene Angelegenheit, sondern lebendig, klar und frisch. Später freilich, viel später, habe ich mir Gedanken über die Geigentechnik gemacht.»

Nach dem Krieg sah man Menuhin erstmals häufiger als Orchestermusiker unter Orchestermusikern. Damit wirkte er mit Erfolg selbstkritisch einer nachlassenden Virtuosität entgegen. Eingedenk dessen, was er als Kind an technischer Grundlage entbehrt hatte, und der Verpflichtung, sein Können und seine Erfahrungen als Künstler der Jugend weiterzugeben, gründete Menuhin 1963 in Stoke d'Abernon in Surrey/England die «Yehudi Menuhin School», ein Internat, in dem rund vierzig Jungen und Mädchen im Alter von acht bis siebzehn Jahren umfassende musikalische und schulische Ausbildung erhalten. Die Schule hat in ihrer Konzeption, die die musikalische Erziehung in den normalen Unterricht einbezieht, Modellcharakter und wird durch die Gulbenkian-, Rayne- und Wolfson-Stiftungen unterstützt. Alljährlich stellen sich die stärksten Begabungen in einem Konzert in der Queen Elizabeth Hall in London vor.

«Das musikalisch begabte Kind, das Musiker werden möchte, muß sehr früh mit Musik beschäftigt werden. Seine Erziehung ist heute breiter als früher. Ein Kind, das Instrumentalist werden will, sollte, auch wenn es noch ganz jung ist, von Zeit zu Zeit vor einem Publikum spielen. Einfach deshalb, damit es sich an die Atmosphäre gewöhnt: Außerdem ist es ein Ausbildungsziel; denn es gibt sein Bestes, wenn es sich auf ein Ziel vorbereitet, und das ist gut. Es bereitet sich auch auf die Karriere vor. Der Geigenunterricht in den öffentlichen Schulen ist gewöhnlich nicht befriedigend, manchmal sogar schlecht. Die Geige ist ein schwieriges Instrument, und es gibt nur wenige sehr gute Lehrer, ich schätze etwa vierzig. Wenn man bedenkt, daß es Hunderttausende von Kindern sind, die Geige spielen wollen, dann sind das natürlich viel zu wenig Lehrer. Für den Geigenunterricht habe ich verschiedene Filme gedreht. Es sind Versuche, ein paar gute, fundamentale Ideen weiterzugeben. Ich hoffe, daß mit der Zeit – in vielleicht fünfzehn bis zwanzig Jahren – durch diese Bemühungen und auch durch meine Schule eine neue Generation von Geigenlehrern heranreift, die diese Kunst als etwas wirklich Beglückendes weiterzugeben vermag. Ich selbst hatte gute, fabelhaft gute Lehrer. Aber sie waren als Musiker noch viel größer denn als Geiger.»

Menuhin hat im Verlauf seiner Karriere wiederholt Musikgeschichte gemacht. Komponisten wie Béla Bartók, sein Mentor Georges Enescu und William Walton haben ihm Werke gewidmet und sie ihm zur Uraufführung anvertraut. Neue und elektronische Musik bezeichnet er als einen großen Schatz, als eine kolossale Sprache, die aber weitgehend noch keine Grammatik erhalten habe. Menuhins musikalischer Geschmack zieht seine Grenze bei zeitgenössischen Komponisten wie etwa Frank Martin, Alexander Tscherepnine oder Benjamin Britten.

Mit seinem künstlerischen Werdegang sind die Namen Bruno Walter, Fritz Busch und Wilhelm Furtwängler eng verbunden. Unter Fritz Busch spielte der elfjährige Menuhin in der New Yorker Carnegie Hall das Violinkonzert von Beethoven, mit Bruno Walter schrieb er sich 1929 mit dem «Konzert der drei B» in die Annalen der Berliner Musikgeschichte ein. Furtwängler reichte er nach dem Zweiten Weltkrieg die Hand zur Versöhnung und spielte mit ihm das Beethovenkonzert ein. Die Aufnahme wurde sogleich bei ihrem Erscheinen als interpretatorische Ideallösung begrüßt und hat seither nichts an Eindringlichkeit und Verbindlichkeit der Aussage eingebüßt. Über seine Zusammenarbeit mit diesem Dreigestirn bekennt Menuhin: «Bruno Walter war der erste Dirigent, der sich, ohne mich je gehört zu haben, in Deutschland für mich einsetzte. Er hatte die Leitung des Konzertes übernommen, in dem ich die Violinkonzerte von Bach, Beethoven und Brahms spielte. Fritz Busch, der eigentlich in Berlin dirigieren sollte, hatte gerade seinen Vater verloren, und so lernte ich Bruno Walter kennen. Seit diesem Konzert war ich eng mit ihm befreundet, und ich schätzte ihn als einen der liebenswürdigsten Menschen, die ich kannte. Er hatte ein sehr starkes Mitgefühl für jedes Geschöpf. Kein Dirigent hat mich je so wundervoll begleitet: Er war eben aus seinem Wesen heraus sehr anpassungsfähig. Ein großer, süßer Mann.

Furtwängler war für mich die Verkörperung echtester, schönster deutscher Musikkultur. Er war äußerst gebildet. Da suchte man nicht den Begleiter, da fand man eine enge Konversation. Ich war, als ich das Beethovenkonzert zum erstenmal mit ihm gespielt hatte, so hingerissen, daß ich mir selber geloben wollte, dieses Konzert nie mehr unter einem anderen Dirigenten zu spielen. Aber das war natürlich nicht zu realisieren. Bei Furtwängler kam die Musik nicht von den gedruckten Noten her, sie lebte spontan. Er schöpfte sie sozusagen aus dem Nichts, und das spürten die Musiker. Karajan ist sein Erbe: Er hat von ihm übernommen, was an ihm gut ist, so daß man noch etwas von der großen Tradition verspürt. Was ich an Karajan schätze, ist der Wille zur Breite und Größe der Gestaltung, den Furtwängler in so hohem Maße besaß.»

Im Gegensatz zu Artur Rubinstein und Isaac Stern, die es nicht über sich brachten, in dem Land zu musizieren, durch dessen Machthaber Millionen ihrer jüdischen Glaubensbrüder ums Leben gekommen waren, hat Menuhin kurz nach dem Krieg den Dialog mit Deutschland wieder aufgenommen. Dies trug ihm nicht nur Wohlwollen ein, sondern auch empörte Kritik ehemaliger NS-Verfolgter. Dennoch hat er im Dienste des Versöhnungswerkes auch in Jerusalem als erster Künstler wieder deutsche Musik gespielt. Seit 1950 hat Menuhin wiederholt in Israel konzertiert. Daß auch heute noch Werke von Richard Wagner und Richard Strauss oft nur unter Vorbehalten in Israel aufgeführt werden können, kann nicht die Zustimmung eines Künstlers finden, dem Intoleranz fremd ist.

«Das ist ein Vorurteil, begründet auf einem Vorurteil. Wir wissen, woher es kommt, aber es bleibt dennoch ein Vorurteil. Und es wird noch lange Zeit brauchen, bis es ausgeräumt ist. Es gibt viele Leute in Israel, die die Musik von Strauss und Wagner sehr gern hören würden. Natürlich ist Wagner unter zwei Aspekten zu sehen. Einerseits ist er der ganz große Schöpfer, der Komponist mit den kolossalen Visionen, die neue Horizonte erschlossen. Aber leider erhielt er durch Hitler auch eine politische Couleur, die zwar mit seiner Musik nichts zu tun hat, dem Werk aber doch als Makel anhaftet. Mit Strauss ist es weniger problematisch. Heifetz hat auch bereits seine Sonate in Israel gespielt. Ich schätze diese Vorurteile in der Musik nicht. Ich finde so etwas falsch.»

Von Anbeginn seiner Laufbahn als Geiger war Menuhin das Hätschelkind der Musikkritik. Sie hat wahre Hymnen auf ihn angestimmt, ihn in den Himmel der Künste emporgelobt, auch dann, wenn ein kritisch wägendes Wort angemessen schien. Was hält Menuhin selbst von der Kritik?

«Kritik an sich ist sehr wichtig. Jeder Künstler und Musiker braucht Kritik. Nur – das, was in den Zeitungen als Kritik erscheint, ist weniger wichtig. Entscheidender für den Künstler ist die Kritik seiner Kollegen. Vor allem aber braucht er Selbstkritik. Die Zeitungskritik hat insofern eine gewisse Bedeutung, als sie einem breiteren Publikum die Meinung eines Kenners über das Konzert vermittelt. Natürlich schmeichelt eine gute Kritik dem Künstler. Aber sie sollte, ebenso wie eine weniger gute, den Künstler nicht zu stark beeindrucken, denn sie ist nicht wichtig. Wirklich wichtig ist, was der Künstler selbst über sich denkt. So hat denn auch die Kritik meinen Interpretationsstil nicht beeinflußt. Große Musiker, wie Bartók, Enescu oder Toscanini, ja, die haben mir sehr viel gegeben. Natürlich habe ich auch Kritiker gekannt, die sehr musikalisch waren, echte Musiker, doch das ist nicht die Regel. Durch das Lesen einer Kritik habe ich jedoch keine Anregungen erhalten, nein, das kann ich nicht sagen.»

«Ich bin mit Musik glücklich», sagt Menuhin schlicht. Jeden Tag könnte er ein Konzert geben, versichert er. Aber dazu müsse er sich frisch halten. Zwanzigmal das gleiche Konzert hintereinander spielen, etwa auf einer Tournee, das könnte er nicht. Er braucht Abwechslung, um nicht in Routine zu verfallen. Joga steht bei ihm nicht in unmittelbarer Beziehung zum Geigenspiel. Nur insofern, als es eine Möglichkeit ist, sich selbst zu bilden und zu formen.

«Joga ist keine aggressive Tätigkeit. Es fördert die Konzentration, die Ruhe und das richtige Atmen. Man ist nach diesen Übungen gelassener und dadurch für das Geigenspiel besser vorbereitet. Wenn der Punkt kommt, wo ich mich erschöpft fühle, auch geistig, dann lese oder schlafe ich. Aber die Musik ist selbsterneuernd. Wenn man musiziert, nährt man sich von der Musik. Musik birgt kolossale Energien. Das spürt man besonders stark beim Musizieren mit dem Orchester. Es ist dieser kollektive Willen, dasselbe im gleichen Moment tun zu wollen, und ein gemeinsames Vibrieren, was man da verspürt. Und wenn man danach etwas müde ist, dann ist es eine gute, wohlige Müdigkeit, von der man sich wieder erholt und regeneriert.»

Es genüge nicht, einfach nur geigen zu können, meint Menuhin, auf die Voraussetzungen für den Künstlerberuf angesprochen. Man müsse Musiker sein, ein Mensch auch, der zum Wohle der Gesellschaft, in der er lebt, etwas beiträgt.

«Es ist heutzutage nicht mehr möglich, einfach nur ein Spezialist zu sein, der sich nicht darum kümmert, ob das Volk zu essen hat oder nicht und was sich politisch tut. Musik ist nur einer von vielen Schlüsseln zu höherer Bewußtheit im Leben. Ob wir Geige spielen oder Brot backen – wir müssen uns selbst trainieren, es braucht zu beidem Disziplin. Wenn wir Brot backen, möchten wir, daß es gut ist – dasselbe gilt für das Violinspiel. Als eine weitere Voraussetzung für den Künstlerberuf scheint mir ein gewisser Komfort unerläßlich. Wenn ich jeden Tag mit der Untergrundbahn oder mit dem Auto zur Arbeit ins Büro fahren müßte, von zu Hause vielleicht eine Stunde weit – ich glaube, ich würde das fast nicht überleben. Das wäre mir zu schwer.»

Im September 1970 erhielt Yehudi Menuhin in Grenchen die schweizerische Staatsbürgerschaft. Damit zeichnete die Eidgenossenschaft einen Künstler aus, der seit vielen Jahren in der Schweiz wirkt. Menuhin bewohnt in Gstaad im Berner Oberland, dem Ort des nach ihm benannten Festivals, das auf einer Anhöhe gelegene Chalet «Chankly Bore», von wo man eine herrliche Aussicht auf die umliegenden Berge genießt.

«Normalerweise darf ein Amerikaner keine zweite Staatsbürgerschaft besitzen. In meinem Fall hat Amerika, wie bei Churchill, eine Ausnahme gemacht. Das bedeutet für mich ein großes Kompliment sowohl von seiten der Schweiz als auch der USA. Das Bürgerrecht ist in der Schweiz eines der ganz wenigen Mittel der Auszeichnung, da sie ja auch keine Orden verleiht. Es ist für mich eine große Ehre, die Schweizer Staatsbürgerschaft zu besitzen.»

1947 heiratete Menuhin die Schauspielerin und Tänzerin Diana Gould. Aus dieser Ehe stammen zwei Söhne. Gerard, der ältere, zeigt literarische Ambitionen und starkes Interesse für das Theater, während der 1951 geborene Jeremy in Vaters Fußstapfen tritt. Jeremy, der bereits mit dreizehn Jahren sein erstes Konzert gab, hat sich mittlerweile einen Namen als hoffnungsvoller junger Pianist gemacht, von dem die musikalische Welt noch viel erwartet. Zusammen mit seinem Sohn hat Yehudi Menuhin in den vergangenen Jahren zahlreiche Konzerte gegeben und ihn auch auf Tourneen vorgestellt. Solches Musizieren mit Familienangehörigen betreibt Menuhin übrigens seit vielen Jahren: Gemeinsam mit seiner Schwester, der Pianistin Hephzibah Menuhin, gibt er regelmäßig Kammermusikkonzerte. Die künstlerische Partnerschaft der musizierenden Geschwister hat auch ertragreichen Niederschlag gefunden, wie Schallplattenaufnahmen bezeugen. Aus seiner ersten Ehe mit Nola Ruby Nicholas hat Menuhin noch einen Sohn Krov und eine Tochter Zamira, die 1960 den chinesischen Pianisten Fou Ts'ong heiratete. Menuhin wohnt, außer im Sommer, den er in Gstaad verbringt, im Norden Londons in der Nähe der Parliament Hill Fields. Seine Hobbys sind Schwimmen und Schach; er wandert gern im Wald und in den Bergen, kocht mit Begeisterung und liebt gutes

Essen. Käsefondue schätzt er sehr, besonders wenn es «in der frischen Luft droben in den Bergen» gemacht wird.

Menuhin, der Geiger, Dirigent, Pädagoge, Humanist – er ist stets auf der Suche nach neuen Möglichkeiten musikalischer Selbstverwirklichung. Auch für ihn, dem sich so vieles erfüllt hat im Leben wie nur wenigen, gibt es Unerfülltes. «Jeden Tag entdecke ich etwas Neues, sogar im Violinspiel, beim Dirigieren, in der Musik überhaupt. Aber auch in anderen Bereichen, humanistischen zum Beispiel. Ich bin in diesem Sinne noch sehr neugierig – in des Wortes wahrster Bedeutung.» In der Tat, er ist allem Neuen aufgeschlossen. So setzt er auch ganz auf die Jugend. Er spricht von einer «new morality», einer neuen Moral, von der die Jugend geprägt ist. Mit Genugtuung stellt er fest, daß sie ihre Verantwortung für ihre Umwelt entdeckt hat und sich zum Beispiel für das Überleben bedrohter Tierarten mit Engagement einsetzt, sich aber auch über die Zukunft ernsthafte Gedanken macht.

Sein künstlerisches Ziel, sein Anliegen als Interpret sei, so sagt Menuhin, voll in sein Tagewerk einbezogen. Es gelte, das Leben mit der schönsten Musik zu erfüllen, um anderen eine gleiche Freude zu machen.

«Als ausübender Musiker ist man immer mit Musik beschäftigt. Die Werke, die ich spiele, die Partituren, die ich dirigiere, beschäftigen mich den ganzen Tag und oft einen Teil des Abends und sogar der Nacht. Das Ziel wäre, alle meine Interessen – Geigenspiel, Dirigieren, Kammermusik, Unterricht, meine Schule bei London, Oper, Ballett, Familie, Freunde, humanistische Interessen – zu einem Ganzen zusammenzufassen. Denn all das ist Teil meines Lebens. So wie die Vibrationen der Musik keine Grenzen kennen, so kenne auch ich keine Grenze. Das Ziel ist: ein harmonisches Leben führen.»

Es kann nicht verwundern, daß ein Künstler, der während seiner gesamten Laufbahn die besondere Wertschätzung des Publikums genoß, ihm freundliche Gefühle entgegenbringt. «Ich liebe das Publikum.» Das sagt er lachenden und strahlenden Gesichts. Es sei für ihn sehr wichtig, meint er, die Musik mit dem Publikum zu teilen. Denn das Publikum komme ja auch zu ihm, um Musik verstehen zu lernen und sich von ihr begeistern zu lassen. Und er zweifelt nicht daran, daß das Publikum seine Zuneigung zu ihm fühlt. Eins werden mit dem Publikum in der Begeisterung für die Musik – das scheint ihm wesentlich.

Kaum ein Instrumentalist dieses Jahrhunderts hat mit so vielen bedeutenden Interpreten zusammengearbeitet wie Menuhin, nur wenige sind im Zeichen der Musik so oft und so weit gereist wie er. Ist Musik für ihn eine Weltsprache?

«Ja und nein. Es ist keine in dem Sinne, daß Leute, die verschiedene Sprachen sprechen, sich verstehen, wenn sie zusammen Musik hören. Eine Weltsprache ist Musik dann, wenn es gelingt, durch das Musizieren mit fremden Menschen einen Dialog in Gang zu bringen, den Kontakt für eine Freundschaft zu schaffen. Aber das ist ein seltenes Glück.»

Menuhin, von der Presse nicht selten «Missionar mit der Geige» genannt, ist sich keiner Mission bewußt. Es sei denn jener, mit seiner Kunst seinen Kollegen und seiner Mitwelt zu dienen.

Musik ist, wenn wir den Worten des Komponisten im Vorspiel zu «Ariadne auf Naxos» von Richard Strauss und Hugo von Hofmannsthal Glauben schenken dürfen, eine heilige Kunst. Doch was ist sie für Menuhin, der seit frühester Jugend mit ihr lebt und durch sie lebt?

«Musik ist ein Spiegel der Welt und der Menschheit. Man sieht sie klarer durch die Musik. Denn die Perspektive ist intensiver, die Beschreibung durch den Künstler schärfer und tiefer. Man weiß nichts über den künstlerischen Menschen, wenn man seine Musik nicht kennt. Als ich Bartók zum erstenmal begegnete, da brauchte ich nur fünf Minuten für ihn zu spielen, und er wußte, daß ich ihn durch seine Musik kannte. Ohne Musik braucht man oft ein Leben lang, bis man jemand kennt. Wenn ich einem Künstler begegne, sei er Geiger, Pianist, Sänger, Dirigent, Komponist oder selbst Maler, und ich feststelle, daß wir das haben, was über Worte hinausgeht – die an sich nichts bedeuten –, dann verstehen wir uns besser, als wenn wir keine Künstler wären. Wir sind engere Freunde geworden.

Als ich zum erstenmal mit Wilhelm Kempff spielte, schien es mir, als würden wir uns ein Leben lang kennen. Es war das gleiche Gefühl, das ich als Junge bei der Arbeit mit George Enescu hatte. Enescu war ein Mann, der andere zu inspirieren wußte, einfach durch seine geniale, großartige Fähigkeit, sich zu begeistern und Neues zu entdecken. Die Tage, an denen Kempff und ich alle Beethovensonaten für Violine und Klavier aufnahmen, waren echte Festtage für mich. Wir haben nichts geprobt, sondern gleich aufgenommen, und häufig kam es mir vor, daß wir uns am Ende für die allererste Aufnahme eines bestimmten Satzes entschieden. Daraus mag man ersehen, wie verbunden wir waren und wie sehr wir uns eins fühlten.»

Sich eins fühlen mit dem Musiker und der Musik, das ist es, was Menuhin im Spiel erreichen will. Wenn sich diese Harmonie einstellt, empfindet er es als eine Form von Glück.

«Dieses Glücksgefühl erlebe ich auch physisch. Man muß natürlich schon bei guter Gesundheit sein, will man es erleben. Es ist eine physische Harmonie, die sich einstellt während des Musizierens, auch eine Harmonie zwischen Geist und Körper. Und man wird auch körperlich eins mit der Musik. Alles, was sonst zerrissen und isoliert dasteht, wird in einem solchen Moment durch die Musik vereint. Dieses Glücksgefühl habe ich auch, wenn ich Hölderlin lese. Da geschieht das gleiche. Das Wohlgefühl, etwas gut gemacht zu haben, spüre ich auch in den Händen, in den Fingern. Das Schönste ist, wenn man es so in sich spürt, daß man weiß, daß es gut sein muß. Und es muß gut sein, weil man von sich selbst weiß, wie die Empfindung sein muß – man weiß es im voraus. Es ist ein Gefühl, das durch den ganzen Körper geht. Man weiß es im Kopf, in den Beinen, in allem, was sich bewegt. Und es muß sich auch alles damit bewegen. Denn wenn man es nur im Kopf weiß, dann wird es nicht immer gelingen. Aber wenn es der ganze Körper fühlt, und man ist überzeugt von dem, was man tut, dann muß es gelingen.

Ich bin in dem Sinne spontan, daß ich das, was ich zu sagen habe, ohne Umschweife und Umwege sage. Auch wenn es etwas Unangenehmes ist. Dann versuche ich, es so nett wie möglich zu sagen, aber ich sage es. Ich kann analysieren, und das tue ich auch sehr viel; doch wenn ich handle, dann geradewegs. Ich gehöre nicht zu jenen Intellektuellen, die alles vorher berechnen. Das Intuitive spielt bei mir eine gewisse Rolle. Aber es ist eine sehr subtile und disziplinierte Intuition, eine, die auf Erfahrung aufbaut. Denn Intuition ohne Erfahrung ist nicht möglich. Die Intuition ist gerade die Kristallisation einer Erfahrung. Nicht nur der eigenen, sondern der Erfahrungen vieler Generationen.»

Menuhin, der Empfindsame, nicht nur wenn es um Musik geht, auch und besonders dann, wenn der Mensch betroffen ist, wenn es um die Verletzung seiner Grundrechte und seiner Würde geht – was empfindet er während des Musizierens?

«Es ist eine tiefe Erschütterung. Je mehr ich mich beim Spielen dem Komponisten annähere, desto intensiver ist mein Gefühl. Und, es mag paradox klingen, je weniger ich dabei von mir selbst fühle, desto mehr fühle ich mich selbst. Das Empfinden verinnerlicht sich und wird dadurch tiefer. Dann aber wird das, was ich empfinde, um so leichter auf das Publikum übertragen. Man ist vielleicht in zwei oder drei Zuständen zugleich. Man hört sich selbst, ist Kritiker seines eigenen Spiels und ist doch ganz in der Musik. Man ist zugleich objektiv und subjektiv. Objektiv insofern, als der Künstler sich so hören muß, wie das Publikum ihn hört – das muß er lernen, das ist sehr wichtig. Dazu braucht er Disziplin. Man muß sich selbst kontrollieren während des Spielens und sich dennoch von der Musik tragen lassen.

Während des Musizierens geschieht eine Art Vereinigung mit dem, was größer ist in uns oder um uns herum. Man ist eins mit dem Komponisten, mit dem Dichter, mit der Welt. Vielleicht ist das nur eine Illusion – vielleicht. Aber wir brauchen Illusionen, wir leben von ihnen. Und jeder versucht, seine Illusionen zu materialisieren, und versteht nicht, daß es nicht ganz möglich ist. Aber das ist doch unser Ziel, unsere Bestimmung. Wenn es eine Illusion der Schönheit und der Harmonie ist, dann ist es fabelhaft. Wenn es aber eine Illusion ist, die wir gegen andere durchsetzen, indem wir sie vernichten, dann ist es schrecklich.»

Jeder hat Illusionen und versucht, sie zu verwirklichen, sagt Menuhin. Er, der in den Augen anderer sich längst selbstverwirklicht hat – hat auch er noch Illusionen?

«Ja, meine Illusion ist, daß es noch möglich ist, die Welt zu retten. Wir tun alles, um das, was uns gegeben ist, zu vernichten: die Schönheit, die Luft, die Tiere, das Meer, die Flüsse, die Erde und unsere Mitmenschen. Wir rüsten uns mit schrecklichen Waffen aus und bereiten eine Katastrophe vor. Ich hoffe jedoch – entgegen dem, was ich sehe –, daß es nicht dazu kommt. Doch ich bin gar nicht davon überzeugt. Ich glaube an das Gute im Menschen, weiß aber auch um das Böse in ihm. Und ich glaube, und das ist mir wichtig, an die Liebe meiner Familie, meiner Frau und meiner Eltern.»

Seit dem Tage im Jahre 1923, als er als siebenjähriger Knirps in San Francisco zum erstenmal vors Publikum trat und unter der Leitung von Alfred Hertz den Solopart der Symphonie Espagnole von Edouard Lalo spielte, hat Yehudi Menuhin die Welt in seinen Bann geschlagen. Nicht nur die musikalische, auch jene Welt, die an die Kraft des Guten und an die Unantastbarkeit der Würde des Menschen und sein Recht auf Freiheit glaubt. Yehudi Menuhin, einer der großen Interpreten unseres Jahrhunderts, bleibt in seiner Vielschichtigkeit ein kaum zu enträtselndes Phänomen. Wiewohl der Teil des Lebens noch vor ihm steht, in dem gemeinhin der Künstler sich die letzten Geheimnisse der Musik erschließt, kann er auf ein Leben zurückblicken, das an Reichtum des Erlebten und Gegebenen nicht seinesgleichen hat. Zu Recht darf er von sich sagen: «Ich bin mit meinem Leben zufrieden.»

Nathan Milstein

London, Chester Square. Hier, zwischen Eaton Square und Ebury Street, herrscht gepflegte Ruhe. Dezenz, Unauffälligkeit, Diskretion und vornehme Zurückhaltung werden an diesem durch eine private Parkanlage unterteilten Platz inmitten der von Lärm und Betriebsamkeit beherrschten Millionenstadt großgeschrieben. Man lebt hier gleichsam *con sordino*. Doch in einem der in verwaschenem Neapelgelb gehaltenen und von Wohlstand zeugenden Reihenhäuser wohnt ein Kosmopolit, dessen Leben alles andere als gedämpft verlief. Dieser Weltbürger – in Rußland geboren und mit amerikanischem Paß in London lebend – heißt Nathan Milstein.

Schon ein flüchtiger Blick in den Salon seines Londoner Hauses würde demjenigen, der mit Milsteins Vita nicht vertraut ist, eine Ahnung davon geben, welch hohe Wertschätzung dieser Geiger nicht nur unter Berufskollegen, sondern auch bei den höchsten Repräsentanten zahlreicher Länder stets genoß. Da stehen mit eigenhändigen Widmungen versehene großformatige Fotografien von Persönlichkeiten wie König Umberto von Italien und Fürstin Gracia von Monaco in schöner Eintracht mit denen von Künstlern wie Vladimir Horowitz, Leopold Stokowsky und Arturo Toscanini auf dem Flügel beisammen. Doch unter den zahlreichen Erinnerungszeichen einer einzigartigen Karriere ragt eine Fotografie des alten Fritz Kreisler hervor. In der vom 17. April 1953 datierten Widmung des damals 78jährigen Geigers heißt es: To dear Nathan, from his old friend and admirer Kreisler – Dem lieben Nathan, von seinem alten Freund und Bewunderer Kreisler. Nichts könnte den Rang Milsteins innerhalb der kleinen Spitzengruppe der größten Geiger unserer Zeit deutlicher veranschaulichen als diese Worte von Fritz Kreisler. Er, von der Musikwelt einst als einer der ganz Großen bewundert und gefeiert, zollt seinerseits dem Jüngeren vorbehaltlose Bewunderung.

Doch solch uneingeschränktes Lob wurde Nathan Milstein nicht immer zuteil. Mit seinem Namen wurde in früheren Jahren vielfach Virtuosität um ihrer selbst willen, hochartifizielles Raffinement, technische Bravour auf Kosten des musikalischen Gehaltes und interpretatorische Eigenwilligkeit in Verbindung gebracht. Das mag heute merkwürdig scheinen. Doch diese Einschätzung, die Milstein noch bis in die vierziger Jahre begleitete und ihm auf seinem Marsch zum Geiger-Olymp im Wege stand, ist, auch wenn sie sicher nicht gerechtfertigt war, zum Teil aus dem musikalischen Geschmack der Zeit bis zum Zweiten Weltkrieg zu erklären. Als er sich anschickte, die Konzertsäle Europas und Amerikas zu erobern, beherrschten Koryphäen wie Fritz Kreisler, Bronislav Huberman, Mischa Elman und Adolf Busch die Szene. Mit ihrer Kunst verglichen, mußten Milsteins unvorstellbare violinistische Äquilibristik und sein eigenwilliges musikalisches Temperament als etwas völlig Neues und mithin auch Fremdes erscheinen. Die Phalanx großer Geiger, gegen die er anzuspielen hatte, wurde noch ergänzt durch den exzentrischen, nur drei Jahre älteren Heifetz, Josef Szigeti, Jacques Thibaud und den jungen Menuhin. Jeder, der hier einzubrechen versuchte, mußte mit starkem Widerstand rechnen. Abwertende Klischees waren schnell zur Hand, wenn es darum ging, mißliebige Konkurrenz zu diskreditieren. Und da man dem jungen Milstein, der alle bogen- und grifftechnischen Schwierigkeiten in einer – außer bei Heifetz – bisher nicht dagewesenen Weise meisterte, die mechanische Beherrschung des Instruments schlechterdings nicht absprechen konnte, verfiel man auf die Idee, ihm sein draufgängerisches, feuriges Temperament anzulasten.

Gewiß, der junge Milstein durcheilte zuweilen die Landschaften klassischer Violinmusik mit einem Ungestüm, daß er selbst dem flinken Heifetz den Rang ablief. Doch Milstein diente sein ungeheures technisches Können nur als Grundlage zur Werkgestaltung, wie sie ihm vorschwebte und wie andere Geiger sie infolge manueller Unzulänglichkeit nicht zu verwirklichen imstande waren. So wie das Temperament eines Musikers die Tempi unmittelbar bestimmt, so beeinflußt es in direkter Weise die Interpretation. Was dem jungen Milstein anfangs hinderlich war, das wird, nebst der grandiosen Violintechnik, an ihm heute um so mehr geschätzt: geigerischer Elan, mitreißende Virtuosität und ungeheure musikalische Intensität. Dazu gesellt sich noch abgeklärte, mit den Jahren harmonisch gewachsene künstlerische Reife. All das zusammen ergibt dann einen Künstler, wie er heute in der Welt einzig dasteht.

Nathan Milstein stammt aus Odessa am Schwarzen Meer, jener unerschöpflichen territorialen Quelle musikalischer Talente, die ja ebenfalls die Heimat David Oistrachs war und der auch Emil Gilels und Shura Cherkassky entstammen –, wie überhaupt die Ukraine Rußlands Reservoir großer Musiker war – man denke nur an Vladimir Horowitz, Svjatoslav Richter und Mischa Elman. In Odessa also kam er am 31. Dezember 1904 als dritter von fünf Söhnen des Myron Milstein und dessen Ehefrau Maria geb. Bluestein zur Welt (der alte russische Kalender verzeichnet seinen Geburtstag unter dem 18. Dezember). Mit etwa sieben Jahren begann er Violine zu spielen. Bei Pjotr Stoljarsky, dem Lehrer David Oistrachs, erhielt er seine Grundausbildung. Noch vor dem Ersten Weltkrieg gab er, gerade zehn Jahre alt, sein erstes Konzert. Unter der Leitung von Alexander Glasunow, dem damaligen Leiter des Konservatoriums von St. Petersburg, spielte Milstein in Odessa dessen Violinkonzert. Mit zwölf Jahren wurde er Schüler von Leopold Auer am Konservatorium in St. Petersburg. Damit gelangte ein Talent wie Milstein an die richtige Adresse. Bei Auer lernte er dessen Prinzip kennen, daß Intensität des Tones und einwandfreies Funktionieren der Griff- und Bogentechnik Güte und Zuverlässigkeit des Geigers bestimmen. Von ihm lernte er auch die Vorteile jener besonderen Art der Bogenhaltung schätzen, die um die Jahrhundertwende das Violinspiel revolutionierte und dem Geiger einen vollen, fast celloähnlichen Ton von enormer Klangdifferenzierung ermöglichte. Milstein hat sich zwar nie sklavisch an den «Petersburger Griff» gehalten, wie Carl Flesch diese Spielart der später vielbestaunten «russischen Schule» Auers bezeichnete, hat aber dessen Züge in seine modifizierte Bogentechnik integriert.

Milsteins Karriere als Konzertgeiger begann am 16. Mai 1920 mit einer Folge von sechs Violinabenden in seinem Geburtsort Odessa. An das Programm kann sich der damals knapp Sechzehnjährige heute nicht mehr erinnern: «Ich habe von allem etwas gespielt!» Auf einer Konzertreise durch die Provinzen seiner Heimat stellte er sich, mit Kiew beginnend, anschließend seinen Landsleuten vor. Als Pianist begleitete ihn der damals noch genauso unbekannte Vladimir Horowitz, der 1924 Rußland den Rücken kehrte und später in Amerika eine nicht minder spektakuläre Karriere machte. Weihnachten 1925 verließ auch Milstein die von der Revolution erschütterte Heimat und ging nach Berlin. Dort traf er Horowitz wieder, traf aber auch den Cellisten Gregor Piatigorsky. Die drei Künstler gründeten ein Trio. Milstein-Horowitz-Piatigorsky: eine solche Paarung höchster künstlerischer Potenz hat in unseren Tagen Vergleichbares nur in der Partnerschaft zwischen Zukerman, Barenboim und Jacqueline du Pré und läßt erahnen, welcher Rang dem Russen-Trio im westeuropäischen Musikleben damals zukam. Die nächste Station der nun beginnenden musikalischen Odyssee war Paris, wo Milstein als Solist der Durchbruch in die damals dichtbesetzte Geigerelite gelang.

Milstein konzertierte in ganz Europa. In Brüssel wollte er sich bei Eugen Ysaye noch letzten Feinschliff holen. Doch dieser quittierte sein Ersuchen mit dem Bescheid, daß es nichts gebe, was er ihm noch beibringen könne. Als 24jähriger schiffte er sich sodann, zusammen mit Horowitz und Piatigorsky, nach Amerika ein. Dort debütierte er am 17. Oktober 1929 mit dem Philadelphia Orchestra unter Leopold Stokowsky als Solist des Glasunow-Konzertes, das er bereits als Zehnjähriger noch unter des Komponisten Leitung aufgeführt hatte. Ausgedehnte Tourneen führten Milstein in den folgenden Jahren nach Mittel- und Südamerika sowie nach Nordafrika. Nach dem Zweiten Weltkrieg intensivierte er seine Kontakte zu Europa, wo er regelmäßig bei den Musikfestivals in Luzern (seit 1949) und Salzburg (seit 1954) zu hören war. Sein Instrument ist eine Stradivari von 1716, die auf abenteuerlichen Wegen in die Vereinigten Staaten und dort in die berühmte Goldmann-Sammlung gelangt war. Der Instrumentenkennern unter dem Namen «ex-Goldmann» bekannten Geige gab Milstein zu Ehren seiner Tochter Maria und seiner Frau Teresa den neuen Namen «Maria Teresa». Heute leben die Milsteins, die früher in New York wohnten, in London.

Nathan Milstein, Sie haben bereits mit zehn Jahren Ihr erstes Konzert gegeben. Heißt das, daß Sie ein sogenanntes Wunderkind waren?

«Nein. Das Konzert mit Glasunow war ein Zufall. Er besuchte damals Odessa. Zu Ehren seines Geburtstages veranstaltete das Konservatorium ein Festkonzert. Da die hierfür vorgesehene Pianistin verhindert war, fragte mich Professor Stoljarsky, ob nicht ich das Violinkonzert von Glasunow spielen wolle. Zuerst lehnte ich ab, weil ich Angst hatte. Aber Stoljarsky bedeutete mir, daß ich ihn nicht im Stich lassen dürfe. Ich habe damals sicher schlecht gespielt – es ist ein schweres Stück. Aber... ich habe es gespielt.»

Und man hat nicht versucht, Ihren frühen Erfolg für eine Wunderkindkarriere auszuwerten?

«Nein, es war ein Zufallskonzert, und ich habe das nicht ausgenützt.»

Wissen Sie noch, wie es dazu kam, daß Sie Geige lernten?

«Meine Mutter wollte, daß ich Geiger werde. Sie sagte, ich sei der gesündeste von allen Söhnen – ich hatte noch eine Schwester, die Klavier spielte und in Rußland blieb – und deshalb für die Geige am besten geeignet. Also kauften mir die Eltern, die zwar selber nicht musizierten, aber Musik sehr gern hatten, eine Geige. Ich glaube aber nicht, daß sie aus mir einen Künstler machen wollten. Bis zu meinem fünfzehnten Lebensjahr hatte ich kein ausgesprochenes Musikempfinden. Ich habe es vielleicht instinktiv richtig gemacht, aber es interessierte mich nicht sehr. Erst danach fing ich an, über die Musik nachzudenken, für sie zu empfinden, sie zu lieben. Ich hatte Freude daran, auf der Geige zu musizieren. Heute ist das natürlich nicht mehr so. Denn nach nahezu sechzig Jahren Konzerttätigkeit ist das Geigenspiel schon zu einem Teil meiner selbst geworden; so wie man sich auch nicht mehr bewußt seiner beiden Hände freut – sie sind eben da, und man denkt nicht mehr daran.»

In St. Petersburg haben Sie dann bei Leopold Auer studiert. Aus seiner berühmten Schule sind neben Ihnen so bekannte Geiger wie Jascha Heifetz, Samuel Dushkin, Mischa Elman, Isolde Menges, Kathleen Parlow und Efrem Zimbalist hervorgegangen. Bei Auer...

«...Auer war eigentlich überhaupt kein Lehrer – er suchte sich nur solche Schüler aus, die seine Hilfe gar nicht nötig hatten. Natürlich hatte er großen Einfluß auf mich. Aber nie zwang er mir seine musikalische Auffassung auf. Und das scheint mir sehr wichtig für einen Lehrer, daß er nicht zu viele Anweisungen gibt. Die Technik des Geigenspiels ist ja nicht schwierig. Ich beherrschte sie in sehr kurzer Zeit. Es ist die Musik, für die man Jahre, ja ein Menschenleben braucht, wenn man sie meistern will. Und die Musik lernt man nicht bei einem Lehrer, sondern beim Zuhören und Spielen und durch das wachsende Verständnis. Man kann nie genau sagen, was man von wem gelernt hat; ob vom Lehrer oder von den Mitschülern oder vom Zuhören. Was man so über meine großen Lehrer hört, ist oft nicht mehr als ein Mythos: Stoljarsky zum Beispiel pflegte Eier zu essen, wenn wir ihm in Odessa vorspielten.»

Was man von Ihnen nicht berichten kann. Seit einigen Jahren wirken Sie ja während der Juni-Festwochen in Zürich auch als Lehrer. Nun haben Sie an der Juilliard School in New York eine Lehrtätigkeit aufgenommen. Welchen Rat geben Sie jungen Künstlern?

«Glauben Sie, daß man jungen Künstlern einen Rat geben sollte?»

Sie weichen der Antwort aus...

«Nein, ich stelle lediglich eine Gegenfrage – als Argument. Nun, ich glaube nicht, daß man das sollte. Jemand, der der Musik wirklich sehr verbunden ist, braucht keinen Rat. In meinem Unterricht versuche ich lediglich, den jungen Geigern etwas von dem zu vermitteln, was ich gelernt habe. Nicht um ihnen meine Konzeption aufzudrängen, sondern eher um ihnen beim Denkenlernen behilflich zu sein. Das halte ich für einen wichtigen Bestandteil künstlerischer Tätigkeit. Ich habe viele Schüler – gute und begabte. Aber sie sind weit davon entfernt, ‹fertig› zu sein. Ich möchte, daß sie Virtuosen werden in dem Sinne, wie ich den Begriff verstehe.»

Und zwar wie?

«Unter Virtuosität verstehe ich den höchsten Grad professioneller Auszeichnung – und zwar auf allen Gebieten, nicht nur in der Musik. Zum Beispiel auch in der Literatur. Ich meine, ‹Krieg und Frieden› – ein virtuoses Werk in diesem Sinne.»

Was für Voraussetzungen muß man fürs Geigenspiel mitbringen?

«Eine Art Naturtalent. So wie jemand eben zum Beispiel eine natürliche Begabung zum Tennisspielen zeigt. Das ist vielleicht Zufall, aber ohne dieses natürliche Verständnis fürs Instrument kann man nicht Geige spielen. Ich glaube, mein Geigenspiel ist sehr natürlich, denn ich kann die schwierigsten Passagen in den hohen Lagen pianissimo spielen, und zwar ohne besondere Anstrengung. Das konnte auch David Oistrach. Er hatte etwa dieselbe Linkehandschule wie ich, wir haben ja zusammen gespielt. Aber er war körperlich nicht so gesund wie ich.

Wenn man Künstler sein will, dann muß man mehr mitbringen als nur einen schönen Ton, Temperament und Brillanz, man muß die Fähigkeit zu tieferem Empfinden besitzen. Mit dem Instinkt kann man natürlich viel machen, das sehe ich bei unseren jungen Geigern. Aber es ist immer ein bißchen äußerlich – weil sie den Soforterfolg anstreben. Wer die Künstlerlaufbahn einschlägt, muß eine andere Basis haben als nur dieses Äußerliche. Sicher braucht es auch Intuition. Sie ist manchmal sehr wichtig. Aber was gedanklich entwickelt und aufgebaut ist, wird irgendwo doch größer. Die Jungen haben heute bereits ein viel zu großes Repertoire – sie wollen eben viele Konzerte geben. Sie spielen, nur um auftreten zu können, gute, aber auch schlechte Moderne. Wenn das Konzert von John Johnson verlangt wird, dann spielen sie es. Das ist aber nicht gut für die Jungen. Sie sollten sich auf ein bestimmtes Repertoire konzentrieren und erst einmal dessen Schönheiten entdecken. Es gibt Sachen, die man nicht kann, wenn man jung ist. Bei den Nachwuchsgeigern beobachtet man oft einen geradezu kannibalischen Ausdruck. Es ist zwar alles gut gespielt, aber nicht so, daß man sagen kann: Aha! Als Jascha Heifetz jung war, hatte er ein relativ schmales Repertoire. Aber wenn er etwas spielte, dann hatte er viel Arbeit und Konzentration darauf verwendet und sich über das Werk Gedanken gemacht. Wenn man begabt ist, braucht man zwar manchmal nicht zu denken, weil die Natur von selbst, ohne jedes Zutun, Tiefe findet. Man muß sich langsam aufbauen. Auch so große Talente wie Wagner, Verdi, Beethoven und Tolstoi haben in ihren jungen Jahren weniger gut geschrieben als im Alter. Aida ist ein wunderbares Werk, aber Othello oder Falstaff sind noch besser. Bei Beethoven dasselbe: Seine mittlere Periode ist phantastisch. Das Gefühl des Musikers verfeinert sich mit dem Alter, da läßt sich nichts forcieren.

Die Vorstellung, die man von einem Werk gewinnt, erlangt man nicht allein dadurch, daß man es spielt, sondern auch indem man es von anderen hört. Und nicht nur dieses Stück, sondern auch andere des gleichen Komponisten. Das schafft manchmal plötzlich Bezüge, und dann weiß man mit einemmal, wie man etwas machen muß. Das kommt mit den Jahren – es ist eine Akkumulation von Gedanken über ein Werk. Und all diese Gedanken müssen geordnet werden, damit das Stück richtig gestaltet wird. Wie man es dann spielt, hängt zusätzlich noch davon ab, was man während des Spielens empfindet.»

Welche Künstler haben in Ihren jungen Jahren Ihre Entwicklung beeinflußt?

«Beeinflußt wäre zuviel gesagt. Als ich früher viel ins Konzert ging, da hatte mir Huberman am meisten Eindruck gemacht – am meisten stimmt auch wieder nicht ganz; es war doch sehr verschieden: Busch, Kreisler... Als ich ganz jung und noch in Rußland war, habe ich noch Ysaye gehört. Auch Jan Kubelik, doch sein Spiel hat mir nicht so gefallen. Ich habe einige Künstler unerhört geliebt. Nicht weil ich sie für die größten hielt, im Gegenteil: ich wußte, daß es welche gab, die besser als sie spielten, und doch haben diese mich nicht so gepackt wie die anderen, zum Beispiel Fritz Kreisler. Mit meinem Freund Horowitz besuchte ich einmal in Paris eines seiner Konzerte. Er spielte Beethoven, und als Beethoven-Interpret hat er mir nicht sehr gefallen. Aber sein Spiel, seine Kunst war unerhört. Er war eine so faszinierende, beinahe hypnotische Persönlichkeit, daß wir ganz von ihm gefangen waren. Horowitz und ich hatten eine Loge. Als das Konzert schon längst zu Ende war, saßen wir immer noch wie betäubt auf unseren Plätzen. Erst als ein Platzanweiser kam und uns sagte: Ja, meine Herren, Sie können nach Hause gehen, das Konzert ist aus, erwachten wir wieder. So fasziniert waren wir von Kreislers Spiel. Übrigens hat Kreisler nicht, wie viele glauben, mit unerhört viel Rubato und gegen den Rhythmus gespielt. Im Gegenteil. Davon war in seinem Spiel fast gar nichts zu spüren. Die Rubati kommen ja auch nur wunderbar heraus, wenn man im Rhythmus spielt. Die Freiheit gewinnt man nicht, indem man die ganze rhythmische Konstruktion umschmeißt. Beim richtigen Rubato empfindet man dieses Freisein nur innerhalb des Taktes.»

Gab es irgendwelche Begegnungen mit Musikern, die Ihnen persönlich wichtig waren, auch wenn Sie keine weitergehenden Anregungen von ihnen bezogen?

«Sergej Rachmaninow zum Beispiel, mit dem ich sehr befreundet war. Wir haben sehr viel miteinander musiziert, auch zusammen mit Horowitz und Piatigorsky. Unsere Zusammenarbeit ging sehr weit. In Hertenstein am Vierwaldstättersee habe ich mit Rachmaninow die Geigenstimmen zu seinen Paganini-Variationen eingerichtet, ich habe ihn im Streichersatz beraten. Er wollte zum Beispiel die Wiederholung des Themas in einer Variation den Geigen geben. Ich war aber der Ansicht, daß es nicht optimal klang. Da schlug er vor, das Thema den Celli zu geben. Ich fand das zu grob und plädierte für die Bratschen. Rachmaninow war entzückt. Das war etwa 1932.»

Haben Sie Kontakte mit Geigern unserer Zeit, etwa um mit ihnen Erfahrungen auszutauschen?

«Nein. Musikalische Kontakte habe ich mehr mit Pianisten, wie etwa Rubinstein, Horowitz und Rudolf Serkin. Ich war befreundet mit dem Geiger Zino Francescati. Aber es gibt eben Leute, die die Gesellschaft anderer nicht so suchen. Als ich noch in Amerika war, habe ich viele Parties gegeben. Oft haben sich die Gäste nicht wohl gefühlt, weil die Geiger meist untereinander blieben und über Berufliches sprachen. Ich habe Geiger sehr gern, ich lehne sie nicht ab. Aber ich schätze auch Leute, mit denen ich über andere Sachen sprechen kann als über Musik. Über Politik zum Beispiel. In London habe ich oft Besuch von hohen Politikern wie etwa Edward Heath und Lord Chalfont. Beide sind unerhört musikalisch. Trotzdem spreche ich mit ihnen nie über Musik, sondern eher über Politik. Das habe ich nicht studiert, aber für mich ist das alles doch sehr wichtig. Ich diskutiere und unterhalte mich gern mit Menschen.»

Was halten Sie von Ihren derzeitigen Kollegen?

«Alle, die gut spielen, gefallen mir. Und alle, die gut spielen, haben in meinen Augen Fehler, so wie ich selber.»

Nathan Milstein sitzt der Schalk tief in den Augen. In Gesellschaft vermag er ein ganzes Auditorium mit verblüffend gut gekonnten mimischen Imitationen berühmter Kollegen zu unterhalten. Und im Gespräch, das er mit lebhaften Gesten untermalt, zeigt er sich genauso impulsiv wie im Dialog mit der Violine. Mit wirklich bitterernstem Gesicht kann man sich ihn kaum vorstellen. Auch dann nicht, wenn es selbst in der Kunst nichts mehr zu lachen gibt. Auch in Augenblicken höchster Konzentration und tiefster Versunkenheit in das Spiel liegt ein Lächeln auf seinem Gesicht und legt sich in kleinen Falten an die Schläfen: Es muß die Heiterkeit des Glücklichen sein, den die Götter, aus welcher Laune auch immer, so überreich beschenkt haben und der nun seinerseits keine geringe Freude daran hat, den Schatz mit anderen zu teilen. Nathan Milstein: Der Name steht nicht nur für geigerische Bravour, für mit höchster Virtuosität gepaartes außergewöhnliches Musikertum, dem nie und nirgendwo der Makel des Unbedachten anhaftet. Milstein: Das ist Lebensfreude, sprühende Vitalität.

In der Tat: Das eigentlich Unbegreifliche an Milstein ist seine unermüdliche Physis und seine ungeheuer zähe Konstitution. Seine Mutter muß ein gutes Auge gehabt haben, als sie daranging, gerade ihm von fünf Söhnen Geige und Bogen in die Hand zu drücken. Milstein hat jene vielberufene Altersgrenze längst hinter sich, die dem Bürger den Ruhestand und dem Geiger meist den Verlust der Intensität des Tones bringt. Im Gegensatz zu fast allen Weltklassegeigern erreichte er erst im geigerischen Pensionsalter seine heutige Vollkommenheit. Anders als bei den meisten Geigern, bei denen, wenn sie sechzig, spätestens aber wenn sie siebzig Jahre alt sind, der Ton brüchiger, spannungsloser, auch unerotischer wird, ist Milsteins Ton, je älter er wurde, um so strahlender und blühender, dabei satter und inniger geworden. Nur David Oistrach war ihm gleich. Doch er, der Jüngere, ist tot. Wie Milstein hatte auch er eine für Geiger ungewöhnlich lange und ungetrübte Glanzzeit und mußte im Alter keinerlei Schmälerungen der Klangintensität oder der Geläufigkeit hinnehmen.

Milstein jedoch, im achten Lebensjahrzehnt stehend, bricht auf zu neuen Taten. Wo andere aufhören, beginnt er. Mit siebzig Jahren spielt er noch einmal das gewaltigste Werk der Violinliteratur, Bachs Sonaten und Partiten, ein und stellt sie in Wettbewerb zur eigenen früheren Aufnahme aus dem Jahre 1957. Mit Claudio

Abbado und den Wiener Philharmonikern gelingt ihm ein weiterer Wurf: Seine Interpretation der Violinkonzerte von Mendelssohn und Tschaikowsky hat Modellcharakter und zeigt Milstein auf der Höhe seiner Kunst. Auch im Violinkonzert von Brahms mit Eugen Jochum und den Wiener Philharmonikern setzt er neue Maßstäbe, obwohl sich da eine glücklichere Paarung als jene mit Jochum denken läßt. Milstein teilt mit Mischa Elman, der ebenfalls ein Schüler von Leopold Auer war, die Besonderheit, länger als andere Geiger im Vollbesitz der künstlerischen Kraft zu konzertieren. Heute steht er sogar ganz allein da. Wie ein erratischer Block ragt die Vollkommenheit seines Spiels, die die Entwicklung der Geigentechnik im 20. Jahrhundert entscheidend geprägt hat, aus der meist von jungen jüdischen Talenten neubestellten musikalischen Landschaft heraus. Wahrlich, Nathan Milstein ist ein Sonderfall unter den Geigern unserer Zeit.

Seit Jahrzehnten zählen Sie zur Weltelite der Spitzengeiger. Sie gehören einer Generation an, in der jene Vollkommenheit des Violinspiels, wie sie durch Sie in Erscheinung tritt, noch ein verwegenes Abenteuer und ein singuläres Ereignis war. Welchen Umständen verdanken Sie Ihrer Meinung nach die Konstanz des technisch-geigerischen Standards?

«Das verdanke ich, glaube ich, meiner guten Gesundheit. Ich habe gute Nerven und Energie, und ich war nie in meinem Leben krank, auch als Kind nicht. Glauben Sie mir, das hat es in der Geschichte des Geigenspiels bisher wohl noch nie gegeben, daß ein Geiger meines Alters noch ziemlich gut spielt. Man kann mein Spiel sicher kritisieren, aber es ist immer noch sehr gut. Ich habe kaum Schwierigkeiten. Verschiedene Werke spiele ich, vom mechanisch-technischen Standpunkt aus betrachtet, heute sogar besser als vor 25 Jahren. Und vom Interpretatorischen her gesehen gibt es in meinem Repertoire kein Stück, das ich heute nicht besser bringe als früher. Ganz einfach dank meiner größeren Erfahrung. Die Bewältigung der technischen Probleme fällt mir heute leichter. Technik ist ja nicht nur ein Problem der Muskelbeherrschung. Technik heißt die Mittel für das verfügbar zu machen, was ich tun möchte. Pianisten können noch bis weit in ihr neuntes Lebensjahrzehnt hinein spielen. Geiger nicht. Denn der Geiger muß im Gegensatz zum Pianisten den Ton selbst erzeugen. Das Wichtigste beim Geiger ist ja sein Ton. Diesen Ton aber zu schaffen, das allein ist physisch unerhört schwierig. Er muß vibrieren. Und um dies zu erreichen, muß der Geiger nicht nur mit seinen Händen vibrieren. Es ist der ganze Körper, der vibriert. Innen und außen. Der Pianist tut das nicht. Wenn er zum Beispiel piano spielt, so ist das für ihn keine Anstrengung; dabei kann man nicht unterscheiden, ob ein großer Künstler oder ein guter Dilettant spielt. Beim Geiger oder Cellisten stellen Sie das sofort fest. Denn nichts ist auf einem Streichinstrument schwieriger zu bringen als ein Piano oder Pianissimo. Um ein Vibrato im Pianissimo spielen zu können, muß man die Nerven aufs äußerste anspannen. Dazu braucht man unerhört viel Energie.»

Und woher nehmen Sie diese Energie?

«Die ist einfach da. Ich habe keinen Dynamo in mir, der diese Energie schafft. Ich kann auch nicht sagen, daß es die Musik ist, die mir die Energie gibt. Eher ist es umgekehrt: Man muß über diese Energie verfügen, gesund sein, damit man Musik machen kann. Musik wird einem doch nicht plötzlich Gesundheit geben. Es ist eben eine natürliche Energie, die sich aber nach und nach doch abbaut.»

Üben Sie eigentlich noch?

«Manchmal spiele ich tagelang nicht. Aber dann beschäftige ich mich geistig mit der Musik – und auch technisch. Denn man muß sich auch über das Technische des Spiels Gedanken machen. Schauen Sie, ich würde mechanisch doch nichts besser machen, wenn ich jetzt noch arbeiten, also üben würde. Ich muß es jetzt technisch besser machen. Und die Technik kommt durch gedankliche Verarbeitung. Das Mechanische muß man machen, wenn man jung ist. Natürlich würde ich jeden Tag gern drei Stunden spielen. Aber daran hindert mich schon das viele Reisen. Ich kann doch eine Reise nicht einfach abbrechen, um irgendwo zu üben…»

Sie sind ja, wenn Sie reisen, in der Regel stets länger unterwegs, weil Sie, wie Swjatoslaw Richter auch, niemals fliegen, sondern selbst große Distanzen mit der Eisenbahn oder dem Schiff zurücklegen…

«…wobei ich sogar manchmal Gelegenheit habe, für mich zu spielen. Ich mache das manchmal im Zug. Ich spiele mit Dämpfer in meinem Abteil, und niemand hört es. Das gefällt mir. Die Lichter der Städte und Dörfer ziehen draußen an mir vorbei, während ich für mich spiele. Das ist sehr poetisch. Ich mag das.»

Um fit zu bleiben, tun Sie viel für Ihre Gesundheit. Sie gehen in die Berge. Sie sind öfter in Gstaad im Berner Oberland, wo ja auch Yehudi Menuhin wohnt; und in Abano Therme verbringen Sie jeweils einige Wochen im Jahr. Sie trinken gern auch einmal ein Kirschwasser. Haben Sie sich auch schon manchmal Gedanken über einen Abschied vom Konzertpodium gemacht?

«Ich werde bald aufhören zu spielen. Nicht morgen, aber in ein paar Jahren schon. Ich will da aber nicht dogmatisch bestimmen – das gelingt nie: nicht mit dem Rauchen und nicht mit den sogenannten Abschiedstourneen, die sich in gewissen Fällen über Jahre hinziehen. Als ich vor vielen Jahren aufhörte zu rauchen, hatte ich mir das nicht vorgenommen. Bei einer Konzertprobe habe ich einmal zufällig nicht geraucht. Und als ich dann nach Hause kam, fühlte ich mich besser. Da habe ich den ganzen Tag nicht geraucht. Beim Konzert dann war ich irgendwie viel glücklicher und sicherer bei schwierigen Stellen. Also habe ich auch am nächsten Tag nicht geraucht. Und so ist es bis heute geblieben. Ich habe mir damals, es war wohl 1958, nicht gesagt, du mußt aufhören. Dazu habe ich nicht genug Willen… Also, ich werde nicht plötzlich aufhören, Geige zu spielen. Vielleicht könnte ich ohne Musik auch gar nicht leben. Denn ich habe Freude am Spiel. Ich möchte vorerst bloß ein bißchen mehr zu Hause bleiben. Bevor ich aufhöre, möchte ich aber noch ein Experiment machen.»

Doch nicht etwa dirigieren?

«Doch. Aber nicht so wie Oistrach oder Menuhin. Ich möchte wie ein Regisseur in der Probe die Auffassung und Konzeption erarbeiten. Im Konzert müßte es dann ohne Dirigenten gehen – so wie der Theaterregisseur ja bei der Aufführung auch nicht auf der Bühne steht. Während der Proben möchte ich dem Orchester ein Konzept geben, ihm als sein Regisseur eine musikalische Vorstellung vermitteln. Ich bin nicht gegen das Dirigieren im Konzert, soweit es als Kontrolle der erarbei-

Nathan Milstein spielt eine Stradivari aus der Sammlung Goldmann. Zu Ehren seiner Frau und seiner Tochter hat er sie «Maria Teresa» benannt. Als Pädagoge genießt der gebürtige Russe den gleichen legendären Ruf wie als Geigenvirtuose. Seine alljährlichen Kurse im Muraltengut in Zürich zeugen von seinem Bestreben, seinen reichen Erfahrungsschatz an die junge Geigergeneration weiterzugeben (unten).

Milstein ist seit 1945 mit der rumänischen Pianistin Teresa Kaufmann verheiratet (das Foto rechts zeigt sie mit ihrem Mann während eines Aufenthaltes in Gstaad). Im Gespräch, das er mit lebhaften Gesten untermalt (rechts unten), zeigt er sich genauso impulsiv wie im Dialog mit der Violine.

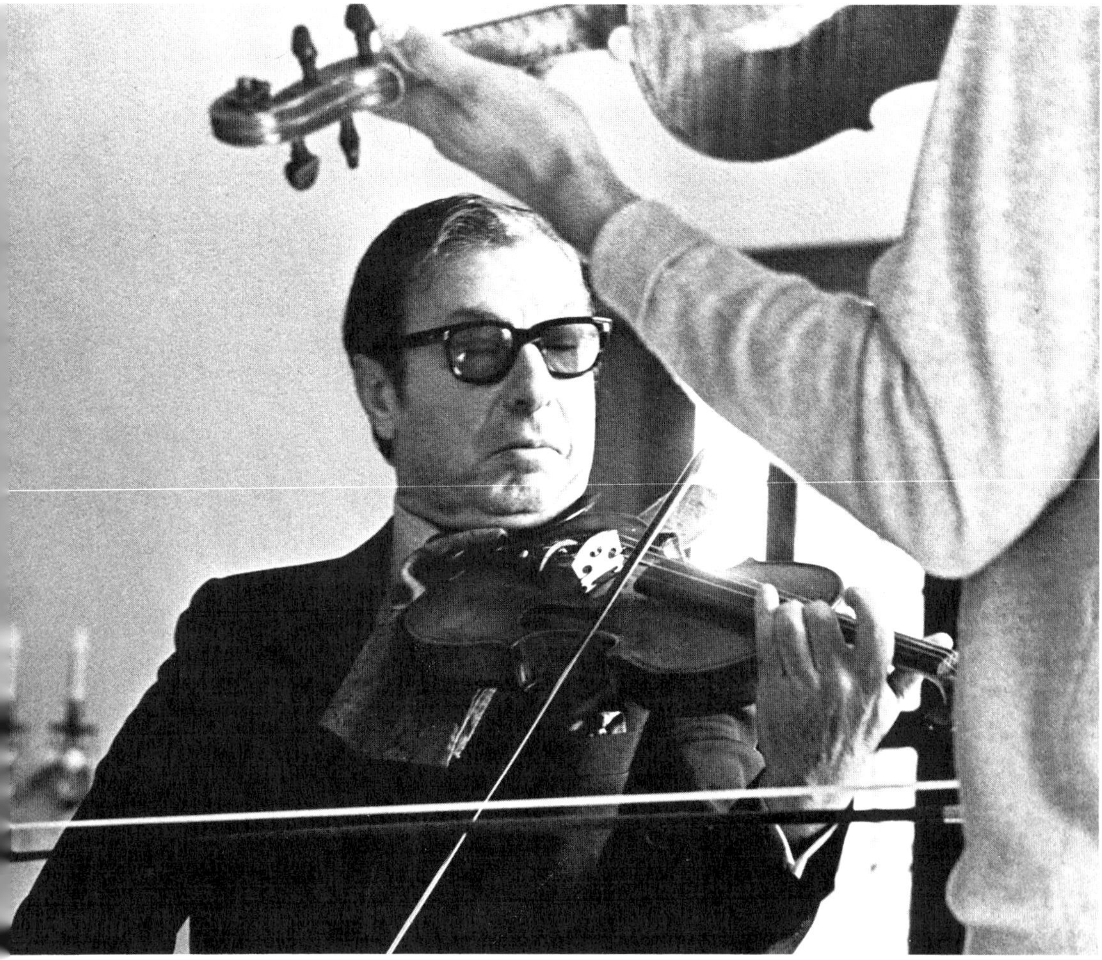

teten Auffassung verstanden wird. Ein guter Musiker braucht aber im Konzert keinen Dirigenten, er weiß, wie er spielen muß, was er empfindet. Er weiß, wie einem Ton ein bestimmter Charakter gegeben wird. Der Dirigent kann ja nur äußerlich etwas anzeigen, mit den Händen *calando* oder *agitato* beschwören. Aber das Orchester muß es dann doch selbst machen – nicht der Dirigent. Und deshalb meine ich, daß das Orchester eine gewisse Unabhängigkeit vom Dirigenten im Konzert haben muß. Wie gesagt, das ist keine Absage an den Dirigenten. Aber im Konzert kann es auf ihn verzichten. Auf dem Programmzettel würde es dann einfach heißen: Einstudiert von Karajan. Nur würde er nicht in Erscheinung treten. Karajan soll natürlich nur als Beispiel dienen. Er ist als Dirigent sympathisch anzusehen. Ich mag es sehr, wenn er dirigiert, weil es so spektakulär schön aussieht. Bernstein weniger, leider. Auch unter einem guten Dirigenten muß das Orchester gut sein, sonst macht es der beste Dirigent nicht besser. Nur darf für ein Orchester, das ohne Dirigent spielt, das technische Problem nicht existieren. Es muß sich selbst zuhören. Im letzten Satz des Violinkonzertes von Brahms zum Beispiel gibt es eine Stelle, die nie zusammen ist, auch bei den weltbesten Orchestern nicht, wenn ich den Musikern nicht sage: Hören Sie zu, was die Geige macht. Schauen Sie nicht auf den Dirigenten, sondern auf den Geiger. Wobei dann der Dirigent wütend wird!»

Haben Sie in Ihrem Leben alles erreicht, was Sie sich gewünscht haben, oder gibt es, außer dem Wunsch nach diesem Dirigier-Experiment, noch Unerfülltes?

«Ich habe mir nichts gewünscht.»

Aber Sie sind zufrieden mit dem Leben?

«Ja. Meiner Vorstellung nach habe ich alles. Ich habe nie besondere Anstrengungen gemacht, etwas zu erreichen, was ich ohnehin nicht haben kann. Es gibt natürlich Leute, die meinen, das sei nicht genug; sie benehmen sich dann aber auch ganz anders. Was soll ich mir wünschen? Ich unterhalte mich gern, ich höre anderen gern zu, auch Musikern. Ich habe ein Leben lang gespielt, was ich wollte. Wobei mir die Kammermusik immer besonders am Herzen lag. Ich liebe das Leben, so wie es ist. Deswegen sage ich, ich bin zufrieden. Mir gefällt die Welt auch, wenn es draußen regnet. Das macht mich nicht depressiv wie andere Leute. Ich finde, man sollte auch nicht zuviel übers Leben nachdenken und herumgrübeln, das ist nie gut. Wenn man etwas tut, sollte man es nicht mit dem Kopf, sondern mit dem Herzen tun. Ich kenne viele Leute und Kollegen, die Unproduktives und Unschöpferisches tun und sich über Dinge auslassen um des Effektes willen. Man kann auch daran seine Freude haben. Ich sage nicht, daß es richtiger ist, wie ich es halte – ich finde nur, daß es für mich besser ist.»

Haben Sie eine Maxime, nach der Sie leben?

«Sie meinen, meine Philosophie? Ich lebe, weil ich geboren wurde! Ich bin physisch und psychisch gesund. Der einzige Komplex, den ich habe, ist eine gewisse Nervosität vor dem Konzert. Da fühle ich mich den ganzen Tag eher unglücklich, nervös. Ich habe furchtbare Angst vor dem Konzert bis gegen Mittag. Um fünf Uhr bin ich schon wieder ganz ruhig – in dem Sinne, daß ich nicht mehr so ängstlich bin. Wenn Logik im Spiel wäre, könnte man dagegen ankämpfen. Aber es ist unlogisch. Am Konzerttag bleibe ich immer auf meinem Zimmer. In jungen Jahren kannte ich dieses unangenehme Gefühl nicht. Das kam erst in den letzten Jahren. Als ich jung war, ging ich wenige Stunden vor dem Konzert noch ins Kino. Jetzt kann ich nicht einmal daran denken, am Konzerttag mit Freunden zum Lunch zu gehen. Solange die Geige im Kasten ist vor einem Konzert, bin ich immer nervös. Aber sobald ich auf der Bühne stehe, verfliegt die Nervosität.»

Was halten Sie, der Sie als Violinvirtuose weltberühmt sind, vom Ruhm?

«Ruhm kümmert mich nicht, nicht tot und nicht lebendig.»

Glauben Sie an einen Gott?

«Nicht im religiösen Sinne, aber sehr stark im Empfinden. Albert Einstein, mit dem ich oft zusammen war, war in diesem Punkt nicht ohne Einfluß auf mich. Er war nie ein gläubiger Mensch, aber eines Tages sagte er zu mir: Wissen Sie, ich fange an zu denken, daß es eine Kraft gibt, die größer ist als wir. – Auch ich glaube, daß es irgendwo eine unbestimmte Kraft gibt, eine Naturkraft, hinter der keine Konzeption stecken muß. Ich glaube auch, daß Einstein furchtbar unglücklich darüber war, daß die Welt mit den zerstörerischsten Bomben, die wir kennen, nicht zugrunde zu richten ist. Er hat, meine ich, gespürt, daß die Natur stärker ist, und darüber war er unglücklich.»

Was halten Sie von der Zeit, in der wir leben?

«Wohin ich schaue, finde ich Dekadenz. Im Denken, im Benehmen, in der Art, sich zu kleiden, in der Literatur, im Film, in der Musik, in der Malerei, überall. Das Schlimmste jedoch ist die Dekadenz im Denken. Um dies darzulegen, müßte man ein Buch schreiben – ich werde es einmal tun! Selten hat es eine so lange Periode in der Musik gegeben, in der soviel Unschöpferisches aufs Podium gekommen ist. In den vergangenen fünfzig Jahren ist nichts Nennenswertes komponiert worden. Wenn Sie mir entgegenhalten, Strawinsky habe Werke wie die Suite Italienne oder Apollon Musagète geschrieben, so erwidere ich Ihnen, daß das doch keine großen Leistungen von Strawinsky waren. Überdies sind es eher Produktionen des ausgehenden 19. Jahrhunderts. Strawinsky hat übrigens Besseres komponiert. Aber auch sein Violinkonzert finde ich nicht gelungen. Ich habe es trotzdem gespielt.»

Ihr musikalischer Geschmack zielt eher in die Vergangenheit. Dennoch, was halten Sie von der modernen Musik?

«Die Avantgarde verstehe ich nicht. Ich will auch gar nicht mehr von ihr kennenlernen. Ich denke, die neue Form in der modernen Musik ist noch nicht gefunden. Zwar wird immer wieder versichert, das, was heute produziert wird, stelle die neue Form dar. Aber ich sehe darin keine neue Form. Es kann nichts Gutes dabei herauskommen, wenn man sich ganz von der Tradition löst. Man muß doch an die Erfahrungen früherer Zeiten anknüpfen. Warum sollen wir bereits Erreichtes einfach vergessen und primitiv werden? Ich verstehe die jungen Komponisten nicht: Sie wissen soviel, und doch wollen sie in der Kunst primitiv sein. Das scheint mir unecht. Was dabei herauskommt, ist Klangeffekt, aber keine Musik. Es gibt Leute, die zu mir sagen: Herr Milstein, hören Sie doch, es gibt doch soviel schöne Klänge, die uns umgeben. Selbstverständlich. Es gibt auf der ganzen Welt, auf dem Land und in den Städten, angenehme und unangenehme Klänge, die uns umgeben, aber das ist doch noch lange keine Kunst. Das Unechte kommt daher, daß die jungen Komponisten nicht mehr arbeiten wollen. Man arbeitet überhaupt in unserer Zeit nicht mehr gewissenhaft genug. Und darüber vergißt man, daß es früher einmal besser gemacht wurde. Ich habe das noch erlebt, und daher ist es mir ganz egal, wenn andere etwas anderes behaupten. Wenn es aber schon eine völlig neue Musik sein muß, dann sollte man auch andere Instrumente dafür finden.»

Die Geige hat sich aber als sehr vielseitig erwiesen. In modernen Kompositionen gibt es Anweisungen, auf sie zu schlagen, hinter dem Steg zu spielen...

«...dann soll man eine Kasserolle nehmen, nicht eine Stradivari, die so wunderbar ist für etwas anderes. In London habe ich einem wunderbaren Orchester zugehört, das viel Geld dafür bekam, eine Dreiviertelstunde nur dazusitzen und nichts zu spielen. Nur ein Trommler war in der Zeit beschäftigt. Am Schluß mußten die Streicher dann *col legno* spielen. Ich habe sie alle bedauert, denn ich wußte, daß der erste Konzertmeister einen sehr guten Bogen besaß und natürlich Angst hatte, er könnte dabei entzweigehen. Aber es gibt jetzt ein paar begabte Leute, von denen ich den Eindruck habe, daß sie aufhören zu suchen und etwas Gutes komponieren werden. Das geniale Talent wird das Neue bringen.»

Bloß mit der Geige bewaffnet einen ganzen Abend künstlerisch ausfüllen zu können, ist nur ganz wenigen Violinisten vergönnt. Nathan Milstein ist ohne Zweifel einer jener Sendboten großer Geigenkunst, deren spirituelle und manuelle Leistungsfähigkeit Weltniveau markiert. Milstein ist Virtuose par excellence. Daran gibt es nichts zu deuteln. Virtuose aber verstanden als einer, der seine Talente dafür einsetzt, Musik möglichst gut zu interpretieren. Von ihm geht sowohl die Faszination eines um kein Raffinement verlegenen Technikers aus als auch die Kraft der Überzeugung, daß ein Werk nur so und nicht anders interpretiert werden darf. Milstein hat sich der härtesten Schule des musikalischen Hörens und Gestaltens unterzogen, der Kammermusik, um sich noch freier und ungezwungener dem Werk nähern zu können. Seine Liebe zur Kammermusik feit ihn gegen jede oberflächliche und selbstgefällige Virtuosität. Sein Spiel ist zuerst und vor allem eine seltene Mixtur aus emotionalem Engagement und kalkulierter Disposition. Das erklärt die Verblüffung, mit der sein Publikum stets aufs neue reagiert. Er nimmt sich musikalisch jede Freiheit und weist damit zum Ursprung der Musik.

Die Frage nach der Freiheit des Interpreten wird aber spätestens da gegenstandslos, wo kunstvollstes Material eigenschöpferisch modelliert wird mit einer Selbstverständlichkeit, die Ausdruck des Geistes einer künstlerischen Elite ist, ohne die Kultur nicht zu denken ist. So haben Milsteins Konzerte stets etwas von einem Naturereignis an sich. Selbst eine so strenge und in gewissem Sinne unzugängliche Musik wie die Sonaten und Partiten von Bach verwandelt er in höchst lebendigen und klangsinnlichen Ausdruck.

Milsteins Bach ist durch Milstein belebter Bach, ist subjektiv im besten Sinne. Werktreue und Stilpurismus sind Begriffe, die in Verbindung mit ihm sich selbst entlarven. Abgeklärt, jeder glitzernden Virtuosität abhold, entwickelt seine erlesene Geigenkunst mit zwingender Intensität die Bachschen Sonaten und Partiten. Sein Spiel ist von erregendem Ausdruck und innerem Feuer – tiefer geistiger Atem überspannt sein alle klanglichen Nuancen auskostendes Bachspiel. Milsteins Meditationen über Bach sind der Ausdruck eines Kunstempfindens, das die ganze Persönlichkeit in den Dienst dieser großartigen Musik stellt.

Bachs Sonaten und Partiten für Violine haben Sie bisher zweimal für die Schallplatte aufgenommen, und zwar 1957 und 1975. Wie und wann sind Sie auf Bach gestoßen?

«Bach mußte ich eigentlich auf eigene Faust entdecken. In meiner Jugend war Bach in Rußland keineswegs allgemein als großer Komponist anerkannt. So stand von all seinen Werken lediglich eine Fuge auf unserem Ausbildungsprogramm.»

Zwischen Ihren beiden Einspielungen der Partiten und Sonaten liegen achtzehn Jahre. Welcher geben Sie selbst den Vorzug?

«Ich glaube, die Aufnahme, die ich in London gemacht habe, ist der früheren aus den fünfziger Jahren überlegen.»

Ihr Bachspiel ist nicht unumstritten; vielen ist es nicht objektiv genug – was immer das auch heißen mag...

«Kann man Musik überhaupt objektiv spielen? Ich habe Bach selbst nie spielen hören. Seine Musik mag ich sehr, und ich finde, daß keiner besser für die Geige geschrieben hat als er. Wenn er gewollt hätte, daß man seine Musik ‹objektiv› spielt, dann hätte er sie mit allen nur denkbaren Vortragszeichen versehen. Aber nichts davon findet sich in seinen Partituren. Sogar die Bogenstriche sind nur nach dem Geschmack des Solisten zu setzen. Die Violinmusik von Bach ist die wärmste Musik, die es gibt – vielleicht zusammen mit der von Schumann, der aber doch wieder einen ganz anderen musikalischen Ausdruck hat. Man muß hier zwischen dem starken inneren Ausdruck bei Bach und der romantischen Form bei Schumann unterscheiden. Bach darf man nicht romantisch spielen; er muß ausdrucksvoll gespielt werden, voll inneren Geistes. Dann ist Bach auch nie langweilig. Und doch wirkt er, weil streng gespielt, beinahe immer langweilig. Dabei gibt es sogar bei ihm sinnliche Momente – im guten Sinne; denn dahinter steckt doch eine Passion, die viel wärmer ist als bei oberflächlich sinnlicher Musik. Bach muß man lebendig gestalten. Aber offenbar hat man kein Vertrauen zu diesem großen Künstler. Dabei ist die puristische Interpretationsauffassung, die ja jetzt Brauch geworden ist, nicht einmal intellektuell. Bach war ein großer Improvisator. Das kommt auch in den Sonaten und Partiten zum Ausdruck. In ihnen findet sich viel Ornamentales. Und das muß man auch so spielen, sonst wird es langweilig. Deshalb betone ich den Baß und hebe die Mittelstimmen heraus. Die führenden Stimmen hole ich hervor und umspiele sie mit der Ornamentik. Aber viele Violinisten sehen vor lauter Bäumen den Wald nicht. Ihre Interpretation wirkt tot, weil sie das Bedeutende vom Unbedeutenden nicht unterscheiden können. Ich habe mit Bachs Werken immer großen Erfolg gehabt beim Publikum, obwohl er keine pyrotechnischen Stücke geschrieben hat, wie man sie bei Paganini findet. Ich spiele seine Musik einfach lebendig, dann entfaltet sich auch die in ihr steckende Brillanz. Joachim, der ein großer Musiker war, hat sich bei Bach-Interpretationen böse Dinge erlaubt. Er hat den Baß bei Bach nicht verstanden. Und auch in der Kreutzersonate spielte er in der letzten Variation einen Triller, den Beethoven nicht geschrieben hat. Aber ich bin nicht die Instanz, die zu bestimmen hat, was man tun darf. Wenn etwas gut ist, dann darf man es auch.»

Schumann hat, ganz im Zeichen der Bach-Renaissance des 19. Jahrhunderts, zu den Sonaten und Partiten eine Klavierbegleitung geschrieben. Was halten Sie von einem solchen Compositum mixtum?

«Dazu sage ich nichts... ich finde es nicht gut. Man hat damals viel Liebe für Bach gezeigt, aber man hat ihn nicht genügend verstanden. Man hat nicht begriffen, daß seine Musik im Original viel besser ist, wenn man sie richtig spielt, das heißt so, wie es geschrieben ist, und nicht trocken. Wie kann man zum Beispiel die Chaconne bearbeiten! Das ist doch eine so gewaltige Musik! Wie eine Kathedrale mit ihren in vielen Farben schillernden Glasfenstern. Da ist doch soviel Leidenschaft und Ausdruck drin! Ich glaube, Schumann hat das nicht ganz ernst gemeint. Was er aber meiner Meinung nach sehr gut gemacht hat, ist die Adaptation von Themen der Paganini-Capricen in seiner a-Moll-Sonate, die im letzten Satz sehr stark an Paganini erinnert. Schumann war nicht nur ein großer Komponist, sondern auch ein großer Musiker. Das kann man gerade da sehr leicht feststellen. Ich finde auch, daß seine Konzeption der Verarbeitung von Paganini-Themen doch besser war als die Rachmaninows, den ich natürlich sehr gern habe.»

Da nun mal der Name Paganini fiel – lassen Sie uns ein wenig über ihn sprechen. Er muß Ihnen wie Bach sehr am Herzen liegen, denn Sie haben eine «Paganiniana» komponiert, eine violinistische Piece, in der Paganinis Geigenartistik gleichsam potenziert ist. Sie sind darin Ihrem Freund Horowitz nicht unähnlich, der sich ja auch spieltechnisch nur schwer zu bewältigende eigene Fassungen ausgewählter Klavierliteratur zurechtgelegt hat.

«In der Paganiniana habe ich das 24. Capriccio mit anderen Themen Paganinis verknüpft. Es war eine spontane Idee, denn als ich einmal in New York war, brauchte ich ein Stück von etwa zehn Minuten, und ich fand keines, da die Violinliteratur ja doch beschränkt ist. Die Paganini-Capricen sind wunderbare, phantastische Musik, ich mag überhaupt Paganini, guten Paganini. Die Hälfte der Capricen spiele ich sehr oft. Einige sind etwas studienhaft, nicht alle sind mir sympathisch. Man muß sich sehr lange mit ihnen beschäftigen. Ich meine, man sollte nicht alle auf einmal spielen. Heifetz hat nie alle Capricen gebracht. Ich schon, aber auch nicht auf einmal. Jetzt kann ich etwa zehn davon jeden Tag spielen. Was einem nicht gefällt, soll man auch nicht spielen. Weshalb also alle 24 Capricen? Als Komponist war Paganini eine Genie, nur war sein Leben ziemlich unorganisiert. Doch die Capricen hat er wunderbar gemacht, auch wenn nicht alle gleichwertig sind. Aber auch Beethoven hat manches geschrieben, was weniger gut ist.»

So, wie Sie Paganinis Drahtseilakte mit Eleganz und Geschmack servieren, so haben Sie sich auch stets mit Genuß dem virtuosen Schaumgebäck hingegeben: ich meine Sarasate, Tartini, Kreisler und Kompanie...

«Natürlich, ein Interpret darf sich doch nicht fixieren. Ich liebe auch viele Werke, die keine große Musik sind. Ich finde überhaupt, daß Musik nicht immer tief sein muß. Sie muß gut, in der Form geschlossen sein und eine Aussage haben. Wenn dies dem Komponisten gelungen ist, dann macht es auch Freude, solche Musik zu spielen. Ich spiele zum Beispiel auch das Zweite Konzert von Saint-Saëns

– nicht in Deutschland, aber anderswo –, denn es ist ein gutgelungenes Werk und keineswegs oberflächlich. Es gibt viele sogenannte schlechte Musikstücke; und doch sind sie Meisterwerke. Wie etwa die Humoreske von Dvořák oder die Meditation aus Thaïs von Massenet. Das gilt bei uns und vor allem in Deutschland nicht als beste Musik. Aber es ist dennoch gutgemachte Musik. Gehen Sie ins Theater – wie viele wirklich gute Stücke gibt es da? Das meiste ist doch *Entertainment.* Oder Bücher – der größte Teil ist doch oberflächlich, nur auf Effekt aus. Oder in der Malerei! Chagall zum Beispiel. Ich finde das, was er malt, oberflächlich. Und doch ist er ein berühmter Maler geworden. Denn die Leute glauben, daß seine Bilder gut sind – ich finde, daß es absoluter Unsinn ist. Aber die Leute denken nicht, sie glauben. Warum haben Aida und Tosca bis heute ungeschmälerten Erfolg? Weil diese Werke gut sind. Nicht tief und auch nicht perfekt, denn Verdi und Puccini waren da noch jung, aber musikantisch, voll echter, opernhafter Musik. Deswegen haben sie Erfolg. Das Publikum, das ja keine Schar von Musikologen ist, empfindet diese Musik und spürt, was gut ist; à la longue hat es recht.»

Ist das eine Absage an die Musikkritik?

«Nun, Musikkritik halte ich nicht für bedeutend. Nicht einmal in dem Sinne, daß sie einen Künstler aufbauen oder zugrunde richten kann. Natürlich hat es ein junger Künstler mit schlechten Kritiken schwerer. Aber ich glaube einfach nicht, daß ein bedeutendes Talent plötzlich alle Kritiker zum Feind hat. Manchmal kann Kritik sogar sehr konstruktiv sein.»

Sofern sie Anregungen gibt?

«Ich für mein Teil schöpfe keine Anregungen aus der Kritik. Das sollte man auch nicht. Die Analyse muß man sich schon selbst erstellen. Ein Nachteil der Kritik ist, daß sie oft nicht weiß, unter welchen Umständen ein Konzert stattfindet, obwohl dies für die Beurteilung wesentlich wäre. Man ist ja auch einmal indisponiert, nicht in Stimmung, nicht inspiriert. Wenn dann ein Kritiker schreibt, der Künstler sei schlecht, dann ist das eben nicht fundiert. Jemand, der jahrelang gut spielt, ist nicht plötzlich schlecht. Aber ich denke nicht, daß die Kritiker da sind, um uns Schwierigkeiten zu machen. Ich selbst habe es jedenfalls noch nie erlebt; ich glaube, ich habe in meiner ganzen Karriere nur zwei wirklich schlechte Kritiken abgekriegt. Eine Kritik kann ein Problem beleuchten – aber dann muß sie sehr intelligent geschrieben sein. Dann kann man nicht Sachen schreiben wie: Seine Gestik war höchst elegant und sehr wirkungsvoll, das Orchester jedoch spielte *businesslike.* Das ist doch fürchterlich, ganz ohne Aussage.»

Sie sagten vorhin, daß das Publikum auf die Dauer mit seinem Urteil recht hat. Haben Sie eine besondere Beziehung zum Publikum?

«Das weiß ich nicht. Ich habe nur das Gefühl, daß das Publikum im Grunde meistens sympathisch ist – finden Sie nicht auch? Ich habe sogar in nicht besonders guten Konzerten ein zufriedenes Publikum beobachtet. Wahrscheinlich hört man sich Musik doch lieber im Konzertsaal an als zu Hause. Denn daheim hat man ja im allgemeinen nicht die festliche Atmosphäre, die ein Konzerthaus verbreitet. Und dann kommen die Leute sicher auch deshalb, um zuzuschauen, wie da einer auf dem Podium steht und für sie arbeitet.»

Das hört sich so an, als ob Sie das Publikum nicht gerade lieben...

«Niemand kann das Publikum lieben. Es tut doch nichts, wofür man es lieben könnte. Zwar habe ich es sehr gern, wenn junge Menschen ins Konzert kommen, weil sie voller Interesse an der Musik sind und mit ihr vibrieren. Das ist sehr sympathisch. Aber die älteren Leute – in den großen Städten vor allem – besuchen doch ein Konzert oft nur, um in schönen Kleidern gesehen zu werden. Wie könnte ich also sagen, daß ich sie liebe. Ich kenne die Leute ja gar nicht.»

Nach dreiunddreißigjähriger Absenz spielte Milstein im Oktober 1966 erstmals wieder in Deutschland. Für sein Comeback war ihm, der Mechanik und Psychologie des Spiels so verblüffend verbindet, das Beste gerade gut genug: Unter der Leitung von Herbert von Karajan spielte er in der Berliner Philharmonie mit den Berliner Philharmonikern das Violinkonzert von Johannes Brahms. Und er spielte es so, wie dieser es verstanden haben wollte – als eine Sinfonie mit obligater Solovioline. Milstein ließ sich nicht dazu hinreißen, aus diesem virilsten der romantischen Violinkonzerte ein Bravourstück zu machen. Er setzte seine phänomenale Virtuosität dafür ein, dem Werk sinfonische, gänzlich antivirtuose Gestaltung zu geben. Milstein wurde, wie hätte es anders sein können, stürmisch gefeiert. An dieses denkwürdige Konzert erinnere ich mich nicht nur des triumphalen Erfolges wegen, den Milstein bei seiner Rückkehr nach Deutschland erlebte – in diesem Brahms-Konzert sah ich zum erstenmal Karajan einen falschen Einsatz geben. Die Verblüffung, die dieser vorzeitige, um einen Takt verfrühte und mit typisch karajanscher Effektgebärde gegebene Einsatz – er galt der Fortestelle am Schluß der Exposition – bei Milstein und im Orchester hervorrief, werde ich genausowenig vergessen wie Milsteins beseeltes Geigenspiel. Milstein selbst erinnert sich noch sehr genau an diesen Vorfall und hat auch eine plausible Erklärung dafür, die er mit großer mimischer Anteilnahme und unter Zuhilfenahme seines reichen gestischen Vokabulars erläutert: «Für den Moment war ich wie geschockt. Was wird jetzt passieren, dachte ich. Denn mein Einsatz war zwölf Takte später. Aber das Orchester spielte weiter, als wäre nichts geschehen. Es ließ sich kaum irritieren. Das ist Karajan wohl passiert, weil er keine Ruhe hatte. Aber an dieser Stelle muß man warten können.»

Sie geigen nun schon über ein halbes Jahrhundert lang – hauptberuflich. Warum? Was treibt Sie dazu, immer wieder zu Geige und Bogen zu greifen?

«Ich weiß es nicht. Ich könnte jetzt natürlich irgendeinen Unsinn sagen. Ich spiele, weil ich in Rußland damit angefangen habe. Dann kam dort die Revolution – und ich konnte kaum mehr oder höchstens noch für kommunistische Veranstaltungen spielen. So war ich ganz froh, nach Westeuropa gehen zu können, wo ich weiter gegeigt habe. Bis heute. Das ist alles, was ich sagen kann. Aber ich verspreche, in ein paar Jahren damit aufzuhören!»

Sie verbinden also mit Ihrer Kunst nicht irgendeinen Auftrag, eine Mission, ein Anliegen?

«Glauben Sie, daß es Leute gibt, die in der Musik wirklich eine Mission sehen?»

Nun, Ihr jüngerer Kollege Henryk Szeryng zum Beispiel sieht seine künstlerische Mission darin, die Möglichkeiten einer besseren Völkerverständigung, die durch den Kontakt zwischen Künstler und Publikum gegeben sind, zu nutzen und daraus eine Realität zu machen...

«Wie macht Szeryng das? Man muß doch irgendeine Vorstellung davon haben, wie sich die Völker gerade wegen der Musik besser verstehen sollen. Ich glaube, das gibt es nicht. Die Völker kommen zusammen, wenn sie Handel treiben, wenn sie kaufen und verkaufen und damit Geld verdienen können... Aber ich gebe zu, ich bin primitiv, ich verstehe das nicht! Ich habe keine solche Mission, es sei denn die, die Musik immer gern zu haben. Es gibt heute so viele Missionen – fast jeder Künstler hat eine. Früher hatte man keine, und doch spielte man gut. Es freut mich, wenn ich Konzerte geben darf, damit Erfolg habe und wenn man mir etwas dafür zahlt. Aber darin sehe ich keine Mission. Musik soll doch keine Tendenzen haben. Wenn man mit der Kunst eine Mission erfüllen will, dann muß man schreiben – Theaterstücke oder Bücher. Wohin Mission in der Musik führt, läßt sich am Fidelio verfolgen: Musikalisch wohl eines der bedeutendsten Werke Beethovens, mit Ausnahme vielleicht des ersten Aktes, ist die Oper von der Handlung her doch völlig uninteressant. Sie steckt voller missionarischer Gedanken und philosophischer Probleme. Mozart dagegen hat auf so etwas meist verzichtet. Deswegen sind seine Opern auch inhaltlich gut. Wenn man im Zusammenhang mit Musik schon von Mission sprechen muß, dann kann sich diese doch nur auf das rein Künstlerische und nicht auf das Gesellschaftliche und Politische beziehen. Man könnte dann als ihr Anliegen den Ausdruck bezeichnen. Und das ist, meine ich, genug. Ich würde es als eine Belastung empfinden, wenn ich meine Tätigkeit als Künstler mit einer Mission verbinden müßte und während des Spiels daran zu denken hätte, daß die Welt nun dadurch glücklicher werden soll. Natürlich möchte ich, daß die Menschen glücklicher werden. Aber es ist doch ein *wishfull thinking,* ein Wunschtraum, dies durch die Musik erreichen zu wollen. Da muß man doch ein bißchen aufrichtig sein. Und Sie wollen doch, daß ich sage, was ich denke.»

Ich bitte Sie darum!

«Nun: so denke ich. Es ist mir doch ganz egal, aus welchen Gründen das Publikum ins Konzert kommt. Ich jedenfalls spiele nicht für das Publikum, weil ich damit eine Mission erfüllen will, sondern weil ich als Künstler das Publikum brauche. Denn erst, wenn man vor Leuten spielt, kann man prüfen, wie gut man ist. Allein, zu Hause, da klingt es immer gut. Aber für das Spiel in der Öffentlichkeit, da muß man – wie beim Sport – eine Art Formel finden, um konstant gute Leistungen zu vollbringen.»

Was empfinden Sie während des Musizierens, wie empfinden Sie überhaupt Musik?

«Wenn ich spiele, bin ich guter Stimmung. Ich habe dann das Gefühl, etwas getan, zu jemandem gesprochen zu haben. Ob zum Publikum oder zu mir selbst, ist ganz nebensächlich. Beim Musizieren spüre ich, daß ich lebe, daß ich als Mensch funktioniere – körperlich und geistig. Das gefällt mir sehr. Dabei bin ich so sehr konzentriert, daß ich manchmal nicht weiß, was um mich herum geschieht. Man könnte mir eine Nadel in den Rücken stecken, und ich würde es nicht spüren. Diese

Art von Konzentration ist sehr gesund. Manchmal hat man auch das Gefühl, daß etwas besonders gut gelingen wird – wenn dann aber die Stelle im Konzert kommt, stellt man fest, daß es doch nicht so besonders war. So wechselt während des Vortrages stets die Meinung über das eigene Spiel. Und weil man in der Musik immer nur auf dem aufbauen kann, was man schon weiß und an sich selbst erfahren hat, muß man stets experimentieren. Denn eine Interpretation ist eine sehr verschwommene Sache. Wie eine Flüssigkeit, die immer in Bewegung ist.»

Geht dieses Suchen und Tasten nach der von Ihnen als richtig erkannten Interpretation während des Spielens so weit, daß Sie das spontane Risiko eingehen, sich dem Werk auch einmal auf ganz andere Weise zu nähern?

«Nein, das käme doch schon einer Veränderung der Konzeption gleich, die man sich ja vorher gemacht hat. Natürlich versuche ich durch Veränderung des Ausdrucks, des Tempos und der Dynamik meinem Ideal näherzukommen. Aber die Grundkonzeption selbst bleibt unverändert. Man kann zum Beispiel im Beethoven-Konzert das kurze Solo am Anfang nach dem Orchestertutti sehr frei nehmen. Ja man soll es sogar frei nehmen. Frei nicht im Tempo, sondern im deklamatorischen Sinne, wie eine Kadenz. Deshalb läßt Beethoven ja an dieser Stelle auch das Orchester schweigen. Aber diese Solostelle wird oft studienhaft, im exakten Metrum gespielt. Dabei ist sie doch sehr frei im Geist.»

Bei Ihnen spielt wohl das Intuitive...

«...o ja, die Intuition hat große Bedeutung für mich. Alles ist Intuition, auch unsere Gedanken. Man kann doch keine intellektuelle Einstellung ohne Intuition haben. Das Schöpferische ist eine Folge der Intuition. Das ist nicht nur in der Musik so. Auch in den Naturwissenschaften sind die großen Entdeckungen intuitiv erfolgt. Bei Fleming, bei Curie, sogar bei Newton und Einstein. Wir haben mehr als einmal darüber gesprochen: Einstein selbst sagte zu mir, seine Theorie sei eine intuitive Schöpfung gewesen, deren Richtigkeit erst noch bewiesen werden mußte.»

Ich komme noch einmal auf die Frage nach den Empfindungen während des Spielens zurück. Kennen Sie so etwas wie ein Glücksgefühl beim Musizieren?

«Glücksgefühl? Nein, es ist eine enorme Konzentration und Vibration; was viel besser als ein Glücksgefühl ist. Dieses hieße für mich Entspannung, und das wäre nicht gut.»

Erleben Sie Musik auch physisch? Ich meine, erleben Sie die Empfindungen, die Musik in Ihnen auslöst, auch körperlich?

«O ja. Musikmachen ist doch ein elementar-physischer Vorgang. Bei jeder Art von Musik, sogar bei Bach. Ich spüre, wie mein Körper während des Spielens lebt und schafft. Die Nerven sind bis zum äußersten gespannt und aktiviert, ich fühle, wie das Blut in mir fließt. Ich spüre meinen Puls. Während des Spiels beschleunigt sich der Puls rapide, das Herz schlägt schneller, und auch die Körpertemperatur steigt. Aber es ist ein gesunder Puls, den ich beim Spielen habe. Würde ich nicht spielen und Puls und Temperatur wären trotzdem so schnell und hoch, dann wäre ich mit Sicherheit sehr krank...»

...aber dann würden Sie mit Sicherheit in gute Pflege kommen – Ihre Frau hat ja für Sie sogar ihre Karriere geopfert...

«...o gewiß. Meine Frau, mit der ich seit 1945 verheiratet bin und die mir eine wunderbare Tochter geschenkt hat, war eine gute Pianistin. Sie stammt aus Rumänien und war unter dem Namen Teresa Kaufmann bekannt. Studiert hat sie unter anderem bei Alfred Cortot. Sie hat nur aufgehört zu konzertieren, weil ich sie geheiratet und scheinbar immer geärgert habe! In New York wohnten wir in einer weiträumigen Maisonette-Wohnung. Während ich mich oben anzog, spielte meine Frau unten im großen Saal. Aber bei einem Stück von Chopin verpaßte sie jeweils eine bestimmte Baßnote. Und wenn ich sie darauf aufmerksam machte: Teresa, du spielst falsch, das ist doch f und nicht fis, dann wurde sie wütend und hörte auf zu spielen. Heute sagt sie, es sei meine Schuld, daß sie aufgehört habe zu konzertieren. Aber ihre rechte Hand war sehr gut. Sie hat ein Stück wie die Berceuse von Chopin meiner Ansicht nach besser gebracht als alle anderen Pianisten. Denn sie hat es nicht so professionell gespielt, sondern leicht unrhythmisch, was sehr wichtig ist bei diesem Werk. Auch etwas frauenhaft. Horowitz und Rubinstein spielen die Passagen wundervoll brillant, aber Teresa verzichtet hier auf die Brillanz – was sonst sehr schädlich ist fürs Klavierspiel. Mir gefällt es sehr, so wie sie es spielt. Und wenn ich es ihr sage, dann lacht sie...»

Nathan Milsteins Violinspiel ist gleichsam eine Synthese aus ostjüdischer Musizierlust und dem amerikanischen Prinzip des *never drop a note*. Was er auf den vier Saiten aus Darm und Stahl und mit dem mit Roßhaaren bespannten Bogen zustande bringt, ist sicher und zuallererst auch ein atemberaubender technischer Drahtseilakt ohne Netz – dies zu bieten, ist er als Virtuose nachgerade verpflichtet. Aber bei Milstein ist es mehr: Es ist ein vom Maß des Idealen bestimmtes Musizieren, das, auf höchste technische Fertigkeit gestützt, der musikalischen Wahrheit nachspürt. «Mit mir zufrieden zu sein», bekennt er, «gelingt mir am ehesten, wenn ich allein spiele oder Kammermusik mache.»

Wer das Glück hatte, Milstein die Bachschen Sonaten und Partiten spielen zu sehen und zu hören – auf dem gähnendleeren, nackten Podium ganz auf sich gestellt und allein mit seiner Geige der Musik hingegeben –, der ahnt auch etwas von dieser Zufriedenheit und vom Glück des Künstlers, aber auch von seiner Einsamkeit.

Sir Georg Solti

«Jeder trägt eine große Portion Eitelkeit in sich. Wer das bestreitet, der lügt. Denn man braucht sie. Man kann auch nicht dirigieren, wenn man Minderwertigkeitskomplexe hat. Das ist nicht möglich. Wenn man dirigiert, muß man mit dem Bewußtsein auf dem Podium stehen, daß alles, was man sagt und tut, richtig ist.»

An diesem Bewußtsein hat es Sir Georg Solti in der Tat nie gemangelt. Ihm verdankt er es auch mehr als viele seiner Kollegen, denen die Gunst der Stunde den Weg nach oben ebnete, daß er heute da steht, wohin andere ein Künstlerleben lang vergeblich streben: auf dem Olymp interpretatorischer Verbindlichkeit und Vollkommenheit. Wie nur bei ganz wenigen Dirigenten unserer Zeit decken sich bei ihm künstlerischer Anspruch und Resultat. Das kommt gewiß nicht von ungefähr. Neben seinem trotz anfänglicher Mißerfolge und Enttäuschungen ungebrochenen Selbstbewußtsein, einem durch keine Selbstzweifel geplagten, unerschütterlichen Glauben an sich selbst, ist es vor allem ein in dieser Intensität selten beobachteter, ungemein lebendiger und untrügerischer Instinkt für das musikalisch Richtige und den Weg, es auch konzessionslos zu erreichen. Wenn je Zweifel herrschten, ob glühend-erregtes, nervig-pulsierendes Musizieren eine Angelegenheit des Temperaments sei, dann sind diese durch das interpretatorische Schaffen Georg Soltis demonstrativ ausgeräumt. Umständlichkeit und Weitschweifigkeit sind ihm ein Graus. Wer bei ihm nicht gleich zur Sache kommt, wie er dies selbst tut, wird bei ihm nie zu etwas kommen. Von dominantem, kompromißlos forderndem Wesen, dem man eher Achtung als Sympathie entgegenbringt, hält er sich mit einer Sache nur so lange auf wie unbedingt notwendig. Stets muß alles bei ihm zügig vorangehen. Gerät etwas ins Stocken oder versucht jemand, ihn aufzuhalten, dann wird er ungemütlich.

Keine Frage: Sir Georg Solti ist ein Fanatiker. Bei ihm ist eigentlich alles Agitation. Es ist müßig, darüber zu spekulieren, was er in einer früheren Zeit und bei anderer Erziehung geworden wäre. Eingedenk seiner Worte, daß Musikmachen ein Kampf bis zum Ende sei, kann man ihn sich nur als überragenden Feldherrn, als Strategen bis ins Detail vorgeplanter Schlachten denken.

In der geradezu dämonischen Besessenheit und fanatischen Leidenschaft, mit der er ans Werk geht, spiegeln sich seine vitale Unrast und dynamische Ungeduld.

Hellwacher Geist und fiebrige Glut haben sich bei ihm – eine Seltenheit – zur Koexistenz zusammengefunden. In höchstem Maße begeisterungsfähig, wenn es um musikalische Dinge geht, wirkt er anregend auch auf seine Umwelt. Solti versteht hinzureißen und beherrscht auch die Kunst, Massen zu begeistern. Die allgemeine Wertschätzung, die er als Interpret heute genießt und die in zahlreichen Ehrungen Ausdruck findet, hat er sich allerdings erkämpfen müssen. Solti ist nie ein bequemer Künstler gewesen – weder sich selbst noch anderen. Seine Rigorosität in Fragen der Kunst hat ihm denn auch nicht nur Freunde geschaffen. In der Kunst jedoch zählt letztlich nur das Ergebnis und nicht die Art und Weise, wie es erreicht wird. Es ist nicht weiter erstaunlich, daß das Publikum, hat er es erst einmal von der Richtigkeit seiner Darstellung musikalischer Werke (sei es Oper oder sinfonische Musik) überzeugt, Soltis Verbündeter wird. So war es in Frankfurt, wo er neun Jahre lang Generalmusikdirektor war; so war es auch in London, wo er als musikalischer Direktor am Royal Opera House Covent Garden ein Jahrzehnt hindurch wirkte. Die anfängliche Reserviertheit, der er dort allenthalben begegnete, wandelte sich schließlich in echte Zuneigung, und als Georg Solti im Jahre 1971 Covent Garden verließ, war er von Elisabeth II. von England geadelt worden. Wenn er heute zu Gastspielen an das Pult des Königlichen Opernhauses zurückkehrt, dann kann er auf das Londoner Publikum als eine einzige, ihm verschworene und ergebene Gemeinde leidenschaftlicher, enthusiasmierter Musikfreunde zählen.

Obwohl unzweifelhaft einer der begehrtesten und meistbeschäftigten Dirigenten unserer Tage, umgibt sich Solti nicht, wie andere Pultstars ähnlichen Kalibers, mit einem Mitarbeiterstab, der sich wichtigtuerisch jedem in den Weg stellt, der etwas von ihm will. Er liebt das Unkomplizierte. Telefonisch ist er stets ohne umständliche Zwischenschaltungen erreichbar. Wer das persönliche Gespräch mit ihm sucht, wird in ihm immer einen interessierten Partner finden. Und sollte Solti dies nicht wünschen, weil er vielleicht mitten in einer Arbeit steckt, dann macht er dies selbst unmißverständlich klar. Dazu bedarf er keiner Leibgarde. Sein Desinteresse läßt er dadurch spüren, daß er den Betreffenden völlig ignoriert. Solti kann durch eine Gruppe auf ihn Wartender gehen, ohne sie auch nur eines Blickes zu würdigen. Es ist dann meist ein Gehen mit ausgreifenden, zielstrebigen Schritten, das kein Verweilen duldet. Diese Methode ist ebenso einfach und unkompliziert wie wirkungsvoll.

Was Georg Solti sagt, klingt meistens apodiktisch. Drei entscheidende Dinge seien es, die einen Dirigenten ausmachen, hält er fest: musikalische Begabung, Fleiß und ausgeprägtes Führungstalent. «Es braucht dazu eine vor Talent stinkende Persönlichkeit – einfach Podiummenschen. Nur die schaffen es. Zum Talent, das einem als ein großes Glück in die Wiege gelegt worden ist, kommt verbissener Fleiß und der Wille, unter allen Umständen sein Ziel zu erreichen. Gleichviel, wie steil es auf dem Weg dahin runter- und raufgeht – man darf auf keinen Fall aufgeben. Ich bin meinen Weg unter den schwierigsten Bedingungen gegangen. Nie habe ich den Glauben verloren, auch wenn es manchmal ganz hoffnungslos schien. In den Kriegsjahren habe ich geistige Entbehrungen erdulden müssen und wurde, was das Dirigieren betraf, sozusagen ausgehungert. Ich hatte viel Pech, später aber auch viel Glück. Aber ich bin überzeugt, daß nur die Glück haben, die es verdienen. In der Musik gibt es keine Lotterie. Ich glaube nicht an das verkannte Genie und an brachliegende Talente. Ein wirkliches Talent wird seinen Weg früher oder später machen, weil es nicht ruhen wird, bevor es am Ziel ist. Es wird manchmal Umwege gehen müssen, aber es wird sich durchsetzen. Ein buddhistischer Musiker ist undenkbar – man muß etwas erreichen wollen in diesem Beruf. Ich selbst hatte mit vierunddreißig Jahren noch kein Konzert dirigiert. Es ist in unserer Branche nie zu spät, nie. Selbst mit siebzig nicht, wenn man Talent hat und den unbedingten Willen, etwas zu erreichen.»

Seinen Weg nach oben ist Solti gegangen, ohne Zugeständnissse zu machen. Oben, das ist für ihn, nach Jahrzehnten der Arbeit an verschiedenen Opernhäusern, die Leitung des Chicago Symphony Orchestra, eines Instrumentes, das seinem Wunsch nach unbedingter Präzision und schneidender Wucht des Klanges in nahezu idealer Weise entspricht. Hier haben sich zwei zusammengefunden, die sich gegenseitig zu begeistern wissen. Solti fordert bei der Arbeit von sich das Letzte. Also läßt er auch die Musiker schwer arbeiten. Da bedarf es schon einer starken gegenseitigen Zuneigung, soll eine solch diffizile Beziehung Bestand haben. Denn einfach macht Solti es den Musikern keineswegs.

Er kann ganz schön ruppig werden, wenn etwas auch beim dritten Mal nicht klappen will. Das war auch bei den Aufnahmen zu «Carmen» von Bizet in der neuen Henry Wood Hall zu beobachten, der ehemaligen Trinity Church im Südwesten Londons, die (im Juli 1975) damit ihrer neuen Bestimmung als Übungs- und Produktionsraum der Londoner Orchester übergeben wurde. Sicher ist Solti kein Tyrann. Aber das Überschäumende seines Temperaments und sein fanatischer Perfektionsdrang können manchen Musiker allein schon aus Angst, etwas falsch zu machen, ganz schön zum Schwitzen bringen.

Während des Musizierens ist er nicht nur in einem Zustand höchster geistiger Anspannung und Erregtheit, sondern auch physisch in vollem Einsatz. Schonung scheint er nicht zu kennen. Stets hat er ein Frottiertuch griffbereit, mit dem er sich den Schweiß der Arbeit von Haupt und Nacken wischt. Solti verfügt über eine scheinbar nie ermattende rhythmische Energie. Er selbst meint dazu: «Früher war ich ganz wild, wahnsinnig wild. Das hat sich aber weitgehend geändert, ich bin viel ruhiger und ökonomischer geworden. Ich habe gelernt, mich weniger auszugeben bei den Proben, mich mehr zu schonen und zu konzentrieren. Das erfordert Überlegenheit, Praxis und ein sehr gutes Orchester.»

Vielleicht ist es dieses hochgespannte Vibrieren, mit dem er zu elektrisieren versteht. Jedenfalls scheint er heute nicht minder entfesselt als zu jener Zeit, da er (zum erstenmal überhaupt) den kompletten «Ring des Nibelungen» von Richard Wagner für die Schallplatte in Wien einspielte. Eine interpretatorische Hochleistung übrigens, für die er siebzehnfach ausgezeichnet wurde.

Georg Soltis Bewegungen beim Dirigieren sind kantig, gestochen scharf und schneidend. Zeigefinger und Daumen der linken Hand legt er mit Vorliebe zusammen, sie berühren sich an den Kuppen; die übrigen Finger spreizt er weg. Damit fordert er Genauigkeit. Sein Taktstock ist kaum größer als ein Eßstäbchen und von einem solchen wohl auch schwer zu unterscheiden. Früher benutzte er einen beinahe doppelt so langen Stab. (Doch darauf kommt es schließlich nicht an.) Beim

Dirigieren ist sein ganzer Körper in Aktion. Er dirigiert mit dem Kopf, mit den Hüften, selbst mit den Beinen. Das geschehe bei ihm ganz unbewußt, beteuert er. «Die Bewegungen eines Dirigenten kommen aus der Musik. Musik leitet sie. Mit der Zeit lernt man gewisse technische Voraussetzungen. Durch harte, bittere Erfahrungen. Indem man nämlich feststellt, daß es meistens nicht das Orchester ist, wenn etwas nicht klappt, sondern daß man selbst daran schuld hat. Ein gutes professionelles Orchester reagiert schnell und ganz präzise auf die Anweisungen, wenn man deutlich dirigiert. Aber wenn man schwimmt, sei es mit den Händen oder dem Gehirn, dann dauert es lange, und es gibt Streitereien.»

Er dirigiere, weil es das einzige sei, was er könne. Dies bekannte Solti in Wien, wo wir uns zwischen den Aufnahmen zu Wagners «Meistersingern» unterhielten. «Das einzige, was ich wahrscheinlich *gut* kann», fügte er hinzu. Er habe auch komponiert, früher, es sei ihm aber nicht gut genug gewesen, weswegen er damit schon lange aufgehört habe. Mit dem Klavierspiel ist Solti in gleicher Weise verfahren – ein Entschluß, der respektiert sein will, den man aber dennoch bedauern muß. Denn Solti war ein hervorragender Pianist. Das läßt sich dokumentarisch belegen. Wie etwa mit der Einspielung sämtlicher Sonaten für Violine und Klavier von Brahms, der Kreutzersonate von Beethoven und der Sonate für Violine und Klavier KV 454 von Mozart mit dem Geiger Georg Kulenkampff in den Jahren 1947 und 1948.

Zu jener Zeit aber begann Georg Solti seine Laufbahn als Dirigent. Das Klavierspiel als Hauptberuf gab er zugunsten des Dirigierens auf: «Weil man nicht beides gleichzeitig machen kann. Man kann schon – aber dann ist es ein bißchen Hochstapelei. Ich lehne das kategorisch ab. Entweder man spielt tadellos Klavier und übt seine drei Stunden täglich – das muß man –, oder man läßt die Finger davon. Ich habe das letztere getan. Denn ich habe ohnehin schon zwei Berufe. Für mich sind nämlich die Tätigkeit als Operndirigent und die als Konzertdirigent zwei verschiedene, im Grunde genommen ganz andersgeartete Berufe. Zwei sind für mich schon genug – ein dritter wäre zuviel.»

Das Metier des Dirigenten hat Solti von Grund auf gelernt. Sein Weg führte ihn über die Oper. Vom Korrepetieren bis zum Dirigieren von Bühnenmusik hat er in Budapest, seiner Vaterstadt, alles mitbekommen. Er betrachtet dies als die beste Erziehung für einen Dirigenten. Hätte er einen Sohn, der Dirigent werden wollte, so würde er ihn zwingen, in der Oper anzufangen. Über Theater zum Konzert ist seine Devise – nicht umgekehrt. «Es ist eine Nachkriegserscheinung, daß junge Dirigenten direkt in den Konzertsaal gehen. Früher war das ganz undenkbar. Alle großen Dirigenten kamen vom Theater. Sie hatten entweder Opern- oder Ballettererfahrung. Heute hat sich das geändert – ich finde, nicht zum Vorteil. Ich bereue auch nicht, daß ich erst so spät dazu kam, Konzerte zu dirigieren. Wenn einer nur Konzerte dirigieren will, dann kann er das Musiktheater zwar vergessen. Aber die Erfahrungen, die man an einem Opernhaus sammelt, kommen einem auch im Konzert zugute. Man ist dann ein vielseitigerer, erfahrenerer Konzertdirigent mit einem weiteren Horizont.»

Solti bezeichnet sich als Spätentwickler. Und er sei ständig dabei, sich weiterzuentwickeln. «Ich suche ununterbrochen die Verbesserung in mir selber – aber auch

Bei Sir Georg Solti ist eigentlich alles Aktion. Fanatische Leidenschaft, vitale Unrast und dynamische Ungeduld prägen seinen eigenwilligen Dirigierstil, der durch lebhafte Mimik gekennzeichnet ist (rechts). Seit 1967 ist Sir Georg mit der Engländerin Valerie Pitts verheiratet. Das Ehepaar hat zwei Töchter (links im Londoner Heim mit Töchterchen Gabriele).

bei meinem Orchester. Nie habe ich mich auf meinen Lorbeeren ausgeruht. Immer war ich fleißig und zielbewußt und habe gearbeitet. Bis zum heutigen Tag. Mit meinem Leben bin ich sehr zufrieden. Ich betrachte mich als glücklichen Musiker, ich bin mit dem, was ich erreicht habe, sehr zufrieden.» Solche Selbstzufriedenheit nimmt man Solti gern ab. Gewiß kann es einen zufrieden stimmen, wenn man wie er – um nur ein Beispiel zu nennen – als musikalischer Leiter zur Wiedereröffnung der Pariser Grand Opéra im Frühjahr 1973 verpflichtet wird. Ereignisse von solchem Glanz sind selten in unserer Zeit und in einem Leben überhaupt. Und wer etwas dafür übrig hat, dem kann dies auch viel geben.

Wenn er noch einmal geboren würde, meint Solti, so würde er wieder das gleiche tun, nichts anderes. Das stehe für ihn fest. Natürlich habe er Fehler gemacht. Aber die mache jeder, tröstet er sich. Das sei auch in Ordnung, denn man lerne aus den eigenen Fehlern. Solti lernt jedoch auch aus den Fehlern anderer. Indem er nämlich – und darin unterscheidet er sich von nicht wenigen seiner Berufskollegen – sehr häufig Konzerte besucht.

«Das Seltsame an unserem Beruf ist, daß man die positiven Dinge nicht erlernen kann. Man lernt nur aus dem Negativen. Und wenn man in Konzerte oder in die Oper geht, kann man lernen, wo Fehler entstehen und wie man sie vermeidet.» Insofern hat Solti viel von anderen gelernt. Doch um vom Zuhören profitieren zu können, bedarf es vielleicht doch einer besonderen Disposition. Schließlich ist die Gefahr der ungewollten Beeinflussung durch andere für einen Künstler groß. Da braucht es schon eine künstlerisch resistente Natur, will man sich nicht infizieren.

Es ist gewiß nicht vermessen oder verfehlt, wenn man Solti ein ausgesprochenes Beckmessertalent zuspricht. Doch es kommt bei ihm noch etwas hinzu: ein spezifisches Korrekturtalent, das ihn für Schallplattenaufnahmen geradezu prädestiniert – wie er selbst feststellt. «Ich bin äußerst kritisch mir selbst und anderen gegenüber. Dieses kritische Bewußtsein ist vielleicht mein stärkstes Talent und wahrscheinlich der Grund, weshalb ich so viele anständige Grammophonplatten gemacht habe. Wenn ich einen anderen Musiker höre, weiß ich ganz genau, was er falsch und was er richtig macht. Beim eigenen Musizieren ist das nicht so leicht möglich, weil man sich nicht von sich selbst absetzen kann. Aber sobald ich mich auf Band höre, tritt dieses Talent in Aktion. Ich bin in der Lage, mich danach zu korrigieren. Und ich glaube, daß mich niemand so gut wie ich selbst beurteilen kann.»

Georg Solti ist sein eigener Kritiker. Auf die Meinung anderer gibt er wenig, von der Zeitungskritik hält er nichts. «Ich lese sie eigentlich nicht. Es gibt zwar ein paar Menschen, in den USA, in Deutschland und in der Schweiz, auf deren Urteil ich höre. Doch hat Kritik mich nie beeinflußt. Weder gute noch schlechte. Natürlich finde ich eine gute Kritik ganz angenehm. Früher habe ich sehr gelitten, wenn ich eine schlechte Presse hatte – als ich ein junger Dirigent war und gute Kritiken gebrauchen konnte. Da war ich deprimiert, vollkommen niedergeschlagen. Vor allem mit der englischen Presse habe ich bittere Erfahrungen gemacht – bis ich dahinterkam, daß sie sich von der Kritik auf dem Kontinent und in Amerika grundsätzlich unterscheidet. Denn mit einer schlechten Kritik ist in England noch nichts verloren. Am nächsten Tag schon kann man dort wieder höchstes Lob ernten. Ein Verriß in Deutschland oder Amerika ist da von nachhaltigerer Wirkung.» Doch wie man sieht, hat auch die schlechteste Kritik Georg Solti nichts anhaben können. Sonst stünde er nicht da, wo er heute steht. Sein Glaube an sich selbst und an sein Können ist felsenfest. Anders läßt es sich nicht erklären, wenn er auf die Frage, wie er feststelle, daß das, was er tue, richtig sei, da er doch auf niemanden höre, zur Antwort gibt: «Weil ich weiß, was gut und was schlecht ist. Besser als alle anderen.» Vielleicht hat er recht. Wer könnte besser als er beurteilen, ob das, worauf es ihm ankommt, gut oder schlecht gemacht ist. Man irre sich selbst ganz selten, betont er, und erklärt diese Selbstsicherheit damit, daß er während des Musizierens feststelle, wie die eigenen Vorstellungen verwirklicht werden. «Das gibt dann diese Sicherheit. Es befriedigt mich auch in hohem Maße, als Dirigent nachschöpferisch tätig zu sein. Dirigieren ist für mich ein endloser Prozeß der Beschäftigung mit dem Werk. Die Fülle der geschriebenen Musik ist unübersehbar. Ich kenne etwa ein Zehntel dessen, was für mich als Dirigent in Frage kommt, und ich weiß, daß ich sterben und vieles nicht gehört haben werde. Das ist für mich ein Ansporn, noch fleißiger zu sein als ehedem.» Wenn heute die mit der massenweisen Herstellung von Schallkonserven und ihrem Vertrieb an Musikinteressierte beschäftigte Industrie durch den Zwang nach steter Reproduktion musikalischer Werke dem Verbraucher eine Bedeutung des Interpreten zu suggerieren sucht, die eher dem Komponisten zukommt, so weiß Solti als direkt Betroffener die Beziehung Komponist–Interpret wieder ins richtige Verhältnis zu setzen. «Der Interpret wird heutzutage viel zu wichtig genommen und maßlos überschätzt.» Offenbar hat er sehr genau beobachtet, was mit ihm geschehen ist. Denn in der musikverarbeitenden Industrie ist er genauso ein Markenartikel geworden wie einige seiner Kollegen – man kauft seine Schallplatten nicht des Werkes wegen, sondern um seinetwillen. Das findet Solti zwar schmeichelhaft, aber dennoch falsch.

Denn er hat über all seinen Erfolgen nicht vergessen, daß der eigenschöpferische Künstler weit wertvollere Arbeit leistet als der Interpret. «Die kompositorische Inspiration steht über der inspirativen Funktion des interpretatorischen Talentes. Man kann auch sagen: Der Genius erschafft, das Talent interpretiert.» Damit steckt Solti seine Grenzen (die des Interpreten nämlich) ab. An der Haltung, wie sie in seiner Wertung der eigenen Situation als reproduktiver Künstler zum Ausdruck kommt, läßt sich erkennen, daß er doch bescheidener ist, als es zuweilen scheinen mag. Denn dies ist doch die eigentliche Bescheidenheit des Interpreten: daß er sich nicht wichtiger nimmt als das Werk. Unbescheiden ist Solti ganz woanders: in der Wahl der Mittel zur Interpretation – was schließlich sein gutes Recht ist. Denn wie anders wollte man sonst zu Höchstleistungen gelangen?

Zur Neuen Musik hat Solti ein sehr lockeres Verhältnis. Man könnte auch sagen, ein distanziertes. In Hannover, wo wir über seine Beziehung zu aktuellen Tendenzen der Neuen Musik sprachen, meinte er: «Zeitgenössische Musik interessiert mich nur, soweit es Musik ist. Und Musik ist für mich, was klingt. Sobald es mit Knöpfen zugeht, muß ich passen. Ich bin technisch zu unbegabt. Damit muß sich die junge Generation auseinandersetzen. Ich sehe mein Anliegen und meinen Auftrag darin, große klassische Meisterwerke zu bewahren und zu übermitteln.»

In Wien dann ergänzte er (sicher notgedrungen, weil er mit der Leitung des Chicago Symphony Orchestra auch die dort selbstverständliche Pflicht übernommen hatte, Werke junger amerikanischer Komponisten aufzuführen): «Die Musik steht nicht still. Wir befinden uns im Augenblick in einer etwas ratlosen Zeit. Niemand weiß wirklich, welcher der beiden Zweige, in die sich die Musik gespalten hat, der Hauptzweig ist. Es gibt viele Dinge in der modernen Musik, an die ich persönlich nicht glaube. Aber mit einem Urteil muß man hier sehr vorsichtig sein. Es kann sein, daß im Moment kein Genius unter uns ist, daß die Entwicklung stagniert. Das kann aber erst die Zukunft erweisen. Und sollte sich herausstellen, daß die Entwicklung abgeschlossen ist, dann verfügten wir immer noch über einen so reichen Schatz an Musikwerken, daß man noch Jahrhunderte davon zehren könnte.» Außer der mit seinem Amt in Chicago verbundenen Verpflichtung zur Pflege zeitgenössischer amerikanischer Musik, die er nolens volens dirigieren muß, auch wenn sie ihm nicht gefällt, unterliege er keinen weiteren Zwängen des Musikbetriebes. «Ich habe einen Punkt erreicht, wo ich eigentlich das machen kann, was mir beliebt», stellt Solti selbstbewußt fest.

Von Schlagworten hält er nichts: Musik als Weltsprache, daran glaubt er nicht. Um so mehr mag es erstaunen, daß er bei der Frage, was Musik für ihn bedeute, dann doch zu einem Schlagwort greift. «Musik ist ein Mysterium», orakelt Solti. Ob er es sich so nicht doch sehr leicht macht? Jede andere Antwort würde man eher von ihm erwarten als gerade diese. Denn damit ist alles und doch nichts gesagt – eine typische Antwort, um einer Frage auszuweichen.

Aber Georg Solti will es ja auch gar nicht ergründen, dieses Mysterium. Das sei eine sehr deutsche Art, stets alles ergründen zu wollen, meint er. «Man muß es unergründet lassen. Musik ist wahrscheinlich das größte Wunder in der Kunst, weil sie aus dem Nichts entsteht. Musik ist nicht zu fassen.» Möglich, daß er in diesem Punkte recht hat; daß Musik als solche nicht zu beschreiben ist. Dennoch würde man gern von ihm erfahren, wie er, Sir Georg Solti, von Beruf und Seele Musiker, Musik empfindet. Wie er sie hört und geistig aufnimmt. Was in ihm vorgeht, wenn er Musik macht und hört. Solti aber weicht der indiskreten Frage ins Vage, Nebulöse aus. Er sperrt sich gegen sie: «Ich will nicht, daß meine interpretatorische Arbeit analysiert wird. Auch ich selbst will es nicht tun. Das ist nämlich nicht interessant. Denn der schöpferische Prozeß beim Interpretieren ist ein Geheimnis. Und soll ein Geheimnis bleiben.»

Ob er vielleicht befürchte, sich einer Illusion zu berauben, wenn er der Sache auf den Grund ginge? Auch darüber schweigt er sich aus. Doch wie er ein Werk erarbeitet, daraus macht Solti kein Geheimnis: Da er kein visuelles Gedächtnis habe, also weniger zum visuellen als zum akustischen Typus tendiere, suche er beim Studium der Partitur klangliche Eindrücke. Werke wie etwa die großen Wagner-Opern lerne er nur, wenn er sich täglich ein ganz bestimmtes Pensum vornehme.

«Es ist eine mechanische Arbeit, die sehr viel Konzentration, enorme Geduld und Verbissenheit voraussetzt. Um eine Partitur zu lernen, braucht man vor allem Verbissenheit. Ich benütze nie ein Instrument dazu, sondern setze mich an den Tisch und lese die Partitur. Das Studium eines Werkes ist ein langer Verdauungsprozeß. Das geht nicht von heute auf morgen. Ein Musiker, der das Gegenteil behauptet, lügt oder ist kein guter Musiker. Ein Werk muß man auch immer wieder eine Zeitlang ruhen lassen und dann wieder neu erarbeiten. Sonst besteht die Gefahr, daß man sich in Klischees festfährt, was natürlich sehr bequem ist. Um das zu vermeiden, lege ich ein Werk, das ich öfter dirigiert habe, für ein paar Jahre zur Seite und rühre es nicht an. So hielt ich es auch mit den Meistersingern, die ich vor der Schallplattenaufnahme das letzte Mal vor sieben Jahren in Covent Garden dirigiert habe. Seither habe ich das Werk weder gesehen noch gehört. Als ich dann wieder zur Partitur griff, entstand für mich ein neues Werk, weil ich mich natürlich in sieben Jahren weiterentwickelt hatte.

Während des Interpretierens dann stellt sich der professionelle Musiker stets das vor, was er sich beim Studium erarbeitet hat. Ganz präzise Dinge. Also Fragen der klanglichen Balance und der Tempi etwa. Was musikalisch dabei herauskommt, daran denkt er nicht. Ich überlege während des Interpretierens nicht, wie ich etwas machen muß. Sondern das entsteht durch diesen seltsamen Prozeß des Musikmachens. Die Inspiration, das ist etwas, was man nicht herbeizaubern oder erzwingen kann, sondern was ganz natürlich aus dem Talent, der Routine und der eigenen Vorstellungskraft heraus entsteht. Auf die Inspiration warten kann ein professioneller Musiker nicht. Ganz gleich ob Komponist oder Interpret. Die großen Komponisten saßen jeden Tag an ihrem Pult, und es kam etwas dabei heraus. Ein Interpret macht es genauso. Er übt und übt und lernt und lernt, bis er stirbt. Er wartet nicht darauf, bis die Inspiration kommt.

Intellekt und Inspiration gehen Hand in Hand. Während der Interpretation entsteht eine glückliche oder unglückliche Mischung. Man kann das nicht auseinanderhalten. Aber nur Intellekt oder nur Inspiration – das genügt nicht. In einzelnen Fällen überwiegt das eine oder andere. Mein Ziel ist es, ein ausgeglichenes Maß, einen Mittelweg zwischen diesen beiden Polen zu finden. Das nenne ich dann richtiges Musizieren. Aber das ist schwer zu erreichen.»

Arthur Nikisch, Ferenc Fricsay, George Szell, Fritz Reiner, Eugene Ormandy, Istvan Kertesz und Antal Dorati waren oder sind wie Georg Solti Ungarn. Der Feurigste von allen ist aber zweifellos er. Ihrer aller musikalisches Temperament scheint in ihm kumuliert zu sein. Wie eh und je sprüht er, der ja nun auch nicht mehr der Jüngste ist, von Vitalität und Tatendrang. Ein sportlich gestählter Körper schafft die physische Grundlage dazu. Mit der Statur seines kräftigen Oberkörpers könnte er sich noch mit manch Jüngerem messen. Seinen markanten, knochigen Schädel kann man sich gar nicht anders vorstellen, als wie man ihn nun schon seit Jahrzehnten kennt: nahezu kahl. Das hat für ihn so nebenbei auch noch einen Vorteil. Er braucht sich während des Dirigierens nicht andauernd das Haar aus dem Gesicht zu streichen, wie das einigen seiner Kollegen zur Gewohnheit geworden ist, die wie er auch mit dem Kopf dirigieren.

Sein Profil mit dem vorgeschobenen Kinn verrät Willenstärke. Solti spricht stakkato, beinahe so schnell, wie er wohl denkt. Das zwingt zu aufmerksamem Zuhören. Sein scharfes Raubvogelauge lächelt meistens. Doch wehe, wenn es aufblitzt und seine dämonische Kraft entlädt! Er ist ja ganz ein Dirigent, der sein Orchester mit dem Auge beherrscht. Unentwegt ist es bei ihm im Einsatz. Meditieren mit geschlossenen Augen während des Dirigierens versagt er sich.

Freiheit in jedem Sinne steht in Soltis geistigen und künstlerischen Anschauungen an erster Stelle. Er achtet sehr darauf, daß seine persönliche Freiheit, die er hoch schätzt, nicht eingeschränkt wird. «Ich bin in einem faschistischen Polizeistaat geboren, der jetzt kommunistisch ist – zwischen beiden sehe ich sowieso keinen großen Unterschied –, so daß ich so lange, als ich nicht irgend muß, kein Land betreten werde, in dem man mir an der Grenze den Paß abnimmt. Das ist für mich ein Tabu. Ich will gehen, wohin und wann ich will. Diese Freiheit lasse ich mir nicht nehmen. Weshalb ich in Ländern mit autoritären Regimen, in Polizeistaaten, ob links oder rechts, nicht dirigiere.»

Was die allgemeine politische Entwicklung betrifft, so ist Solti sehr skeptisch. Unsere Zukunft sieht er ziemlich pessimistisch. Er befürchtet, daß die liberalistische Weltanschauung der westlichen Welt in wenigen Jahrzehnten aufgeweicht sein werde zugunsten einer globalen Gleichmacherei.

«Der freiheitlichste Staat der Erde wird sich wahrscheinlich freiwillig seiner Freiheit berauben. Denn um einen demokratischen Staat zu führen und zu erhalten, braucht es Intelligenz und Selbstdisziplin des einzelnen Bürgers. Demokratie ist die schwierigste Staatsform überhaupt. Wahrscheinlich werden sich künftig nur noch Kleinstaaten, wie etwa die Schweiz, behaupten können. Denn die großen Staatsgebilde lassen sich je länger, je weniger freiheitlich regieren. Ich hoffe zu Gott, daß ich mit meiner Prognose ganz falsch bin, denn ich habe Kinder, denen ich gerne eine etwas freundlichere Zukunft gönnen möchte. Aber leider deuten die Zeichen auf eine besorgniserregende Entwicklung hin. Ich werde deshalb alles daransetzen, mich meiner eigenen Haut zu wehren.

Man muß sich vernehmlich wehren gegen alle Bestrebungen, unsere Freiheit einzuschränken. Davon bin ich überzeugt. Natürlich nicht mit den Mitteln der Musik. Damit betreibe ich keine Weltanschauung. Ich glaube nicht an die Befriedung der Welt durch die Musik. Das sind naive Vorstellungen, leider Gottes. Man braucht nur an Göbbels, Göring und Hitler zu denken, die Musik liebten. Auch Nixon spielt Klavier – ich will ihn nicht mit Hitler vergleichen –, aber immerhin.»

So besorgt Solti auch um die Zukunft der freien Welt ist – den Kulturpessimismus unserer Zeit teilt er nicht. Er macht sich sogar lustig über die Kulturpessimisten. «An die vielzitierte Opern- und Orchesterkrise glaube ich nicht. Dieses Gerede ist mir seit über vierzig Jahren im Ohr. Aber wohin ich auch während meiner Karriere blickte, sah ich höchst lebendige künstlerische Organismen und keine Kulturleichen.»

Was das Künstlerische anbetrifft, so war Solti niemals pessimistisch. Stets hat er jede Herausforderung in dieser Beziehung angenommen, ganz einfach schon deshalb, weil er es nun einmal liebt, gefordert zu werden. So ist ihm jedes Werk, sooft er es auch dirigiert haben mag, immer wieder eine neue Herausforderung: weil es seiner Ansicht nach keine verbindlichen Maßstäbe der Interpretation eines Werkes gibt. «Kein Mensch weiß, ob die Interpretation eines Werkes dem nahekommt, was der Komponist wollte. Selbst die wenigsten der lebenden Komponisten wissen es. Von den toten ganz zu schweigen. Wie man Beethoven oder Brahms dirigiert, dafür gibt es, Gott sei Dank, keine Regeln. Ein guter Musiker braucht sie auch nicht.» Aber selbst wenn eine Interpretation mißlungen scheint, spricht Solti kein Verdikt aus. Denn: «Auch eine schlechte Interpretation kann so gekonnt sein, daß sie trotzdem sehr interessant ist.»

Es gibt bedeutende Künstler, die ein indifferentes Verhältnis zum Publikum haben. Sie werden von ihm zwar geschätzt, aber nicht geliebt. Die Beziehung ist in solchen Fällen eine gebrochene und meist nur einseitige. Solche Einschränkung kennt Solti nicht. Er ist ein Liebling des Publikums, ein Star, der diese Zuneigung auch erwidert. «Ein gutes Publikum liebe ich, weil es mich stimuliert. Es ist für mich eine unglaubliche, phantastische Inspiration. Gutes Publikum, das ist nicht eines, das kräftig klatscht und schreit, sondern eines, das zuhört, und zwar so, daß ich das Gefühl habe, es kennt das Werk und weiß, was ich mache. Ob die Leute zuhören oder nicht, das spürt man im Rücken. Ich weiß ganz genau, ob sie mit mir sind oder sich langweilen. Für die Schallplatte produziere ich eine Menge. Da fehlt natürlich das Medium des Publikums. Dafür sind wir professionellen Musiker dann ganz unter uns. Es entsteht auch da eine vibrierende Atmosphäre – nahezu so gut wie bei einem Konzert mit einem guten Publikum und um vieles besser als mit einem schlechten, das mir ohnehin ein Graus ist. Ein gutes Publikum ist das Beste, was man beim Musikmachen haben kann. Es ist etwas unglaublich Schönes. Aber man hat es leider nicht sehr oft. Wenn ich es aber einmal habe, dann empfinde ich ein Gefühl des Glücks.»

Was aber kann ein Interpret mehr von seinem Wirken erhoffen und mit ihm erreichen wollen, als sich selbst und den Hörer glücklich zu machen? Sir Georg Solti hat es abgelehnt, das Mysterium der Musik zu ergründen. So wollen wir es denn bei einem Kompromiß zwischen ihm und jenen bewenden lassen, die zumindest den Versuch einer Antwort wagen: Vorausgesetzt, Musik ist ein Mittel zum Ausdruck unserer Gefühle und geeignet, uns – für Augenblicke wenigstens – glücklich zu machen, so wäre das Wissen darum für den Interpreten Glück und Befriedigung zugleich.

Henryk Szeryng

«Die Musik ist die edelste Sprache, die es gibt; die einzige von jedem verstandene, überall Freude und Frieden stiftende Weltsprache. Und mein tiefster Wunsch ist es, weiter Botschafter der Musik zu sein, solange ich lebe.» Dies ist das Bekenntnis eines Künstlers, dessen Name mittlerweile zu einem Synonym für die Verständigung unter den Völkern durch die Kraft der Musik geworden ist, eines außergewöhnlichen Interpreten, der seit Beginn seiner Laufbahn Humanitas im Zeichen der Kunst aufs Banner seines Künstlertums geschrieben hat und der wie kein anderer Interpret unserer Zeit berufen scheint, als Botschafter der Musik apostrophiert zu werden: Henryk Szeryng. Denn bei ihm ist diese Art von künstlerischer Nobilitierung, die gerade leidenschaftlichen und zur Emphase neigenden Musikern oft zuteil wird, in des Wortes zweifacher Bedeutung begründet. Nicht nur daß ihm Völkerverständigung mit Hilfe der die Sprachbarrieren überwinden sollenden Macht der Musik innerstes Anliegen, Grund seines Schaffens ist – der kosmopolitische Violinist trägt auch als kultureller Sonderbotschafter seiner Wahlheimat Mexiko die Botschaft der Musik in alle Welt.

Nun kann man durchaus verschiedener Meinung darüber sein, ob Musik überhaupt und, wenn ja, wieweit als Sinnträger die Funktion einer Weltsprache innehaben kann. Die Frage, ob sich durch Musik Außermusikalisches transportieren läßt, reduziert sich, wird sie positiv beantwortet, letztlich auf den Glauben daran. Daß dieser aber unerschütterlich ist bei Henryk Szeryng, diesem polyglotten Virtuosen mit Diplomatenpaß, steht außer Zweifel. Denn ebendieser Glaube bildet die Voraussetzung seiner weltumspannenden Tätigkeit, auf ihn gründet sich sein Apostolat, mit dem er musizierend für eine bessere Welt wirbt und kämpft. Ein Gespräch mit Henryk Szeryng führt zwangsläufig immer wieder zu diesem Leitmotiv seiner Künstlerschaft zurück – es ist der Punkt, um den schließlich alles bei ihm kreist, wohl auch der Born, aus dem er seine umgebremste Aktivität schöpft, die weit über den herkömmlichen Tätigkeitsbereich des Interpreten hinausgeht.

Die Voraussetzungen und die entscheidenden Anstöße zu seiner Künstlerlaufbahn – wie seine weitere Entwicklung bis hin zur Karriere für ihn eine Fügung des Schicksals – empfing Henryk Szeryng in seinem Elternhaus. 1921 in Zelazowa Wola bei Warschau, dem Geburtsort Frédéric Chopins, geboren, wuchs der Sohn eines Eisen- und Erzindustriellen in einer Umgebung und häuslichen Atmosphäre auf, für die die Pflege kultureller Werte etwas Selbstverständliches darstellte. So war es nichts Außergewöhnliches, daß er und seine Geschwister von klein auf intensiven Musikunterricht erhielten.

«Ich hatte den besten Lehrer der Welt: meine Mutter. Ich war fünf Jahre alt, als sie begann, mich im Klavierspiel und in Harmonielehre zu unterrichten – für mich noch heute unvergeßliche Stunden. Meine Eltern haben mich mit sehr viel Liebe gelehrt, Toleranz zu üben, und mir beigebracht, daß man sich für den Mitmenschen interessieren soll. Der Geige begegnete ich zum erstenmal in der Hand meines älteren Bruders. Das Instrument faszinierte mich, weil ich mir nicht erklären konnte, wie man auf dem kleinen schwarzen Griffbrett ohne Zahlen und Farbunterschiede so viele Töne hervorbringen konnte. Meine Neugierde war groß, und sehr bald erhielt ich Violinunterricht bei Professor Moritz Frenkel, der früher Assistent von Leopold Auer in St. Petersburg gewesen war. Dank ihm habe ich eine sehr gute Ausbildung genossen, die berühmte russische Schule. Aber der große künstlerische und menschliche Einfluß in meinen Jugendjahren kam von Bronislaw Huberman, einem der größten und universellsten Künstler unseres Jahrhunderts. Er bestärkte mich in der Gewißheit, daß ich mit der Geige mein eigentliches Instrument gefunden hatte.»

Der Geiger Huberman, der mit Szeryngs Eltern eng befreundet und oft bei ihnen zu Gast war, pflegte ihnen die wichtigsten Passagen seiner Vorträge vorzulesen, die er als überzeugter Paneuropäer beim Völkerbund in Genf zu halten beabsichtigte.

«An eine lapidare Phrase Hubermans bei einem dieser Besuche erinnere ich mich ganz genau: ‹Völker Europas, ihr müßt euch vereinigen, sonst werdet ihr vernichtet!› Diese prophetische Qualität Hubermans, die übrigens auch allen seinen Interpretationen innewohnt, hat mich fasziniert. Obwohl ich bei ihm keinen Violinunterricht nahm, verdanke ich ihm doch Ratschläge für die Interpretation, die vielleicht wichtiger waren als die irgendeines Lehrers. Das Verständnis für die Umwelt und für den Sinn unseres Daseins verdanke ich ebenfalls ihm. Ich glaube, es ist eine Schicksalsfrage, daß mich Huberman zum Interesse für den Mitmenschen, für die Völker angeregt hat. Er betrachtete seine Aufgabe als Künstler unter sozialen Aspekten. Auch für mich ist Musik eine Sprache, die die Völker verbinden muß. Und so halte ich es nicht für einen Zufall, daß ich von der Republik Mexiko zum Kulturbotschafter ernannt wurde.»

Daß die Eltern dem Kind so früh schon Musikunterricht erteilen ließen, entsprang nicht der Absicht, einen Berufsmusiker aus ihm zu machen. Vielmehr galt die Musik in Szeryngs Elternhaus als unabdingbarer Bestandteil eines kultivierten Lebens. Ebenso großes Gewicht wie der gründlichen musikalischen Ausbildung bereits im Kindesalter als Teil einer umfassenden Allgemeinbildung wurde den humanistischen Fächern und den Sprachen beigemessen. Huberman jedoch drängte, nachdem er den siebenjährigen Henryk das Mendelssohn-Konzert hatte spielen hören, immer stärker darauf, das große musikalische Talent durch bedeutende Lehrer ausbilden zu lassen, und setzte sich dafür ein, daß der Junge nach Berlin und später nach Baden-Baden geschickt wurde, um bei Carl Flesch, dem berühmtesten Lehrer jener Zeit, Violine zu studieren.

«Es war eine große Ehre für mich, in den Jahren 1928–1932 während der unvergeßlichen Sommeraufenthalte in Baden-Baden bei Professor Carl Flesch aus der reichen Fülle seines Lebenswerkes schöpfen zu dürfen. An diese Jahre knüpfen sich die schönsten Erinnerungen meiner Kindheit.»

Nach dreijährigem Studium bei Flesch war der junge Szeryng bereits so weit fortgeschritten, daß er seine ersten Konzerte in Warschau, dann in Bukarest, Wien und Paris geben konnte. Doch waren seine Eltern klug genug, ihn nicht den Gefahren einer Wunderkindkarriere auszusetzen. Die Konzerte sollten vielmehr eine Vervollständigung des Studiums darstellen und dem Jungen ein Gefühl dafür geben, was ein Auftritt in der Öffentlichkeit bedeutet. «Das waren schöne Erfahrungen, die aber nicht unbedingt dazu führen sollten, daß Musik für mich zu einem exklusiven Beruf werde.» Zur Fortsetzung seines Musikstudiums ging Szeryng 1933 nach Paris und wurde Schüler von Nadia Boulanger.

«Nadia Boulanger war nicht nur meine Lehrerin, sie war auch Beraterin und Freundin. Sie bewog mich, Musik zu studieren, zu schreiben und zu interpretieren. Ihr Einfluß war und ist auch heute noch sehr wichtig in meinem Leben. Meine musikalische Persönlichkeit haben auch Georges Enescu und Jacques Thibaud in Paris geprägt, obwohl ich nie bei ihnen studiert habe und sie nur meine Freunde waren.»

Angeregt durch Jacques Thibaud nahm er noch weiteren Geigenunterricht bei Gabriel Bouillon, der ihn in die Geheimnisse der französischen Violinliteratur einführte, sowie bei der Tochter von Herni Berthelier, seinem Professor für Kammermusik. Ein Sprachen- und Geschichtsstudium an der Sorbonne schafften nebenbei geistigen Ausgleich zur musikalischen Fortbildung, die auch Kompositionen einschloß.

«Viele der Großen lernte ich in dieser Zeit kennen: Toscanini, Cocteau, Ravel und Strawinsky. Die Begegnung mit diesen Persönlichkeiten war sehr nachhaltig und bestärkte mich darin, die künstlerische Richtung, die ich eingeschlagen hatte, weiterzuverfolgen. Und was ich von meinen Eltern und Lehrern menschlich und auf dem Gebiet der Musik mit auf meinen Lebensweg erhalten habe, ist so mannigfaltig und reich, daß ich dies weitergeben muß, solange ich auf dieser Erde bin. Es ist ein Besitz, der nicht mir allein gehört, den ich mit anderen teilen muß. Teilen nicht nur mit meinen Kollegen, sondern auch mit der jüngeren Generation – das zuerst und vor allem. Denn der Nachwuchs ist für mich das Allerwichtigste überhaupt.»

Dieses Bedürfnis, seinen reichen Erfahrungsschatz an die Jugend weiterzugeben, liegt sicher auch zu einem Teil darin begründet, daß Henryk Szeryng seine spätere Karriere trotz all der guten Voraussetzungen letztlich doch nicht in den Schoß fiel. Zwar erhielt er 1935 nach einem Konzert im königlichen Palast in Sinaia aus der Hand der Königinmutter Maria von Rumänien den Orden für kulturelle Verdienste; er spielte auch im gleichen Jahr unter Bruno Walters Leitung in Warschau das Violinkonzert von Beethoven und gewann 1937, gerade neun Monate nach seinem Eintritt in die Klasse von Gabriel Bouillon am Konservatorium von Paris, den ersten Preis des Conservatoire Nationale de Paris. Doch bedeuteten diese Auszeichnungen für den Sechzehnjährigen noch keineswegs den Beginn der internationalen Karriere. Vielmehr vervollständigte er seine Sprachkenntnisse, die ihm während des Zweiten Weltkrieges sehr zum Vorteil gereichen sollten. Neben Polnisch, seiner ersten Muttersprache, und Spanisch, der, wie er betont, zweiten Muttersprache, beherrschte er bald fließend Französisch, Italienisch, Portugiesisch, Englisch, Deutsch und Niederländisch – insgesamt acht Sprachen. Auch versteht er alle slawischen Sprachen.

Bei Ausbruch des Krieges nahm Szeryng Verbindung zur polnischen Exilregierung in London auf. Dank seiner Sprachkenntnisse wurde er zum Dolmetscher und Verbindungsoffizier des polnischen Ministerpräsidenten der Exilregierung in London und Edinburgh, General Sikorski, bestellt. 1942 begleitete er den Premierminister und Oberkommandierenden der polnischen Streitkräfte im Exil nach Mexiko, um die Möglichkeiten für eine Ansiedlung polnischer Flüchtlinge zu erkunden, und verliebte sich auf Anhieb in das Land. Doch bevor er 1945 nach Mexiko zurückkehrte, spielte er in über dreihundert Wohltätigkeitskonzerten für die alliierten Truppen in Lagern und Lazaretten in aller Welt – seine Truppenkonzerte führten ihn an den Persischen Golf ebenso wie nach Nordafrika, Kanada, Trinidad, Panama, Brasilien und in die USA. Er musizierte für das Rote Kreuz und andere soziale Institutionen und machte die für ihn zentrale Erfahrung von der völkerverbindenden und leidenlindernden Kraft der Musik.

«Während des Krieges habe ich die unglaubliche Erfahrung gemacht, daß die Musik auch Menschen, denen es an gutem Willen fehlt, versöhnlich stimmen kann. In solchen Momenten ist Musik wirklich ein Wunder, und ich glaube fest daran; aber ich glaube nicht, daß es sich von selbst einstellt. Deshalb muß man sich fragen, ob wir bisher wirklich alle musikalischen Mittel für eine Völkerverständigung ausgeschöpft haben. Meine Antwort ist: nur zu einem Teil.»

Nach dem Krieg kehrte Szeryng in jenes Land zurück, das auf ihn wenige Jahre zuvor einen so überwältigenden Eindruck gemacht hatte, daß für ihn schon damals eine Rückkehr feststand: nach Mexiko. Zunächst hatte es den Anschein, als bedeute dieser Schritt der endgültige Rückzug aus dem Kampf um die Karriere. Der 25jährige wurde Professor an der Nationalen Universität von Mexiko und beschloß, sich fortan der Förderung junger und erfolgversprechender Talente zu widmen. 1946 wurde er mexikanischer Staatsbürger. Acht Jahre lang unterrichtete der junge Musikprofessor an der Universität – seine Karrierepläne schien er endgültig aufgegeben zu haben. Doch insgeheim wartete er, wie jeder junge Künstler, auf seine große Chance. Und in der Tat, was vielen nur ein holder Traum bleibt, wurde für ihn Wirklichkeit; er hatte die Portion Glück, ohne die auch der Begabteste und Fleißigste scheitern muß.

Im Herbst 1954 gab Arthur Rubinstein ein Konzert in Mexiko City. Unter den Zuhörern befand sich auch der 32jährige Musikprofessor von der Nationalen Universität. «Ich war von dem Konzert so überwältigt, daß ich in seine Garderobe eilte und ihn küßte und umarmte. Nach einem kurzen Gespräch lud mich Rubinstein in sein Hotel ein und bat mich, ihm vorzuspielen. Der Maestro war so beeindruckt, daß er mir vorschlug, mit ihm ein Plattenalbum aufzunehmen. Schließlich überredete er mich zu einer Tournee durch die Vereinigten Staaten. Anfangs zögerte ich, doch dann sagte ich mir: ‹Wenn dieser große Künstler solch ein Vertrauen in dich setzt, warum nicht!»

Diese erste Begegnung zwischen dem berühmten Pianisten und Henryk Szeryng bedeutete den Wendepunkt im Leben des damals noch so gut wie unbekannten Geigers, der sich schon mit dem Lehrberuf abgefunden zu haben schien. Rubinstein empfahl Szeryng seinem Impresario Sol Hurok, der ihn 1958 zu einer Zwanzig-Konzerte-Tournee in die USA verpflichtete. Damit war Szeryng vollends in das internationale Musikgeschäft eingeführt, seine Karriere gesichert. Doch bereits zwei Jahre zuvor, 1956, hatte er in Anerkennung und Dankbarkeit für seine Verdienste um die Musik seiner Wahlheimat von der Regierung Mexikos als wohl bedeutendste Auszeichnung für einen Künstler einen Diplomatenpaß erhalten, mit dem er als kultureller Sonderbotschafter des Landes durch die Welt reist. Durch ihn lernte das internationale Konzertpublikum zum erstenmal Werke mexikanischer Komponisten, wie etwa Manuel Ponce, Rodolfo Halffter, Revueltas, Rolon, Chavez und Calindo, kennen.

Henryk Szeryngs Konzerttätigkeit hatte nicht, wie meist üblich, die Aufgabe seiner Lehrtätigkeit zur Folge, vielmehr internationalisierte sich diese im Laufe seiner Karriere. Nachwuchsförderung ist für ihn nicht bloß ein Appendix seiner Konzerttätigkeit, sondern nimmt ihn als Hauptaufgabe ganzjährig voll in Anspruch. Dies geschieht auch, neben seinen alljährlichen Kursen in Genf und Mexiko, höchst unkonventionell, wobei ihm seine Funktionen als Ehrenpräsident der Jeunesse Musicale von Mexiko, Ehrendirektor des Konservatoriums Mexiko City und Professor an der Nationalen Universität von Mexiko sowie als Musikberater der mexikanischen Delegation bei der UNESCO in Paris sehr zustatten kommen. Szeryng, der Junggeselle mit Wohnsitz in Mexiko und Paris, betrachtet seine Studenten als seine geistigen Kinder und Freunde. Wenn er von ihnen spricht, nennt er sie seine Söhne und Töchter, insgesamt etwa achthundert in aller Welt. Und er ist stolz darauf, mit keinem von ihnen jemals auch nur die geringsten Schwierigkeiten gehabt zu haben. Für ihn wäre es undenkbar, mit Studenten zu arbeiten, die er nicht gern hätte oder die diese Zuneigung nicht erwiderten. Es ist die gelöste Atmosphäre, die er um sich herum zu schaffen versteht, auch die Spontaneität seiner Gefühle und eine natürliche Autorität, die ihn wie selbstverständlich Wegweiser, Berater, Vater seiner Schüler werden lassen.

«In jeder Stadt, in die mich meine Konzerttätigkeit führt, wissen die jungen Geiger, daß meine Türe immer offensteht. Sie spielen mir vor, lassen sich beraten, und ich versuche, ihnen meine Erfahrungen in Erfolg und Mißerfolg mitzuteilen. Ich versuche auch, in jeder Stadt einen geistigen Sohn an meiner Seite zu haben – was ich darunter verstehe? Einen hochtalentierten und meist sehr liebenswerten jungen Künstler, der sich von mir beraten läßt und zu dem eine persönliche Beziehung besteht. Man muß sich um die jungen Leute kümmern, muß ihre Karriere verfolgen und auf den richtigen Knopf drücken, um ihnen weiterzuhelfen.»

Neben dieser ganz gezielten persönlichen Förderung setzt sich Szeryng aber auch intensiv für den Austausch junger Künstler in aller Welt ein. So ist er der Vater einer Idee, die von vielen seiner Kollegen mit Begeisterung aufgenommen wurde: Ein Fonds des Internationalen Musikrates soll jungen Künstlern (insbesondere aus Afrika, Asien und Lateinamerika) ein Stipendium gewähren. Damit wird eine Aktion ausgebaut, die er seit Jahren in Mexiko betreibt, nämlich der Austausch von jungen, begabten Instrumentalisten, Komponisten, Jugendorchestern, Tanzgruppen und Folkloreverbänden jeglicher Herkunft, die allesamt spezifische Talente ausweisen müssen. Den Austausch von bekannten, arrivierten Künstlern empfiehlt Szeryng nicht. Vielmehr soll die Förderung gerade denjenigen vorbehalten sein, die bei Wettbewerben nicht erfolgreich waren, die von keiner Regierung, keinem Mäzen unterstützt werden, die keinen Kontakt zu einer Rundfunkanstalt oder zu einem Manager haben. Ihnen soll diese Hilfe zugute kommen.

«Ich glaube, daß wir nicht darauf warten sollten, bis sich etwas von selber ergibt. Dieser Austausch muß vielmehr noch schneller, aktiver und rationeller funktionieren. Und da geize ich weder mit Zeit noch mit Geld, auch aus der eigenen Tasche nicht. Denn ich glaube, daß wir das Mirakel der Verständigung durch die Musik erkaufen müssen, wie ich auch glaube, daß die Menschen vor allem durch die Musik eine nähere Beziehung zueinander zu schaffen vermögen. Ich bin keinem Zwang, keiner Pression unterworfen. So wie ich das Ehrenamt eines Kulturbotschafters uneigennützig ausübe, um in aller Freiheit entscheiden zu können, was ich für richtig halte oder was ich gegebenenfalls aus künstlerischen Gründen ablehnen möchte, so unterstütze und fördere ich auch aus eigenen Mitteln, wann und wo es mir recht erscheint. Wenn ich damit eine Freude bereiten kann, dann verschenke ich auch meine beste Geige, denn das beste Instrument soll man verschenken, auf den anderen aber spielen.»

So hat er zum 25. Jahrestag der Gründung des Staates Israel der Stadt Jerusalem seine Stradivari geschenkt, die fortan den Namen «Kinor David» trägt und hochtalentierten jungen israelischen Geigern zur Verfügung gestellt wird. Und im Januar 1974 machte Szeryng seine berühmte und wertvolle Guarneri «Sanctae Theresiae», eine Schwester jener Geige, auf welcher er jetzt spielt, dem Staatspräsidenten von Mexiko, Luis Echeverria Alvarez, zum Geschenk, ebenfalls mit der Absicht, sie dadurch jungen mexikanischen Violinisten und den Konzertmeistern des Nationalen Sinfonieorchesters von Mexiko zugänglich zu machen.

Dieser nahezu unstillbare Drang, alles mit anderen zu teilen, ist eine der unverkennbaren Charaktereigenschaften Szeryngs. Sie kommt nicht nur im Umgang mit seinen Freunden und Studenten zum Ausdruck, sondern ganz besonders natürlich in seinem Verhalten gegenüber dem Publikum.

«Das Publikum ist ein Teil meiner selbst. Ohne Publikum kann ein Künstler nicht leben. Es ist nun mal für ihn Nahrung und Ansporn. Das Ziel jedes Künstlers sollte der Kontakt mit dem Publikum sein. Er erreicht es, wenn es ihm gelingt, das Werk und die Hörer einander näherzubringen, die musikalische Botschaft des Komponisten überzeugend und doch aus der Kraft der eigenen Persönlichkeit heraus weiterzugeben. Die darauf beruhende Möglichkeit einer besseren Verständigung der Völker zu verwirklichen ist von jeher eines meiner Hauptanliegen. In dieser notwendigen und verantwortungsvollen Aufgabe sehe ich meine künstlerische Mission. Wir alle brauchen eine Resonanz: Für den Künstler ist es das Publikum. Auch wenn ich allein bin, wenn ich allein musiziere – immer habe ich das Gefühl, daß ich für alle, für das Universum spiele. Mit diesem Gefühl, für alle zu spielen, das mir zugleich Bedürfnis ist, lassen sich überdies gewisse Störungen durch Unsicherheitsgefühle oder Lampenfieber – eine durchaus begreifliche Er-

Henryk Szeryng mit Ursula, dem «schönsten, süßesten und besten Hündchen der Welt» (links).

Szeryng, Weltreisender mit Diplomatenpaß in Sachen Musik im Gespräch mit dem Pianisten Rudolf Serkin (rechts).

Die Begegnung mit Arthur Rubinstein 1954 in Mexiko wurde für den 32jährigen Musikprofessor Szeryng zu einem Markstein seiner Karriere als Violinvirtuose. Zahlreiche Schallplattenaufnahmen zeugen von der künstlerischen Verbundenheit der beiden großen polnischen Interpreten (unten).

scheinung, wenn man mit Verantwortung an seine Aufgabe herantritt – kontrollieren, denn wir dürfen nicht vergessen, daß die wahre Persönlichkeit des Menschen und des Künstlers aus Qualitäten und Fehlern besteht, wobei in unserem Beruf die Qualitäten natürlich überwiegen sollten. Über meine Fehler zu berichten, das überlasse ich gern meinen Kritikern!»

Als Henryk Szeryng sich im Frühsommer 1974 einer schwierigen Operation unterziehen mußte, rieten ihm die Ärzte, mindestens zwei Monate lang überhaupt nicht öffentlich zu spielen, nicht zu reisen, nichts Schweres zu heben. «Mir erschien dies doch eine zu lange Frist, denn der Kontakt mit dem Publikum ist auch ein Mysterium: Das Publikum wird, wenn es vom Künstler geliebt wird, seine Liebe erwidern. Und so beschloß ich, ohne meiner Gesundheit willkürlich schaden zu wollen, nach etwa fünf Wochen äußerster Schonung, mein erstes Konzert nach der Operation zu riskieren.»

Das Konzert fand in Interlaken in der Schweiz statt. Unter der Leitung von Wolfgang Sawallisch spielte Szeryng mit dem Orchestre de la Suisse Romande das Brahms-Konzert. «Natürlich ist dieses Violinkonzert am wenigsten dazu geeignet, nach einer Operation erstmals wieder das Podium zu betreten. Aber ich hielt es für richtig, den Stier sofort bei den Hörnern zu packen. Und ich glaube nicht, daß ich hierbei im Sinne des Menschlichen, Psychischen und Musikalischen unvernünftig gehandelt habe, denn kurz nach diesem ersten Konzert spielte ich in Teheran, dann in London und schließlich in Genf und Montreux, und eine gründliche Nachuntersuchung ergab, daß alles vorzüglich verheilte.

Es ist ohne Zweifel immer problematisch, wenn ein Instrumentalist zu längerem Pausieren verurteilt ist. Die Rückkehr zum Instrument kann sich dann recht schwierig gestalten. Glücklicherweise darf ich mich hier, wie einige junge Kollegen auch, zu den Ausnahmen rechnen. Ähnlich den zwischenmenschlichen Beziehungen, gibt es auch eine Beziehung zwischen Geiger und Instrument. Im einen wie im anderen Fall kann eine zu lange Abwesenheit eines Partners der Beziehung schaden. Wenn wir die Geige wirklich lieben, wenn wir der Geige treu bleiben und uns ihrer möglichst häufig und sinnvoll bedienen, werden wir auch von ihr geliebt. Die Geige ist vielleicht die einzige Frau, die einen Seitensprung nicht verzeiht!»

Der «Sprung ins Wasser» nach der Operation, dieses unverzügliche Annehmen der unausgesprochenen Herausforderung durch ein Konzertpublikum, das sich nur mit Höchstleistungen zufriedengibt und den Konzertauftritt des Künstlers mit dessen oft unter ganz andersgearteten Bedingungen zustande gekommenen Schallplattenaufnahmen vergleicht, wäre ohne die Rückversicherung durch eine in jahrelangem Training erworbene handwerkliche Meisterschaft und ohne Szeryngs unerschütterlichen Glauben an die Kraft der Musik ein unkalkulierbares Risiko gewesen. Szeryng, dem das Interpretieren mehrerer Violinkonzerte an einem Abend eine altvertraute Übung ist, bleibt auch so nicht von Belastungen verschont, die der Zwang zu permanenter Hochleistung ohne Rücksicht auf die psychische und physische Verfassung des Künstlers mit sich bringt. Es ist letztlich eine Frage der Belastbarkeit und der Fähigkeit, den Leistungsdruck positiv zu verarbeiten, ob die Kontinuität einer Karriere gesichert ist. Für Szeryng bedeutet das Spielen einer Reihe von Konzerten – mit den dazugehörenden Proben – an mehreren Abenden noch keine Belastung. Vielmehr betrachtet er dies als das normale Pensum, das große Künstler der Vergangenheit, wie gerade sein verehrtes Vorbild Huberman, immer zu bewältigen pflegten. Er räumt zwar ein, daß das physische Pensum sehr reichhaltig ist, meint aber, daß zwei Noten auf dem Podium oder vor dem Mikrofon zu spielen psychisch genauso anstrengend sei wie ein ganzes Konzert oder eine Sonate. Die Belastungen, die ein Konzert mit sich bringt, werden bei ihm fast schon während der Verausgabung ausgeglichen.

«Ich könnte das mit einer Maschine vergleichen, die viel Energie abgibt und gleichzeitig auf anderem Wege Energie speichert. Die Antriebskraft dieser Dynamomaschine ist die Musik selbst. Und die Freude darüber, daß die Mitteilung durch die Musik tatsächlich stattfindet. Denn die Musik soll ein Spiegel aller menschlichen Gefühle sein. Gerade das ist es, was ich so stark empfinde, nämlich daß man alle, nicht nur die noblen Instinkte in der Musik ausdrücken kann und muß.»

Den Einwand, daß Musik nicht wie die Sprache ein begrifflich bestimmender Sinnträger sei, daß es demnach keine internationale, allen Menschen verständliche Sprache, eine Art Erlebnis-Weltsprache gebe, läßt Szeryng nicht gelten. Obwohl es nur wenige genuin-musikalische Begriffe gibt, mittels deren konkrete Inhalte weitergegeben werden können, meint Szeryng, Musik sei Erlebnissprache, da sie Empfindungen auszulösen vermag. Da aber das Erleben von Musik ein innerer Vorgang von höchster Subjektivität ist, der dem Außenstehenden nicht unmittelbar mitteilbar ist, ihm verborgen bleiben muß, sind die Empfindungen der Hörer so verschieden wie sie selbst. Das wohl von der Affektenlehre des 17. Jahrhunderts ausgehende Verständnis von Musik als einer Erlebnissprache hat zu einer Form des Hörens geführt, die musikalische Empfindungen und Erlebnisse in assoziative Verbildlichung transformiert. Die Klischees vorgeprägten Erlebnis- und Gefühlhörens werden dabei zum Klischee für Musik schlechthin.

«Für mich ist Musik mehr als nur eine Weltsprache – sie ist eine Weltallsprache, und mein Wunsch ist es, daß man die Musik mannigfach als eine große Gabe Gottes wahrnimmt. Vergessen wir auch nicht, was für eine Bedeutung eine Pause hat, ein Atem, eine Zäsur, wo zum Beispiel das Lautwesen sich mehr und mehr von uns entfernt. Aber auch konkrete Inhalte lassen sich durch die Musik übermitteln, wie etwa bei der Programmusik, die etwas Anschaulich-Bestimmtes aussagt und unsere Vorstellungskraft anregt und bereichert. Aber es gibt auch Musik, die keines Programmes bedarf, um das Konkrete unseres Daseins und der verschiedenen Ereignisse wiederzugeben. Jeder Interpret ist imstande, die verschiedenen Atmosphären, Stimmungen und musikalischen Gemütsfragen mit einer überzeugten Interpretation weiterzugeben. Es ist nicht unbedingt nötig, daß jeder Interpret sich bei einer Phrase oder einem Rhythmus genau dasselbe vorstellt.»

Wenn der Interpret entsprechend kultiviert und belesen ist und genügend Instinkt besitzt, dann kalkuliert er, so Szeryng, keine Mißverständnisse beim Hörer ein. «Aber auch bei einem Irrtum würde ich nicht sehr kritisch sein. Was ich von einem Interpreten verlange, ist, daß er mich überzeugt. Ich will von ihm irgendwie berührt werden. Ein passiver oder neutraler Interpret hat für mich eine geringere Bedeutung, denn seine Sprache hat nicht diese Kontinuität. Eine Interpretation ist für mich immer dann gültig, wenn sie aus dem Herzen und dem Geist kommt. Beides zu verbinden ist natürlich nicht jedem vergönnt. Es gibt Künstler, die primär schön interpretieren und nicht wissen, warum – das finde ich durchaus in Ordnung. Und es gibt andere, die kultiviert sind und belesen und die grübeln – die sind in einer gewissen Gefahr. Denn gerade Bildung und Kenntnisse könnten eine Interpretation weniger spontan, lapidar oder urwüchsig werden lassen. Könnten! Der Idealzustand wäre: Kopf, ja, aber vielleicht noch mehr Herz – das wäre eine schöne Mischung. Denn die Musik ist ein Phänomen, sie strömt doch aus dem Herzen und findet im Herzen ihren Endpunkt.»

Gewiß, ein effektvoller Satz, der nach Applaus zu heischen scheint. Und doch ist darin Szeryngs musikalisches Grundempfinden gleichsam auskristallisiert. Es ist weniger der Intellekt als das Herz, das ihm Garant für die Qualität einer Interpretation zu sein scheint. Das will nicht heißen, daß er das Geistige geringschätzen würde. Im Gegenteil. Es ist ebenso Element einer geglückten Interpretation, nur hat es einen höheren Stellenwert bei der Vorbereitung als während des Musizierens, das für ihn, Szeryng, etwas völlig Spontanes, Ungehindertes und Beglückendes ist. Szeryng unterscheidet strikt zwischen dem Üben, der Vorbereitung, der Analyse und dem Musizieren. Für ihn ist es selbstverständlich, daß zur Erarbeitung eines Werkes auch das Wissen um die Zeit gehört, in der es entstanden ist.

«Für mich ist es oberstes Gesetz, das Gesamtwerk eines Komponisten, seine Äußerungen zur Zeitgeschichte und auch seine Umwelt möglichst genau zu kennen. Ich lasse mir von niemand einreden, daß man – sagen wir – das Violinkonzert von Beethoven musikalisch angemessen und stilistisch richtig bringen kann, ohne mit seinen Sinfonien, Quartetten, der Missa Solemnis und dem Fidelio vertraut zu sein. Die Erarbeitung eines Werkes geschieht bei mir in drei Stufen. Die erste gehört der Analyse des Werkes, dem Erkennen seiner Struktur. Dabei setze ich mich, vor allem bei einem Konzert, mit der Partitur ans Klavier, denn zum Einstudieren brauche ich den vollen Text. Die Solostimme reicht zu einer gründlichen Kenntnis des Werkes nicht aus.»

Die zweite Stufe ist der Umwelt des Werkes gewidmet und allem, was den Komponisten zur Zeit des Entstehens des Werkes beeinflußt hat. Die dritte Stufe ist harte, trockene, prosaische Arbeit auf der Geige.

«Dabei ist es wichtig, daß die Noten langsam geübt werden, damit alles verdaut wird, daß die Finger der linken Hand und die Bogenstriche der rechten Hand mechanisch funktionieren und daß man lernt, in das Werk gleichsam hineinzutauchen, es nicht forciert auswendig zu lernen. Damit das Gedächtnis richtig funktioniert, brauchen wir nur das Richtige zu tun, aber äußerst vorsichtig. Das langsame Üben, die Klarheit der Modulation und des Aufbaus einer Komposition, das ist das Entscheidende. Dann aber sollte man das Werk mindestens einmal täglich konzertmäßig durchspielen, damit man genau weiß, wo die schwachen Stellen sind. Denn wenn man nur übt, wird man dies nie erfahren.

Ich glaube, daß ich das wahre Glück dann empfinde, wenn sich meine eigene Persönlichkeit mit derjenigen des Komponisten verbindet und vermählt, ohne sie zu überwuchern, wenn ich mich mit dem Werk so verwachse, daß ich mein eigenes Ich vergesse. Mag ein Künstler auch eine noch so große Persönlichkeit sein – wenn sie nicht mit der des Komponisten übereinstimmt, dann ist dies meines Erachtens von Übel. Ich glaube auch, daß ich es immer wieder als wahrhaft beglückend empfinde, wenn ich mit den Mitmenschen in Kontakt komme. Und wenn ich gleichsam als Dolmetscher eine Brücke zwischen Komponist und Zuhörer schlagen kann. Der Interpret, dem jeder Stil zur zweiten Natur wird, ist glücklich und beglückt zugleich. Interpretieren ist für mich eine Reise in ein anderes Land und eine andere Zeit.»

Der Rhythmus ist für Szeryng, wie er bekennt, das Urelement der Musik und des Lebens. Der Rhythmus und nicht die Melodie nimmt die erste Stelle in seinem Musikempfinden ein. Daraus erklärt sich auch der Eindruck seines Spiels, sogar beim Rubato im Tempo zu spielen. «Mein Rhythmus beruht auf den Herzschlägen, die ja nicht immer dasselbe Tempo haben, und nicht auf dem Metronom, obwohl dieses ab und zu eine sehr gute und nützliche Kontrolle bietet. Das ist gerade das Schöne. Und ein Rubato ist immerhin ein wichtiger Bestandteil des Musizierens. Chopin muß meines Erachtens ein wunderbares Rubato gehabt haben, ein Rubato, das eigentlich nie den Rhythmus beeinträchtigte. Er wußte genau, wie man die Noten und die Notenwerte plazieren muß, um nicht das Notenbild zu zerstören. Insofern fühle ich mich mit Chopin in doppeltem Sinne verwandt, denn schließlich verbrachte ich die ersten sieben Jahre meines Lebens in Polen und wurde in unmittelbarer Nähe des Chopin-Hauses geboren. Ein übertriebenes Rubato ist eine Katastrophe, ein Mangel an Rubato in einigen Werken und Stilen aber kann tödliche Langeweile bewirken. Viele Komponisten haben glücklicherweise das Rubato schon ausgeschrieben – in der Geigenliteratur finden sich frappante Beispiele: ich denke an den ersten Satz der Ersten und Zweiten Solosonate von Bach oder etwa an die Konzertrhapsodie von Ravel, wo die ganze Exposition des Themas so genau auskomponiert ist, daß man nur beachten muß, was vom Komponisten vorgeschrieben wurde.»

Als Interpret, der ein ungewöhnlich reichhaltiges Repertoire beherrscht, das von den alten Meistern bis zu Komponisten der Avantgarde reicht – man denke nur an die Szeryng gewidmeten Violinkonzerte von Haubenstock-Ramati, Bruno Maderna und Krysztof Penderecki –, ist er der Gefahr einer Spezialisierung nicht ausgesetzt, obwohl gerade der traditionelle Konzertbetrieb auch von ihm stets von neuem die Aufführung klassischer Konzerte fordert. Szeryngs Vielseitigkeit mag auch daher rühren, daß er vor seiner relativ spät begonnenen Konzerttätigkeit sich auch intensiv mit Werken weniger bekannter Komponisten beschäftigen konnte.

«Da ich eine universelle Kunst ausübe, wäre ich sehr traurig, wenn ich mich nur auf eine Periode oder auf eine Gruppe von Komponisten spezialisieren müßte. Ich bin glücklich, Werke avantgardistischer Komponisten interpretieren zu können – zur gleichen Zeit ist mir Bach sehr nahe, und ich liebe ihn heiß. Man muß doch imstande sein, verschiedene Stile und künstlerische Manieren wiederzugeben. Der Musiker muß sich mit dem Werk in ähnlicher Weise identifizieren wie ein Schauspieler oder auch ein Opernsänger, die verschiedene Rollen so assimilieren, daß sie geradezu in der Haut der darzustellenden Persönlichkeit stecken. Nun kann es manchmal geschehen, daß die Vorstellungskraft, die technischen Möglichkeiten oder die Zeit nicht ausreichen und man sich deshalb auf einen gewissen Stil beschränken muß. Nur betrachte ich dies eben schon als ein erhebliches Manko. Man muß auch in der Kunst so wie im Leben verschiedenes ausprobieren und erleben, um mit Pablo Neruda sagen zu können: ‹Ich bekenne, gelebt zu haben!›»

Es ist gewiß kein Zufall, daß Szeryng gerade diesen Dichter zitiert – er fühlt sich ihm, der wie er sein Land, Chile, als Botschafter vertrat, besonders nah verwandt. Und so verwundert es auch nicht, daß zu seiner bevorzugten Reiselektüre Werke dieses führenden südamerikanischen Lyrikers zählen. Nerudas Bekenntnis hat fraglos auch für Szeryng Gültigkeit, prägt doch sein intensives Erleben, nicht nur im Bereich der Musik, seinen Lebensstil. So weiß er beispielsweise auch die Genüsse einer exquisiten Küche sehr zu schätzen.

Von einem arrivierten Virtuosen, der nach wie vor auf sein Publikum angewiesen ist – und dieses Publikum rekrutiert sich in der Regel aus höheren sozialen, kapitalstarken Schichten –, zu erwarten, daß er eine grundlegende Veränderung des Musikbetriebes wünscht, hieße ihn überfordern und die Marktzwänge verkennen. Die Form des heutzutage betriebenen Festspielrummels betrachtet Henryk Szeryng nicht unbedingt als Ausdruck von Dekadenz, diese sieht er eher darin, wenn immer wieder Werke aufgeführt werden, die weder dem Publikum noch den Musikexperten etwas bedeuten. Szeryng meint, ein gehobenes, kapitalkräftiges Publikum gehöre zum Konzertbetrieb und schaffe letztlich auch die Voraussetzung dafür, Konzerte für Schüler, Studenten oder Arbeiter zu veranstalten, wie er dies regelmäßig in Mexiko zu tun pflegt.

«Ich finde es doch sehr schön, daß gewisse festliche Konzerte ganz im herkömmlichen Stil durchgeführt werden, ist dies doch auch Ausdruck einer Tradition, die durchaus Anspruch hat, gepflegt zu werden. Der Snobismus ist nun einmal da, er gehört gewissermaßen zu unserem Beruf. Aber man darf nicht vergessen, daß es gerade die Festspiele sind, die völlig unbekannte Talente von einem Tag auf den andern weltberühmt gemacht haben. Dasselbe ist übrigens von den oft umstrittenen Wettbewerben zu sagen. Vielleicht gewinnt dort nicht immer der Beste, denn es gibt Künstlernaturen, die für Wettbewerbe nicht geeignet sind. Dennoch glaube ich, daß Wettbewerbe eine soziale und künstlerische Aufgabe erfüllen können.»

Die Gefahr eines Verfalls vermutet er eher im Bereich der Experimentalmusik, wo sich seiner Ansicht nach fragwürdige Tendenzen einschleichen könnten. Aus dem Bemühen, den Musikbetrieb von innen heraus mit Bedacht zu reformieren, hat sich Szeryng bereitgefunden, die künstlerische Leitung der Festspiele von Puerto Vallarta in Mexiko zu übernehmen. In dem herrlichen, am Pazifik gelegenen Ort musiziert er seit 1973 jeden Sommer eine Woche lang für ein Publikum verschiedener sozialer Schichten.

«Ich wollte mit diesen Festspielen etwas für die jungen Künstler Mexikos und auch anderer Länder tun. Aber um das Publikum, vor allem dasjenige aus den USA, anzuziehen, mußte ich selbstredend auch bekannte Künstler einladen. Es liegt mir sehr am Herzen, außer meinen Meisterkursen und sonstigen Tätigkeiten in Mexiko City an möglichst vielen Punkten meiner Heimat etwas Nützliches für die Musik zu tun. Wichtig ist mir dabei, daß ich auch viele Menschen aus den Nachbardörfern, die bisher kaum Gelegenheit hatten, gute Musik zu hören, zu den Konzerten einladen kann. Ich habe beschlossen, bei jedem Festival mindestens zwei Konzerte für die Bevölkerung zu geben, denn die Leute hier sind höchst empfindsam und sehr musikalisch. Wir Künstler sind es, die das Neue einführen müssen – das habe ich in Mexiko bereits oft getan, meist mit Erfolg, auch wenn gewisse Maßnahmen etwas revolutionär gewesen sind. Aber dafür ist mir gerade die Jugend dankbar. In diesen Festspielen besitze ich ein Instrument, das vielen Ansprüchen genügt. Es ist meines Erachtens nobler und eine geradezu ideale Mischung, neue Wege zu suchen und trotzdem die Tradition hochzuhalten.»

Einen dieser neuen Wege hat Szeryng mit der Einspielung einer Schallplatte mit süd- und mittelamerikanischer Folkloremusik beschritten. Seine Absicht war, seinen Freunden und Landsleuten in Mexiko und in all jenen Ländern, wo Spanisch und Portugiesisch gesprochen wird, damit eine kleine Freude zu machen. Die Schallplattenfirma ging auf seinen Wunsch höflich, aber ohne Begeisterung ein.

«Meine Freunde glaubten, daß ein Bach-, Brahms- und Mozart-Interpret – hier haben wir schon das Klischee – sich mit dieser schönen, aber vielleicht zu Unrecht als leichtere musikalische Kost bezeichneten Musik ein ganz klein wenig diskreditieren könnte, daß er damit unter sein Niveau gehe. Trotzdem bestand ich darauf, denn Abwechslung ist etwas sehr Wichtiges. Die Schönheit unseres Daseins besteht ja auch im Wechsel – daß wir heute traurig sind und uns morgen schon wieder freuen können. Nun, ich habe allen Grund zur Freude. Die Platte wurde nicht nur in Amerika ein Erfolg, sondern auch in Europa. Und zwar bei den Gastarbeitern, einer sozialen Schicht also, die in der Regel andere Unterhaltung der Geigenmusik vorzieht. Dies ist für mich eine große seelische Belohnung; es hat mir gezeigt, daß Völkerverständigung auch durch das Medium der Schallplatte möglich ist. Es ist das Mysterium der Musik, das sich hier erneut offenbart, und es bestärkt mich auch in der Überzeugung, daß an der Musik das Universelle wichtig ist.»

Zur Vollkommenheit gehört für Szeryng auch das Spontane und nicht nur die Perfektion. Deshalb räumt er bei seinen Schallplattenaufnahmen wie bei seinen Konzerten der Spontaneität den Vorrang vor jeder übertriebenen Perfektion ein. Er warnt vor einem Mißbrauch der technischen Mittel, die zur Aufzeichnung von Musik heute eingesetzt werden. Die Möglichkeit, die Menschen auch durch die Schallplatte anzusprechen, hat ihn nicht dazu verführt, das künstlerische Ergebnis da, wo es vielleicht wünschenswert wäre, zu korrigieren. Er will nicht, daß man ihn auf einer Platte perfekter hört als im Konzert.

«Das Band oder die Platte ist für einen Künstler, der schon eine gewisse Reife erreicht hat, der schärfste Kritiker. Denn das Band verbirgt nichts, es ist unbarmherzig, und darüber sollte man sich eigentlich freuen. Ich profitiere nur sehr ungern von den zahllosen Erleichterungen der modernen Aufnahmetechnik. Ein Werk, ein Satz sollte nicht in unzählige kleine Stücke zersplittert werden. Wenn mir eine Fassung nicht gefällt, wiederhole ich lieber einen ganzen Satz, denn das stückweise Aufnehmen tötet die innere Spannung. Ich bin für die Wahrheit, auch und gerade auf der Platte.»

Szeryng ist stets bemüht, bei seinen Aufnahmen etwas von der intimen, durch direkte Mitteilung geprägten Atmosphäre des Konzertsaals zu bewahren, um auch das Medium Schallplatte in das Gespräch zwischen Künstler und Publikum einzubeziehen. Im Gegensatz zu einigen Kollegen lehnt er die Anregung durch fremde Interpretationen nicht ab, sondern hält sie in jedem Alter für möglich und sinnvoll.

Szeryng, der selbst nicht selten Konzerte besucht und auch Schallplatten sammelt, bezeichnet sich als ein gutes Publikum, ist sich aber der Gefahr einer Adaptation fremder Interpretationen durchaus bewußt. «Ein Künstler, der sich beeinflussen läßt, hat nicht das Format, das er haben muß. Der Künstler soll die anderen beeinflussen. Das ist eine unbestrittene und unbestreitbare Wahrheit.»

Seine Selbstsicherheit als Künstler, die ihn gegen Einflüsse von außen immun werden läßt, erklärt er sich durch die jahrelange intensive Auseinandersetzung mit dem Komponisten und seinem Werk. Diese hat ihn auch weitgehend resistent gemacht gegen das Urteil der Kritik, die er gleichwohl für unerläßlich hält.

«Die Kritik ist unentbehrlich. Ich lese sie; ich habe den Mut, das zu bekennen. Wer vorgibt, die Kritik nicht zu lesen, sagt nicht die Wahrheit. Von einer Kritik kann man immer gerade dann etwas lernen, wenn sowohl Kritiker als auch Künstler nicht in bester Form sind. Eine kleine Verstimmung, eine leichte Gereiztheit schaffen für den Kritiker die besten Voraussetzungen, den Künstler sozusagen mit einem Röntgenblick zu durchleuchten. Er bemerkt augenblicklich und haargenau, was nicht ganz in Ordnung ist. Sind beide in guter Verfassung, wird es zu einer positiven, vielleicht auch schmeichelhaften Bewertung kommen. Aber eben dann ist die Kritik eigentlich weniger nützlich, denn nur bei dieser kleinen Verstimmung des Kritikers kommen auch die kleinen Fehler ans Licht, werden die schwächsten Punkte sofort und treffsicher erfaßt. Eine Kritik, hinter der sich Gereiztheit verbirgt, ist manchmal so ernst zu nehmen, daß auch der arrivierte Künstler sie nicht ignorieren darf. Eine solche Kritik ist vielleicht nicht schmeichelhaft, bestimmt aber konstruktiv.»

Die Künstlerpersönlichkeit ins richtige Licht zu rücken, betrachtet Szeryng als eine weitere wichtige Aufgabe. Nach seinem Dafürhalten ist der Künstler unserer Tage ein verantwortungsbewußter Bürger, der sich um das Sozialwesen, um Politik und um die Beziehungen zwischen den Völkern kümmert. Der Künstler ist sich seiner Mission bewußt. So hat jeder, auch wenn er nicht offiziell dazu berufen ist, eine gewisse Botschafterpflicht, denn aus seinen Leistungen auf dem Podium und aus seinem privaten Verhalten wird – so Szeryng – auf das Land, das er repräsentiert, geschlossen. Er sollte deshalb in seinen Entscheidungen frei bleiben können.

«Ich bin ein freier Mensch. Ich fühle mich weder dem Neuen noch dem Alten verhaftet, ich suche immer etwas anderes – und das ist eine gesunde Methode, um Höheres zu finden. Es gibt viele Berge; welcher der schönste ist, darüber kann man nur streiten. So ist es auch in der Kunst. Und meine Tätigkeit als Kulturbotschafter ist für mich vor allem deshalb von so großer Bedeutung, weil sie ehrenamtlich ist. Dadurch entziehe ich mich jeglicher Pression. Nur Ursula, meiner Hündin, unterwerfe ich mich ganz, sie kann mit mir machen, was sie will. Ursula ist das schönste, süßeste und beste Hündchen der Welt. Sie ist ein Original und liebt mich heiß. Und diese Liebe beruht auf Gegenseitigkeit!»

So wie ihm bei seinem Loblied auf Ursula unverkennbar die Freude am Spaß im Gesicht geschrieben steht, so ausdrucksvoll ist seine Mimik auch, wenn es ihm darum geht, andere von seinem hohen Anliegen, der Völkerverständigung durch die Musik, zu überzeugen. Seine Jovialität sollte nicht darüber hinwegtäuschen, daß der Virtuose mit der zuweilen leisen Ironie des Wissenden genaue Vorstellungen davon hat, was er will und was nicht. Als ein Mensch, der am liebsten für alle dasein möchte, läuft er freilich Gefahr, sich zu zersplittern, will er alle vereinbarten Termine genau einhalten. So wie beim Musizieren hat auch im Privaten das Spontane unbedingten Vorrang vor Programmiertem. Zur Ausübung des Künstlerberufes erachtet Henryk Szeryng ein gewisses Maß an Egozentrik für erforderlich. Interpretieren als nachschöpferisches Verwirklichen eines Notentextes wird gern als intuitiver Vorgang beschrieben, der sich kaum verbalisieren läßt. Szeryng beschreibt den schöpferischen Prozeß während des Musizierens als einen Zustand, in dem das bewußte Denken aufhört.

«Ich empfinde die Verwandtschaft mit dem Komponisten des Werkes, das ich spiele, mit seiner Epoche, sehr viel intensiver. Kontrolle ist sicher dabei, aber das technische Moment wird nicht überschätzt, obwohl natürlich Technik und Interpretation sehr eng verbunden sind. Denn sehr oft kann ich eine technische Schwierigkeit dadurch überwinden, daß ich mich mit der interpretatorischen Seite dieser technischen Schwierigkeit auseinandersetze. Dies bietet auch die Gewähr dafür, daß die Qualität der Interpretation nie unter ein bestimmtes Niveau absinkt. Das öde und dürre Musizieren ist die größte Enttäuschung für den Hörer, so wie es die größte Beleidigung für einen Künstler ist, wenn der Hörer bekennt: Es war technisch alles vollkommen, aber das Spiel hat mich nicht berührt. Ja, es ist schlimm, wenn jemand im Sessel sitzt und nicht mit ‹auf die Reise geht›! Auch wenn ich selbst spiele, ist es, wie wenn ich eine Reise antreten würde. Es ist eine Art Schwebezustand, ähnlich wie bei Claudio Arrau. Das Gefühl ist gesteigert, das Denken ausgeschaltet. Ich lasse meine Gedanken durch die Musik forttragen und versuche, überhaupt nicht zu denken. Die Kontrolle ist nur noch da wie ein unsichtbarer, unhörbarer Wächter. Mit Claudio Arrau habe ich übrigens eine Reihe von Aufnahmen gemacht. Das waren schöne Stunden. Ich kenne kaum einen Künstler, der höhere Ansprüche an sich selbst stellt, kaum einen, der so streng mit sich selbst ist. Er ist hochkultiviert. Mit ihm habe ich auch gemeinsam, daß wir die zwei Künstler Lateinamerikas sind, die weltweit als Botschafter der Musik tätig sind.»

Die Kunst und die Möglichkeiten des Künstlers für die Sache der Völkerverständigung einzusetzen, betrachtet Henryk Szeryng als Hauptaufgabe seines Wirkens. Mit gutem Musizieren und dem Willen, jeden Tag damit Gutes zu tun, könne man für dieses hohe Ziel eintreten, ohne an seinem Leben etwas ändern zu müssen. Er ist fest davon überzeugt, daß guter Wille genauso ansteckend wirkt wie böser und daß das Schlechte in der Welt nicht überwiegt. «Wir leben in einer schweren Zeit, wo im Hintergrund Menschen agieren, die die Liebe zum Nächsten nicht fördern. Es liegt deshalb an uns, ob wir die Menschheit verbessern wollen. Wir müssen den guten Willen propagieren, dann geht es weiter. Es ist die Aufgabe und Pflicht derer, die mit Musik zu tun und die etwas zu sagen haben, die Kontakte zu den Mächtigen dieser Welt unterhalten und sich den Luxus leisten können, vor einem Mikrofon oder einer Kamera zu sprechen, die Musik als eine noble, aber auch sehr starke Waffe einzusetzen zur Verständigung über alle Grenzen hinweg.»

Als ein solches Wirken für Völkerverständigung in vorderster Front ist der Besuch Henryk Szeryngs im Oktober 1974 in Ostberlin zu werten, wo er zum 25. Jahrestag der Gründung der DDR im Rahmen der Berliner Festtage in der Komischen

Oper ein Galakonzert gab. Am gleichen Abend spielten, gleichsam als Ausdruck innerdeutschen Kulturaustausches, zwei der renommiertesten Orchester der DDR, das Gewandhausorchester Leipzig und die Dresdner Philharmonie, in der Westberliner Philharmonie und der Beethovenhalle in Bonn und wiesen damit einen Weg der Koexistenz auf der Basis gemeinsamen Kulturgutes. Szeryngs Begründung für sein Auftreten in Ostberlin: «Die Musik soll eine Brücke sein, nicht eine Mauer. Wir alle unterliegen – wie talentiert, intelligent oder gutherzig wir auch sein mögen – der Gefahr der Indoktrination. Anders als einige meiner Kollegen, die sich weigern, nach den Verbrechen des Zweiten Weltkrieges, die man überhaupt nicht in Worte fassen kann, auf deutschem Boden zu spielen, sehe ich mich vor die Frage gestellt, ob ich für die Lebenden oder die Toten spielen soll. Wenn ich in Deutschland spiele, denke ich an die neuen Generationen. Das einzige, was ich für wichtig halte, ist, daß überall Menschen leben, die auf verschiedene Art und Weise erzogen und denen verschiedene Ideen eingeimpft wurden – und daß diese Menschen dennoch vor allem das Ur-Humane besitzen; daß sie alle auf Kunst, auf Schönheit, auf Güte, auf Musik reagieren. Warum sollten wir gerade deshalb nicht die Musik dazu benutzen, um die Differenzen in den verschiedenen Konzepten der Erziehung und der direkten Lebensziele zu überbrücken?»

Henryk Szeryng, viel- und hochdekorierter Botschafter der Musik, der in Italien auf der Anrede «Maestro», sonst aber auf dem Professorentitel besteht und dennoch von höchst angenehm unprofessoralem Wesen ist, meint, daß eine Verhärtung der Beziehungen zwischen den Ländern noch nie zu etwas Gutem geführt habe, daß sich aber durch Kultur und Kunst vieles bewegen lasse. Es komme nur darauf an, den gemeinsamen Nenner zu finden. Als Ausdruck eines konstruktiven Kulturaustausches betrachtet er auch die Konzerte der ostdeutschen Orchester in der Bundesrepublik. «Wenn ein wahrer Kulturaustausch auch durch Großzügigkeit nicht zustande gebracht werden kann, wozu bin ich dann Kulturbotschafter? Und wenn ich dieses oder jenes Land aus irgendwelchen Gründen verteufeln würde, dann wäre meine Arbeit der Verständigung zwischen den Völkern ohne jede Kontinuität. Wo Berufsdiplomaten und Politiker versagen, da besteht über das Mirakel der Musik immer wieder eine Möglichkeit der Verständigung.»

Die Tatsache, daß gerade jene Künstler, die in der Bundesrepublik größte Erfolge haben, aus Israel stammen, wie etwa Daniel Barenboim und die Geiger Pinchas Zukerman und Izthak Perlman, bewertet er als bezeichnendes Indiz für das neue geistig-kulturelle Klima in Deutschland. «Es zeigt, daß man in Deutschland doch versucht hat, verschiedenes – der Ausdruck ist nicht adäquat – wieder gutzumachen. Daß israelische Dirigenten in der Bundesrepublik Chefpositionen einnehmen, ist schon eine Geste, die auch symbolisch Wert und Bedeutung hat und absolut beachtet werden muß.

Das Schönste im Leben ist doch – und nicht nur für mich – die Freiheit des Ausdrucks und der Gefühle. Und deshalb möchte ich dieses Gespräch mit einem Appell an die Musiker jeglicher Provenienz und jeglichen Standards in aller Welt beschließen: ‹Musiker aller Erdteile: Ihr müßt euch vereinigen – für mehr Humanitas auf unserer Welt! Das ist der Zweck unseres Schaffens, unserer Bemühungen und unserer Hoffnungen.»

Alexis Weissenberg

«Musik ist eine Form von Liebe.» Solch Bekenntnis aus dem Mund eines Künstlers, der gern als «Tasten-Paganini», «Klavier-Herkules» und was dergleichen Metaphern mehr sind apostrophiert wird, mag in Erstaunen versetzen. Der Widerspruch zwischen dieser Aussage und der Wirkung auf einen großen Teil des Publikums kennzeichnet das Maß der Umstrittenheit, dem sich Alexis Weissenberg, von dem hier die Rede ist, ausgesetzt sieht. Unumstritten von allen, seinen Bewunderern und jenen, die ihn ablehnen, ist lediglich seine handwerkliche Souveränität, seine makellose Technik, die von unüberbietbarer Sicherheit und jeglicher Herausforderung gewachsen scheint. Im Urteil der einen ist er ein kühl berechnender Technokrat des Klaviers, ein gefühlskalter Meister des pianistischen Kalküls, der Effekt vor Affekt, Berechnung vor Spontaneität stellt. Die anderen hingegen sind entzückt von der eisigen Klarheit seines Anschlages, der sie auch im gehauchtesten Pianissimo noch Substanz nachrühmen, loben seine kompromißlose Energie, mit der er gegen Interpretationsklischees angeht, lassen sich faszinieren von seiner wachen musikalischen Intelligenz, seinem durch Nüchternheit gezügelten Temperament. Ohne Zweifel: Weissenberg erregt die Gemüter. Er scheint entweder auf entschiedene Ablehnung oder unbedingte Zustimmung zu stoßen.

Unentschiedene wird es bei ihm kaum geben. So wie das Entweder-Oder das Verhältnis seines Publikums zu ihm bestimmt, so ist es auch unerschütterliche Kompromißlosigkeit, die sein Spiel unverkennbar prägt. Wollte man Vergleiche für diesen Pianisten, der ganz ins 21. Jahrhundert weist, finden, man müßte sie, wie beim legendären Ignaz Paderewsky, im Tierreich suchen. War jener in seiner exaltierten Attitüde und Affinität zur großen Gebärde ein Löwe des Klaviers, so wäre Weissenberg ebenfalls unter den Raubkatzen zu finden, unter jenen der Neuen Welt freilich. Nicht nur seine Erscheinung, auch sein Spiel hat durchaus etwas Raubtierhaftes. Es sind das hinter kühl-distanziertem Intellekt pulsierende heiße Blut, der muskulös-männliche, athletisch durchtrainierte Körper, die auf den Sprung zur Attacke lauernde nervige Gespanntheit, die natürliche Eleganz der Bewegung, der kurzgeschorene Kopf mit dem während des Spiels bewegungslosen Antlitz, die diesen Eindruck vermitteln. Und es sind gewiß nicht gewöhnliche Pianistenhände, die hier am Werk sind; es ist die den Akkord blitzschnell mit entfesselter Kraft packende Pranke des Pumas.

Weissenberg macht es jenen Zuhörern schwer, die von einem Interpreten auch zur Schau gestellte Emotion erwarten. Mit steinernem Gesicht, das auch nicht eine Spur von innerer Anteilnahme verrät, widmet er sich der Klangwerdung des Notentextes. Hinter dieser starren Miene jedoch verbirgt sich höchste Konzentration und künstlerische Disziplin, die sich außermusikalisches Beiwerk, wie überspannte Mimik oder effektvolle Geste, versagt. Dieses scheinbare Unbeteiligtsein am musikalischen Geschehen, ein Trugschluß des Auges, mag Grund für die Reserve sein, der Weissenberg da und dort begegnet. Es zwingt den Hörer ganz zur Konzentration auf das klangliche Geschehen, was ihm offenbar nicht durchweg behagt. Dabei ist Weissenberg durchaus ein Pianist, der im Spiel auch optisch zu fesseln weiß. Wer je einen seiner explosiven, vor geballter Kraft berstenden Angriffe auf die Tastatur mit dem Auge miterlebte, hat einen Begriff davon, wie Athletik am Klavier ästhetische Qualität gewinnen kann. Weissenberg setzt durch eine Virtuosität in Erstaunen, die, hört man ihn, als die natürlichste Sache der Welt erscheint. Die völlige Gleichwertigkeit der Hände gestattet ihm eine Modellierung des Klanges, die keinerlei dynamische Zufälligkeit duldet. Beim Wechsel von gläsernem, kristallischem Piano zu stahlhartem Forte werden seine Finger zu Meißeln, die in fast beängstigender Perfektion und mit federnd-rhythmischem Elan Klangkaskaden aus der Klaviatur hämmern.

Weissenberg ist 1929 in Sofia zur Welt gekommen. «Ich bin in einer Familie geboren, die immer Geld hatte. Und so habe ich sehr viele Sachen kennengelernt, die zwar vielleicht nicht sehr wichtig sind, die ich aber sehr gern habe, Malerei, Bücher, ein gemütliches, angenehmes Haus.» Von diesem Klima der materiellen Sicherheit und des Verständnisses für das Schöne und geistig Bedeutsame wird Weissenberg geprägt.

Am Staatskonservatorium in Sofia erhält er bei Professor Pantcho Wladigerow ersten Unterricht. Die Ausbildung wird in Palästina, wohin die Familie wegen des Krieges gezogen ist, fortgesetzt. Dort gibt er im Alter von vierzehn Jahren sein Debüt. Dennoch: «Die wenigen Jahre, die ich in Palästina lebte, waren für mich nicht entscheidend.

Natürlich, als ich dort war, kamen – speziell nach dem Krieg – viele bedeutende und außergewöhnliche Leute in das Land, dem sie eine einzigartige Atmosphäre gaben. Nachdem Israel unabhängig geworden war und die neue Generation heranwuchs, hat sich das Land aber sehr verändert. Es ist in mancher Hinsicht faszinierend geblieben, aber schon mit allen Positiva und Negativa, die ein jedes gewöhnliche Land haben kann. Als Junge habe ich recht wenige Konzerte gegeben, meine Eltern waren intelligent genug, mich nicht in einer Wunderkindkarriere ausbrennen zu lassen. Sicher waren alle großen Künstler einmal Wunderkinder in dem Sinne, daß sie schon mit fünf oder sechs Jahren aufgrund ihrer außergewöhnlichen Begabung erstaunliche Leistungen zeigten, jedoch ohne daß ihre frühe Begabung mißbraucht wurde.»

1946 geht der junge Weissenberg nach Amerika, ganz allein, ohne die Eltern. Dort vervollständigt er seine Ausbildung bei Olga Samaroff an der renommierten Juilliard School of Music in New York. Persönliche Ratschläge von Arthur Schnabel und Wanda Landowska üben großen Einfluß auf den jungen Künstler aus. 1947 gewinnt er den begehrten Leventritt-Wettbewerb und gibt anschließend sein erstes Konzert in der Carnegie Hall mit den New Yorker Philharmonikern unter der Leitung von George Szell.

Dem 18jährigen öffnen sich nun die Konzertsäle der Neuen Welt. Noch im gleichen Jahr spielt er zum erstenmal mit dem Philadelphia Orchestra unter Eugene Ormandy. Eine Konzerttournee durch die USA schließt sich an. »Entscheidend für mich war wohl, daß mich meine Mutter allein hat nach Amerika ziehen lassen. Sie hat dies zugelassen, denn sie war intelligent – und das können nicht alle Künstler von ihrer Mutter sagen. Sie hatte erkannt, daß ich in diesen Jahren allein sein mußte. Ich sollte mich als Mann und als Künstler ganz selbst entdecken und erkennen lernen. Natürlich schloß das die Gefahr von Irrtümern ein, denen ich dann prompt auch erlegen bin. Aber das sind wichtige Erfahrungen in der Zeit der Entwicklung. Und die muß man selber machen. Ein Künstler kann es sich, meine ich, nicht erlauben, in dieser entscheidenden Entwicklungsphase von der Mutter oder dem Lehrer in einer Weise abhängig zu sein und kontrolliert zu werden, die nicht selten der eines Psychoanalytikers gleicht. Der Künstler ist ein Diktator. Er kommt auf die Bühne, und für zwei Stunden muß er der einzige sein, der die Wahrheit sagt. Er muß absolut sicher und überzeugt von dem sein, was er tut. Und er muß den Eindruck vermitteln können, jemand zu sein, der die Kraft, die Kondition und die Persönlichkeit besitzt, um die Energie der Musik lebendig werden zu lassen. Sonst wird ihm das Publikum nie folgen. Denn das Publikum ist ja eine Schar von Gläubigen, die überzeugt werden wollen, damit sie sich öffnen können und alles erhalten, was ein Künstler geben kann und will.»

1951 ist das Jahr des Beginns seiner europäischen Karriere. Weissenberg konzertiert in Paris, Wien, Mailand und Madrid. Er gastiert in Südamerika, Südafrika und Skandinavien. Nach einer selbstauferlegten langen Auftrittspause, die er zur Analyse, zur inneren Sammlung und Reifung benutzt, wird er 1962 französischer Staatsbürger. Er läßt sich in Paris nieder, wo seine mit kostbaren, erlesenen Antiquitäten eingerichtete Wohnung am linken Seineufer zum Ausgangspunkt seiner internationalen Konzerttätigkeit wird. Das Jahr 1967 wird für seine künstlerische Weiterentwicklung insofern bedeutsam, als es ihm die fruchtbare Begegnung mit Herbert von Karajan bringt, der ihn für einen Farbfernsehfilm als Solisten in Tschaikowskys b-Moll-Klavierkonzert mit den Berliner Philharmonikern heranzieht und mit dem er in der Folge eine Reihe von Schallplatten einspielt, unter denen die Aufnahmen sämtlicher Beethoven-Klavierkonzerte besonders aufschlußreich sind. In das gleiche Jahr auch fällt nach elfjähriger Ehe die Trennung von seiner Frau. Vater von drei musikliebenden Kindern, freut er sich dennoch, daß diese die Musik nicht zum Beruf machen wollen.

Nach fast 30jähriger Abwesenheit kehrte der in Frankreich naturalisierte Bulgare Anfang der siebziger Jahre zu Konzerten zurück in seine Heimat, die ihn mit offenen Armen aufnahm, überschwenglich feierte und ihn 1974 mit dem Titel «Künstler des Volkes», der höchsten Auszeichnung, die einem Künstler in Bulgarien zuteil werden kann, ehrte. Sein alter Lehrer Wladigerow überreichte ihm in Paris die Auszeichnung, die mit einer monatlichen Prämie verbunden ist und die er zur Förderung junger Musiker verwenden will. «Ich bin in meinem Herzen immer

Bulgare geblieben, und ich werde es auch mein ganzes Leben lang bleiben. Man kann verschiedene Pässe haben, seine Herkunft aber kann man nicht wechseln. Die kulturelle Atmosphäre eines Landes, in das man hineingeboren ist, prägt den Menschen, und die Eindrücke, die man von ihm empfängt, sei es der Klang der Sprache oder die Ausdrucksweise des Volkes in Malerei oder Musik, bleiben das ganze Leben haften. Im Temperament des Künstlers, ja selbst in seiner Sprache bleibt ein ganz bestimmter Akzent zurück, auch wenn er längst anderswo lebt. Daher fühlte ich mich auch nach so langer Abwesenheit in Bulgarien sogleich wieder zu Hause. Die zahlreichen kleinen Besonderheiten, die unverwechselbar jedem Land, jedem Volk eigen sind, hatte ich wohl vorübergehend vergessen, aber beim Kontakt mit der Bevölkerung riefen sie sogleich ein Heimatgefühl in mir wach. Die Leute brauchen nur ein paar Gesten zu machen, die man jahrelang nicht gesehen hat und die einen sofort heimatlich berühren, weil sie natürliche Bedeutung für einen haben.

Die Ehrung als Künstler des bulgarischen Volkes hat mich tief bewegt, Schöneres kann einem Künstler nicht widerfahren, denn diese Auszeichnung ist mehr als eine gewöhnliche Dekoration. Gott sei Dank weiß man in Bulgarien – wie übrigens auch in anderen sozialistischen Ländern –, daß Musik mehr als bloßes Vergnügen ist, daß man sie braucht, daß sie ein echtes Bedürfnis ist, wichtig genug, daß sich ein Land auch durch seine Künstler und nicht nur durch Gesandtschaften repräsentieren lassen kann.»

Analysiert man Rezensionen über Konzertauftritte und Klavierabende Weissenbergs von Kritikern, die einige Bedeutung für sich in Anspruch nehmen dürfen, so fällt auf, daß ihm vor allem im deutschsprachigen Gebiet mit Zurückhaltung begegnet wird. Immer wieder taucht da, zuweilen versteckt, oft auch klar ausgesprochen, der Vorwurf auf, Weissenberg sei ein Pianist, dessen Kunst sich in einer makellosen Technik erschöpfe. Seine Interpretationen seien das Resultat einer bis ins kleinste durchdachten Kalkulation, die dem Anspruch an lebendige Musik kaum genüge. Was meint Weissenberg dazu?

«Vor allem in Deutschland scheinen noch viele Leute Technik für etwas Nebensächliches zu halten. Aber um Musik machen zu können, muß man sich zuerst einmal auszudrücken verstehen, und das geht nur über eine tadellose Technik. Um etwas durch sein Instrument mitzuteilen, braucht der Pianist an erster Stelle handwerkliches Rüstzeug. Was er jedoch bestimmt nicht braucht, sind jene Faxen am Klavier, mit denen er einem leichtgläubigen Publikum mitzuteilen hofft, was er empfindet. Denn was man beim Musizieren empfindet, soll nicht sichtbar, sondern hörbar werden.

Ein Werk muß als ein spannungsvolles Ganzes wirken. Das kann es nur, wenn es gelingt, seinen logischen inneren Zusammenhang fühlbar zu machen. Dazu braucht man eine absolute Kontrolle über das Werk. Wer nur seinem Instinkt folgt, wird unweigerlich Langweile hervorrufen. Eine Interpretation kann gar nie zu sehr vom Kopf bestimmt sein. Man wird dennoch empfindsam und gefühlvoll sein können. Nur hat sich die Art und Weise, in der man das heute ist, im Vergleich zu früher geändert. Heute äußert man seine Gefühle direkter und ohne Umschweife. An dieser Entwicklung kann ein Interpret nicht vorbeigehen, soll die Musik ihre Lebendigkeit bewahren.

Es ist für mich geradezu eine Herausforderung, die Musik vergangener Zeit in einer heute verständlichen Weise darzustellen, denn ich bin ein Mann dieses Jahrhunderts mit dem Blick auf die Zukunft. Daß meine aus dem Geist dieser Zeit entwickelten Interpretationen zuweilen noch schockieren, ist nur möglich, weil diejenigen, die sich schockiert fühlen – unter ihnen auch Kritiker –, geistig nicht Kinder unserer Zeit, sondern altmodisch und absolut passé sind.»

Kritik gegenüber verhält sich Weissenberg distanziert. Zwar respektiert er die Meinung anderer, sei sie seiner Ansicht nach auch völlig falsch. Wenn jemand ihn oder sein Spiel nicht mag, nimmt er dies unerschüttert zur Kenntnis: «Seine Meinung hält der meinen, die sich in dreißig Jahren künstlerischer Auseinandersetzung geformt hat, nicht stand. Aber auch wenn ich es komisch oder verkehrt finde, was über mich gesagt wird, ich lasse es gelten, denn ich habe Respekt vor der Meinung anderer, ohne mich allerdings nach dieser Meinung zu richten. Nur wenn jemand sagt, ich sei ein schlechter Pianist, weiß ich, daß er auf keinen Fall recht haben kann. Es ist viel über mich geschrieben worden, aber ich glaube, alles ist irreführend. Denn man kann schwerlich jemanden beschreiben, mit dem man nicht lange Zeit nahe zusammengelebt hat. Was ist die an einem einzigen Konzertabend oder aufgrund einiger Schallplatten gebildete Meinung über einen Künstler gegenüber der jahrzehntelangen Arbeit, während der man doch eine riesige innere Entwicklung durchgemacht hat, die auch die Werke einschließt!

Ich selbst habe Werke meines Repertoires immer wieder etwas anders gespielt. Vom ersten Kennenlernen bis zum Ende des Lebens durchlaufen die Werke verschiedene Stadien der Interpretation. Leider haben wir im Leben nie genug Zeit, alles so reifen zu lassen, wie wir das möchten.»

Die künstlerische Selbstsicherheit, die Weissenberg in starkem Maße eigen ist und die ihn gegen das Urteil anderer immun werden läßt, betrachtet er für den Künstler als außerordentlich wichtig. Sie ist ihm Bedingung für eigenständiges künstlerisches Wirken. Kritik beeinflußt seinen Interpretationsstil nicht, er bezweifelt auch, daß sich das bei anderen Künstlern anders verhält. Der Kritiker ist Weissenberg auch nicht Partner in dem Sinne, daß er sich von ihm dazu anregen ließe, seinen Standpunkt in bezug auf eine bestimmte Interpretation zu überdenken. Ist seine Zurückhaltung gegenüber dem Urteil des Kritikers nicht gering, so verschließt er sich doch keineswegs Anregungen von seiten anderer, ihm nahestehender Künstler. Entscheidende Einflüsse gewann er in jungen Jahren vor allem von Wanda Landowska, später aus der Zusammenarbeit mit den Dirigenten George Szell und Dimitri Mitropoulos und in jüngerer Zeit mit Herbert von Karajan. «Die Begegnung mit Karajan war für mich sehr wichtig. Aber ich meine, eine Zusammenarbeit mit einem Dirigenten geht viel weiter, als ein paar Schallplatten einzuspielen oder Konzerte zu geben. Wesentlich ist, was über den Augenblick der Partnerschaft hinaus bleibt. Mit Karajan ist es das Erlebnis eines neuen Klanges, wie er durch die Berliner Philharmoniker verwirklicht ist. Bei aller Perfektion hat dieses Ensemble etwas ungemein Menschliches, das auf jeden Solisten eine starke Wirkung ausübt.

Was man nicht braucht, ist der Vergleich mit etwas Schlechterem; darauf kann man getrost verzichten. Hingegen ist die Begegnung mit wirklich großen Künstlern für einen Interpreten sehr wichtig. Leider hatte ich nie Gelegenheit, mit Bruno Walter zusammenzuarbeiten.

Man sollte sich anhören, wie eine Gesangsstimme ein Legato gestaltet, man sollte selbst auch Kammermusik machen, denn ein Klavierspieler wird nie ein großer Pianist werden, wenn er glaubt, darauf verzichten zu können. Er braucht das nicht öffentlich zu tun. Aber wenn er nicht begleiten kann und keine Ahnung davon hat, was Singen heißen kann, wenn er die menschliche Stimme nicht kennt, dann wird er auf dem Flügel auch nicht singen können.»

Weissenberg bewundert nichts mehr als Bewußtheit. Ratio, kritische Vernunft – so stützt er seine Interpretationen ab. Er ist kein Künstler, der sich auf einen sechsten Sinn verläßt. Vielmehr richtet er sich nach den Wahrnehmungen der fünf realen Sinne, die er wachzuhalten versucht. Als notwendig für den Interpreten erachtet er ein intellektuelles Verhältnis zu dem, was er tut. Er kann sich für das Publikum nichts Schlimmeres denken als eine nebulöse, unklare Interpretation. Bei der Auseinandersetzung mit technischen und musikalischen Abläufen hat bei Weissenberg die Intuition, die wohl am Anfang der Erarbeitung eines Werkes steht, nichts zu suchen. Erst wenn er sich ausreichend lange und gründlich mit dem inneren Geschehen des Werkes beschäftigt hat, schließt sich der Kreis von selbst wieder hin zum Anfang, zur Intuition.

«Hat man diesen Zustand erreicht, dann wird das Klavierspielen plötzlich ganz einfach. Ich halte mich für sehr intuitiv, und ich habe mein ganzes Leben davor gezittert, daß ich es bin. Denn nichts ist gefährlicher für den Künstler als Intuition. Sie ist gottgegeben. Ich meine damit: Intuition ist etwas, das man hat, so wie man eine schöne Nase oder hübsche Augen hat. Es ist wundervoll, wenn man Intuition besitzt, aber man soll sich wenn möglich nicht auf sie stützen. Sie soll jedoch immer gegenwärtig sein, weil sie sozusagen im letzten Moment einer Interpretation etwas ganz Frisches und Faszinierendes geben kann. Das Intuitive wird aber dort völlig absurd, wo ohne Kenntnis der unmusikalischen Voraussetzungen eines Werkes, ohne Bildung und Kultur interpretiert wird.» Eine umfassende Allgemeinbildung setzt Weissenberg als selbstverständlich voraus für den Interpretenberuf.

An den großen Komponisten interessiert Weissenberg nicht das äußerlich Biografische oder gar Anekdotische, das gern überbewertet wird. Er will wissen, was sie als Künstler und Menschen beschäftigt hat, welche Bücher sie gelesen, was sie inspiriert haben könnte. Zu wissen, in welchem Kraftfeld von Einflüssen Schriftsteller, Maler oder Komponisten gelebt haben, das ist es, was Weissenberg in diesem Zusammenhang unter Kultur versteht. Aus diesem Wissen heraus entsteht die Atmosphäre, in der man nicht mehr fehlgehen kann und die den Freiraum für die gültige Interpretation schafft.

«Ein Künstler sollte nicht vergessen, daß er für Leute spielt, die in einem anderen kulturellen Umfeld leben als Komponisten und Publikum vergangener Zeiten. Er darf nicht versuchen, die Interpretation aus einem antikisierenden Zeitgefühl heraus zu gestalten. Auch wenn dies möglicherweise hochinteressant wäre, wird die Interpretation tot sein, ein Museumsstück. Die Schwierigkeit für den Interpreten besteht darin, die Grenze zwischen den historisch-stilistischen Erfordernissen und dem berechtigten Wunsch nach modernem, heute verständlichem Ausdruck zu finden und die Möglichkeiten eines Brückenschlages zu erkunden. Hier ist jeder Künstler frei, nur durch seine Persönlichkeit, seine geistigen und kulturellen Voraussetzungen bestimmt. Erste Grundlage der Interpretation aber bleibt ganz schlicht, die Musik zu lieben, sich zu freuen, daß sie ist. Erst dann soll man sich erkundigen, was in einer Wiedergabe möglich und erlaubt und was verboten ist.»

Wie wird man Künstler, kann man es überhaupt werden? Wo ist die Grenze zu ziehen zwischen Künstlertum und bloßer künstlerischer Ambition? Weissenberg glaubt, daß zwar alle mit gewissen Anlagen geboren werden, daß aber die Möglichkeiten der Entfaltung dieser Anlagen bei den einzelnen Menschen offensichtlich sehr verschieden sind, ja daß viele einfach keine Entfaltungsmöglichkeiten haben. Im übrigen unterscheidet er die Menschen nach zwei Typen: sensible und die übrigen. Auch unter den letzteren gebe es Künstler, stellt er bedauernd fest.

Musik ist nicht für alle, sagt Weissenberg, sie ist nur für diejenigen, die keine Barrieren gegen sie aufgestellt haben. Für Musik braucht es aber auch kein spezielles Verständnis. «Manchmal sitzen Leute mit Tränen in den Augen im Konzertsaal, Leute, die Musik nicht studiert haben. Das sind die Momente, wo die Energie der Musik unmittelbar erlebt wird. Wir leben in einer Zeit, die noch nicht verstanden hat, daß die Musik in diesem Sinne wichtig ist, viele glauben, daß ein Konzert einfach ein Vergnügen ist, so wie ins Kino zu gehen. Sie haben nie daran gedacht, daß Musik vielmehr eine absolut lebenswichtige Energie ist, die man braucht und die regenerierend wirkt. Das liegt in ihrem Wesen. Musik kommt primär ohne den Umweg über den Intellekt zum Menschen und wirkt spontan. Wenn das Hören zusätzlich mit Bewußtheit vollzogen wird, besteht schon die Gefahr, daß der ursprüngliche Eindruck der Musik verfälscht wird. Ich bin sicher, daß zum Beispiel alle Kinder genuin absolut musikalisch sind, aber dieses noch ungetrübte natürliche Verhältnis zur Musik wird vielfach oft schon sehr früh durch die Eltern gestört.»

Musik hat für Weissenberg nichts mit Spaß oder Vergnügen zu tun. Sie ist ihm ein Mittel, das den Menschen hilft, sich in Richtung zum Transzendentalen weiterzuentwickeln, eine Form von Liebe, die der Mensch braucht, ohne es zu wissen. «Musik ist eine Energie, die immer existiert hat und immerfort in neuen Formen und Kombinationen auftritt, jedoch keine bestimmte Botschaft zu vermitteln hat. Das Transzendentale ist für mich sehr wichtig, da spielt die Musik eine höchst bedeutende Rolle, denn sie ist ja etwas völlig Abstraktes und beruht auf der natürlichen Relation zwischen Klängen, die wohl jeder ganz individuell anders versteht und begreift. Musik ist aber gleichzeitig mehr als Sprache. Wer sich der Musik völlig hingibt, dem schafft sie jene innere Freiheit, die aus einem Menschen einen Halbgott macht und ohne die das Leben keinen Sinn hat, sondern weggeschmissen ist, auch wenn man es sonst gut lebt. Man überschreitet dann die Grenze des normalen Bewußtseins in der Richtung auf eine erhöhte Erlebnisfähigkeit und intensiveres Fühlen. Was sich durch Musik transportieren läßt, ist eine Energie, die ich selber während des Spielens erfahre. Ich fühle sie wie ein ständig wechselndes Kraftfeld zwischen mir und der Musik. Das führt dann zu einer Art Schwerelosigkeit. Dabei fühle ich mich jedoch nicht etwa vergeistigt im religiösen, metaphysischen Sinne – keineswegs; ich bleibe auch in diesem abstrakten Bewußtseinszustand eine männliche Kraftform, die gibt – ich spüre es absolut in diesem Sinne.»

Hinter Alexis Weissenbergs starrer Miene, die auch nicht eine Spur von innerer Anteilnahme verrät, verbirgt sich höchste Konzentration und künstlerische Disziplin, die sich außermusikalisches Beiwerk, wie überspannte Mimik oder effektvolle Geste, versagt (links).

Ausgangspunkt der weltumspannenden Konzerttätigkeit des Pianisten Weissenberg (unten mit dem Dirigenten Seiji Ozawa und dem Generalintendanten der Mailänder Scala Paolo Grassi nach einem Konzert in der Scala) ist sein geschmackvoll eingerichtetes Heim am linken Seineufer in Paris (rechts Weissenberg in seiner Bibliothek).

In der Musik spielt für Alexis Weissenberg das physische Erleben eine wichtige Rolle. Wenn er von der absolut logischen Beziehung des Physischen zwischen der Musik und ihrem Interpreten spricht, dann meint er damit das Erfassen der Komposition im wörtlichen Sinne, das Ertasten und Erfühlen des Werkes durch die Hände auf der Klaviatur, was ihm den direkten Zugang zu den Intentionen des Komponisten verschafft. So hat jedes Werk für ihn auch physisch ihre Klimax.

Das Physische steht für ihn in einer direkten Beziehung zum Spirituellen. Im Augenblick, wo jemand versucht, diese Beziehung zu lösen, verliert das Leben für Weissenberg den Sinn. «Wenn man aus seinem Leben etwas machen will, was eine Transzendenz hat – ob man an Gott, der für mich eine abstrakte Idee ist, glaubt oder nicht –, dann muß man im Leben etwas mehr tun, als nur die physischen oder die geistigen Kräfte zu entwickeln. Beides muß unbedingt stets zusammengehen.»

Musikmachen versteht Weissenberg als leibseelisches Erlebnis, als Überwindung der eigenen Physis, die Mittel zur Interpretation und zugleich Hindernis ihrer vollendeten Darstellung ist: «Durch Erfahrung und die restlose Beherrschung des eigenen Bewegungsapparates lassen sich die Schwierigkeiten, die beim Realisieren des Textes durch die Einschaltung der Hände entstehen, kleiner oder beinahe inexistent machen. Aber auch wenn ich Musik selbst nicht spiele, sondern nur zuhöre, fühle ich dieselbe Befreiung, denn dann spielen die physischen Probleme erst recht keine Rolle mehr, weil sie nicht mehr existieren.»

Um ein Höchstmaß an physischer Unabhängigkeit gegenüber dem Notentext beibehalten zu können, lebt Weissenberg das Leben eines Asketen. Er trinkt an Konzerttagen keinen Alkohol, den er in Gestalt von Wein sonst liebt, raucht wenig, schläft regelmäßig und ist in der Wahl der Kost vorsichtig. Auch ißt er nicht vor dem Konzert.

Außer in den Sportarten, die ihm von der Versicherung untersagt sind, wie etwa Ski- und Schlittschuhlaufen, betätigt er sich auf einem breiten Feld sportlicher Aktivitäten, vom Spazierengehen über Schwimmen und Gymnastik bis hin zum Laufen. «Der Mensch ist nicht geboren, um Klavier zu spielen, das ist nicht normal. Wenn man trotzdem schon ein ganzes Leben am Flügel sitzt, dann muß man einen sportlichen Ausgleich schaffen. Müdigkeit oder Schlaffheit im Konzert darf nicht sein, wenn man diesen Beruf seriös ausüben will. Man kann sich aber perfekt organisieren. Voraussetzung dazu ist natürlich eine gute Gesundheit und physische Widerstandskraft, die ich glücklicherweise habe.»

Von einem Künstler, dem Bewußtheit Basis seines Schaffens ist, verwundert es nicht zu vernehmen, daß er Lampenfieber nicht kennt. Auch wenn er meint, daß dieser positive Mangel nichts mit geistiger Kontrolle und Sicherheit zu tun habe, sondern einfach eine Sache der persönlichen Veranlagung sei. «Es gibt große Künstler, die ihr ganzes Leben lang Lampenfieber haben, so wie es auch schlechte gibt, die nicht darunter leiden. Für mich ist es natürlich sehr angenehm, daß ich keines habe. Das gibt mir die Freiheit, mich auf dem Podium wohl zu fühlen.»

Was empfindet Weissenberg während des Musizierens, ohne das er, wie er beteuert, nicht leben könnte, eingehen würde wie ein Tier. Was geht in ihm vor, als wen sieht er sich, wenn er durch seine Hände grafisch Fixiertes lebendig werden läßt?

«Während des Spielens bin ich wie ein Architekt. Wenn ich zum Beispiel die Goldberg-Variationen von Bach spiele, so glaube ich schon mit der ersten Note die Dauer der Wiedergabe vorauszuempfinden. Man muß ein genaues Gefühl dafür haben, wann das Werk zum Ende kommt. Ich glaube nicht, daß man chronologisch an das denkt, was kommt und was man machen will, sondern daß man gleichzeitig in verschiedenen Teilen der Komposition ist. Aber das ist ja nicht nur während des Musizierens so. Wenn man ein Musiker ist, denkt man die ganze Zeit des Tages an das Werk, man schläft sogar mit ihm, man beschäftigt sich im Schlaf mit Problemen der Interpretation, die eine Lösung finden müssen. Diese Auseinandersetzung mit dem Werk nimmt Jahre in Anspruch, und wenn man es dann in einem Konzert spielt, dann zeigt man damit ja kaum etwas von der riesigen Arbeit, die man darauf verwendet hat. Durch diese intensive Beschäftigung mit einem Werk gewinnt man auch ein Zeitgefühl dafür, so daß die Wiedergabe auch unter den verschiedensten Bedingungen zeitlich praktisch überhaupt nicht differiert. Es ist ein innerer Rhythmus, der das steuert.»

«Wenn ich spiele, bin ich nie unglücklich, denn ich liebe es, Musik zu machen, so wie ich das Publikum, die Menschen liebe.» Die Liebe zum Publikum impliziert, daß der Künstler für es musiziert. Wer von sich sagt, er spiele nur für sich, lügt, betont Weissenberg. «Wer das sagt, versucht, sich interessant zu machen. Und wenn einer auf dem Podium nur für sich spielt, dann ist er ein Exhibitionist, denn dann fehlt die Wechselwirkung zwischen ihm und dem Publikum. Einer, der wirklich für seine Zuhörer spielt, braucht dabei auch keine Faxen zu machen, denn das Publikum spürt die Zuneigung. Diese Wärme vermißt es beim Exhibitionisten. Die Energie seines Spiels überträgt sich nicht auf die Hörer, sie bleibt auf dem Podium. Alle bedeutenden Künstler, die eine lange, große Karriere hatten, waren, das hat die Geschichte gezeigt, nicht deshalb wirklich große und bedeutende Künstler, weil die Kritiken gut waren oder Künstlerkollegen sie empfohlen hatten, sondern weil sie sich vor dem Publikum bewährten und dieses ihre Größe gespürt hat. Das zeigt, daß das Publikum auf die Dauer gesehen immer recht hat.»

Der Künstler ist, ob er es will oder nicht, nach der Meinung Weissenbergs, ein Star. Sein Publikum macht ihn dazu. Es will den Künstler, den es ob seiner Kunst bewundert, vergöttern, will, daß er so sei, wie es ihn sieht. Weissenberg seinerseits geht es in diesem Falle nicht anders als seinem Publikum. Er bewundert seine Freunde, auch viele Künstlerkollegen, denn das Schönste in der Welt sei es, jemanden bewundern zu können, beteuert er. Bewundern auch im Bewußtsein aller Risiken, die eine solche Bewunderung in sich birgt. »Wenn ein Freund oder eine Freundin zu mir kommt, so ist das für mich ein Geschenk. Meine Freunde sind für mich außergewöhnlich, und ich sehe sie bestimmt viel schöner und besser, als sie eigentlich sind. Aber ich will es so haben, denn dies ist es, was das Wunder der menschlichen Beziehungen ausmacht. Daß man bei solcher Bewunderung auch ein Desaster erleben kann, ist natürlich. Dieses Risiko muß man eingehen. Ich habe mich oft geirrt in Freundschaften. Ich habe oft geliebt, ohne geliebt zu werden. Man leidet darunter. Aber erst das Gegenteil, daß man geliebt wird und selbst nicht lieben kann, wäre furchtbar. Wenn man sich neun- von zehnmal irrt und dieses zehnte Mal bringt das, was man wirklich suchte, dann hat sich auch das Irren gelohnt. Die Mißerfolge, die ich menschlich und künstlerisch gehabt habe, sind nachträglich nur insofern interessant, als sie auf die Psyche des Künstlers gewirkt haben, negativ im Moment des Geschehens, positiv auf lange Sicht.»

Die Risikobereitschaft, die Weissenberg in seinen privaten Beziehungen zeigt, kennzeichnet auch sein Spiel. Er hält es grundsätzlich für bedeutungslos, wenn ein Künstler falsche Noten spielt. Bedeutungsvoll ist nur die Frage, warum es geschieht.

Wenn große Pianisten einmal falsch spielen, dann deshalb, weil sie an manuell schwierigen Stellen ohne weiteres jedes Risiko eingehen. Sie zeigen keine Angst vor einem schwierigen Sprung, weil sie sich ihrer Technik sicher sind.

«Wenn es dann doch einmal danebengeht, dann macht das überhaupt nichts. Die Angst vor einem solchen Sprung gibt es für mich nicht, nie. Im Gegenteil, das Risiko ist für mich der beste Adrenalinersatz, den es gibt. Eine Interpretation muß für das Publikum wie eine Improvisation sein, besonders bei Werken, die es gut kennt. Erst dann gewinnt sie Frische, wird zur Neuigkeit. Das gelingt aber nur demjenigen Künstler, der jedes Risiko eingeht. Das ist im Sport dasselbe, beim Schlittschuhlaufen, beim Skilaufen, wo erst der Wille zum Risiko den Sieg erbringt.»

Weissenberg, in seinem Habitus ganz der Künstler der Zukunft, von der er uns eine neue Romantik verspricht, ein Künstler, der sich dank seines polyglotten Talents – er beherrscht sieben Sprachen – in einer immer kleiner werdenden Welt überall zu Hause findet, macht um die Musik der Gegenwart einen Bogen.

«Für eine Musik, die durch Klavierroboter genausogut wiedergegeben werden könnte, habe ich nicht viele Jahre lang nach differenziertesten Möglichkeiten der Klanggebung am Klavier gesucht. Für solche Musik bin ich nicht geboren. Es gibt noch viel zuviel Arbeit im Bereich der älteren Musik. Da sind noch zu viele Werke, die ich aktualisieren möchte, als daß ich mit Sachen Zeit verliere, die so viele andere Pianisten perfekt machen. Stockhausen ist ein wichtiger Komponist, Boulez hat eine fabelhafte Klaviersonate geschrieben; es gibt Pianisten, die dafür vorbereitet sind. Mich interessiert die neue Musik intellektuell natürlich, aber als Pianist überlasse ich gern anderen das Feld. Es ist eine tragische Wahrheit, daß die meisten Pianisten, die moderne Musik spielen, weder Bach noch Mozart musikalisch zu gestalten wissen. Wir leben in einer Zeit des musikalischen Experiments. Es ist sozusagen ein Niemandsland, wo man auf einen neuen Ausdruck wartet. Ich erhalte sehr oft Partituren neuer Werke zugeschickt. Natürlich muß man sich damit beschäftigen, aber zu der Musik, die mir bis jetzt zu Gehör gekommen ist, habe ich nichts zu sagen, was andere nicht schon gesagt hätten. Gott sei Dank aber ändert sich der Musikbetrieb von selbst. Die Musik, die vor zehn Jahren modern war, ist inzwischen bereits tot.»

Weissenberg, der sehr wenig übt, täglich nicht mehr als zwei Stunden, verschafft sich den Zugang zu einem Werk zunächst durch das Studium des Notentextes, ohne das Instrument heranzuziehen. Erst wenn er das Stück erfaßt, sich im Geiste eine Vorstellung von der mechanischen Realisation gemacht hat, beginnt er mit der technischen Arbeit. Dabei kommt ihm zugute, daß er eine genaue Vorstellung von seinen physischen Möglichkeiten hat. Bereits beim Lesen des Textes erfühlt er die spätere Einwirkung der Hände auf das Klavier, wo er sich dann noch jene Passagen erarbeitet, die für ihn manuell problematisch sind. Ein Werk, das er lange nicht mehr gespielt hat oder neu studiert, versucht er so lange wie möglich vom Klavier fernzuhalten. Denn das praktische Probieren am Klavier ist nicht ohne Gefahren. Wenn Weissenberg vom Gefühl und vom Verstand her weiß, was er mit einem Werk machen kann und will, kommt schließlich der Moment, in dem der Einsatz der Hände kein Problem mehr darstellt.

«Das Stück wächst aus mir heraus zu einer zweiten Natur und gewinnt ein eigenes Leben. Wann ein Werk reif ist, um öffentlich gespielt zu werden, spürt man, ohne allerdings vorher zu wissen, wann dieser Moment eintritt. Es kann Monate dauern. Und dann, plötzlich, fühlt man psychisch und physisch, daß es soweit ist. Aber nun braucht es noch eine Zeit, bis es auch äußerlich so stabilisiert ist, wie man es innerlich erlebt und fixiert hat. Und von diesem Moment an bleibt das Werk bis ans Ende des Lebens. Es entwickelt sich zwar weiter, aber die intuitive Idee, die man von einem Werk am Anfang hatte, kann man nie verändern.

Beim Erarbeiten eines Werkes gehen das Technische und Musikalische Hand in Hand. Beides gehört zusammen, man kann es nicht trennen. Die Technik, die man nicht mit dem Mechanischen verwechseln darf, ist die einzige Möglichkeit zu sagen, was man sagen will. Es gibt Pianisten, die viel Gefühl und wundervolle Ideen haben, die jedoch nicht über die entsprechende Technik verfügen, um das ausdrücken zu können, was sie empfinden und meinen – zum Schaden des Publikums. Wenn man so spielt, sollte man keinen Klavierabend geben. Trotzdem geschieht das in der Praxis oft. Und nur weil solche Pianisten mit Gefühl und außergewöhnlichen musikalischen Intentionen spielen, ohne aber über eine einwandfreie Technik zu verfügen, werden sie gefeiert.

Den guten Pianisten aber lastet man gerade ihre perfekte Technik als Negativum an. Wie etwa, um nur ein Beispiel zu nennen, Vladimir Horowitz, dem man ja geradezu einen Vorwurf daraus macht, daß er die Technik des Klavierspiels so vollendet beherrscht. Die Vorurteile sind bekannt. Sie heißen: kalt, unmusikalisch, technisch. Benedetti Michelangeli, ein phänomenaler Pianist, Maurizio Pollini, von der neuen Generation einer der ganz Großen, Karajan, sie alle haben den Vorwurf künstlerischer Kälte entgegennehmen müssen. Ich befinde mich da gewissermaßen, in Hinblick auf gewisse Kritik meines Spiels, in bester Gesellschaft. Diese Vorurteile des Publikums und vieler Kritiker, manchmal wider besseres Wissen, sind im Grunde Ausdruck einer Art von Masochismus. Sie berauben sich bewußt der Freude, etwas, was ihnen eigentlich gefallen müßte, für gut zu halten. Speziell die Kritiker. Daraus spricht auch eine gewisse Arroganz, die in der Musik nichts zu suchen hat. Ich hasse Arroganz.»

Wer sich für eine Karriere als Künstler entschieden hat, muß auch deren lästige Schattenseiten akzeptieren, wie etwa dauerndes Wohnen in Hotels oder die Last weiter, nervenaufreibender Reisen. Sooft es Weissenberg einrichten kann, kehrt er zwischen den Konzerten zurück nach Paris, dorthin, wo seine Freunde leben, die er nicht längere Zeit entbehren will, nach Hause, wo er seine Bibliothek hat und wo er, was ihm ebenso wichtig ist, im eigenen Bett schlafen kann. Bei den rund fünfundachtzig Konzerten, die er jährlich in aller Welt gibt, in einem Abschnitt seines Lebens, den er, um zu arbeiten, für den besten hält, ein begreifliches Bedürfnis. So wie Musik für ihn keine Botschaft hat, so verneint es Weissenberg, als Künstler eine Mission zu haben. Seiner Meinung nach hat man als Künstler keine Aufgabe in diesem Sinn. Wichtig ist, was man als Mensch erreichen und auf dieser Ebene dem anderen geben kann.

«Wenn ein Mann vierzig wird, und ich bin schon weit darüber, dann weiß er doch endlich, daß er nicht alles im Leben machen soll. Hat man als Mensch seine Grenze erkannt und weiß man ganz genau, was man nicht mehr tun soll, dann kann man zum erstenmal in die dritte Dimension, die der Tiefe, gehen, in sich selbst als Künstler. Und dann wird man auch ein besserer Künstler, spielt, singt oder dirigiert besser. Davon bin ich absolut überzeugt.»

Seinem Impresario Michel Glotz aus Paris attestiert Weissenberg diese dritte Dimension. Er vergleicht ihn mit Walter Legge, dem Gatten von Elisabeth Schwarzkopf, dessen Name untrennbar mit dem Philharmonia Orchestra in London verbunden und in der Biografie Herbert von Karajans nicht ohne Bedeutung ist. Weissenberg lobt an Glotz, der ebenfalls als Produzent von Schallplatten mit ihm und Karajan in Erscheinung tritt, sein fundiertes musikalisches Wissen, die Kenntnis der Partituren sowie eine ausgesprochene Mikrophonsensibilität und zählt ihn, mit dem Dirigenten Lorin Maazel, zu den intelligentesten Menschen, die er kennt. Die Schallplatten sind für ihn positive Relikte seines Künstlerdaseins. Daß diese, neben Musikfilmen, das einzige sind, was von seiner künstlerischen Existenz einst zeugen wird, stört ihn nicht. «Ich finde, daß das, was von mir übrigbleibt, gut genug ist, um Bestand zu haben. Die Karriere einer Platte dauert heute ja nicht sehr lange. Nach rund sieben Jahren kann man ohne weiteres eine Aufnahme wiederholen und verbessern. Sie wird immer anders sein, aber – bei bedeutenden Künstlern – nie grundsätzlich anders, weil das intuitive Verständnis des Werkes gleich geblieben ist. Sonst ist er ein Künstler ohne Persönlichkeit.»

Einer Vermarktung durch die Schallplattenindustrie sieht Weissenberg sich nicht ausgesetzt, weil er es voll in der Hand hat zu entscheiden, was er einspielen will und mit wem. Als unmoralisch jedoch wertet er das Verhalten der großen Schallplattengesellschaften gegenüber jungen, noch nicht etablierten Künstlern, die entweder durch sie ausgenützt oder überhaupt nicht berücksichtigt werden, weil sie keine Garantie für einen erfolgversprechenden Absatz bieten.

Weissenberg, dem eine gewisse Ähnlichkeit mit Sergej Rachmaninoff nicht abzusprechen ist und dem nicht zuletzt deshalb die Hauptrolle in einem Film über den großen Russen angetragen wurde, unterscheidet sich von diesem grundsätzlich dadurch, daß er nicht komponiert. Zwar hat er Komposition studiert und schreibt gelegentlich für sich als Übung Noten, spricht sich aber wirkliches Talent zum Komponieren ab. «Ich finde, wenn man etwas sehr gut macht, dann hat man kein Recht, etwas anderes zu tun, das man weniger gut macht. Ich weiß, daß ich ein schlechter Komponist sein würde, einer ohne Originalität. Warum sollte ich es dann tun? Privat komponiere ich zwar Sachen für Orchester und Kammermusik, weil das ein gutes Training ist und man bei dieser Arbeit ein ganz anderes Verständnis für ein musikalisches Gebilde gewinnt.

So wie ich keine Begabung fürs Komponieren habe, so fehlt sie mir auch zum Dirigieren. Es ist nicht bloß eine Mode, wenn jetzt immer mehr Instrumentalisten zum Taktstock greifen, es ist eine entsetzliche Krankheit, eine Schande für uns Instrumentalisten und eine Beleidigung der Dirigenten, die dieses Handwerk immerhin in vielen Jahren erlernt haben. Ein Fall wie Barenboim ist natürlich ganz außergewöhnlich, in anderen Fällen aber blockieren solche Solisten nur die Dirigiermöglichkeiten für junge, begabte Dirigenten. Viele Solisten weichen natürlich auch aufs Dirigentenpult aus, wenn die Qualität ihres Spiels nachläßt; das ist dann zusätzlich noch tragisch. Ich hoffe, daß ich in dem Moment, wo ich spüre, daß ich nicht mehr so gut Klavier spielen kann, damit aufhören werde, und ich hoffe, ich werde es spüren. Und wenn nicht, wird es mir hoffentlich einer meiner engsten Freunde sagen. Aber ich glaube, man weiß es doch selber, wenn die Leistung nachläßt. Zu viele lieben natürlich die Karriere und den Kontakt mit dem Publikum so, daß sie auf die Sentimentalität des Publikums spekulieren. Es gibt in der ganzen Welt solche tragischen Fälle. Was darunter leidet, ist die Musik, und das darf man nicht erlauben. Für viele Künstler bedeutet nicht mehr spielen können den Tod. Trotzdem muß man konsequent sein. Auf keinen Fall darf man mehr öffentlich spielen, denn niemand hat ein Recht, dem Publikum eine Wiedergabe voller Fehler zuzumuten, nur weil er einmal berühmt war und immer noch aus Verehrung mit einem ausverkauften Saal rechnen kann. Dafür auch noch Geld zu nehmen ist ziemlich häßlich.»

Ist der Interpret auch nur in dem Sinne eigenschöpferisch, als er im nachschöpferischen Vollzug des Werkes neue Dimensionen zu öffnen weiß, so ist doch Kreativität unabdingbare Voraussetzung zum Interpretieren. «Interpretation ist gleich einer Wieder-Schöpfung, es gibt keinen einzigen Moment beim Interpretieren, der nicht kreativ ist. Aber das Kreative begleitet ja alle Entwicklungsstadien, die ein Werk in einem selbst durchläuft.»

Kann Weissenberg seinen Interpretationsstil definieren? «Ich glaube nicht. Wenn das Spiel artifiziell und bewußt nur auf Wirkung kalkuliert ist, dann kann man es erklären, nicht aber, wenn es spontan aus der Persönlichkeit hervortritt.» Dem fordernden, ganz nach Beherrschung ausgerichteten Temperament entspricht kaum die private Sphäre eines kleinen Kammermusiksaales. Weissenberg braucht den großen Raum. Sein Spiel von gewaltigster physischer Kraft und schier animalischer Erregtheit verlangt geradezu danach, um seine dämonische Wirkung voll entfalten zu können. Er, der allein schon durch seine Präsenz wirkt, dessen nervige Vitalität auf seine Umgebung wie ein geheimnisvoller Magnetismus ausstrahlt, ist dem Intimen abhold. Er haßt es nachgerade. Denn er braucht Abstand zum Publikum, um es überzeugen zu können. Daß sich aber gerade durch diese Distanziertheit doch ein ganz intimes Verhältnis zwischen Künstler und Hörer einstellt, darin manifestiert sich das Geheimnis seiner Kunst und der Musik. Der Begriff der musikalischen Miniatur ist Weissenberg konsequenterweise fremd. So sind für ihn Schumanns Kinderszenen zum Beispiel alles andere als intime kleine Stücke. «Die ganze Tragödie, die in den Kinderszenen zum Ausdruck kommt, sprengt in ihrem Ausmaß doch völlig den Rahmen einer Miniatur. Die innere Größe eines Werkes hat nichts mit seinen Proportionen zu tun.»

Zum Vorbild einer jungen Pianistengeneration herangereift, erteilt Weissenberg selbst keinen Unterricht. Zwar hält er in Amerika jährlich für eine Woche einen

Kursus, der jedoch für junge Pianisten reserviert ist, die bereits Konzerterfahrung haben und sich bei ihm den letzten Schliff holen wollen. Aber auch wenn er nicht unterrichtet, so finden doch alle jungen Pianisten, die etwas von ihm wissen, ihm vorspielen wollen, Gehör. «Ich habe noch nie nein gesagt, wenn jemand von mir einen Rat haben oder mir vorspielen wollte. Ein Pianist, überhaupt ein Künstler, der Karriere gemacht hat, ist doch dazu verpflichtet, auch wenn es oft Zeit und Mühe kostet. Wenn man etwas beherrscht, dann muß man es auch weitergeben.»

Umstrittenheit ist nicht grundsätzlich ein Gradmesser für die künstlerische Größe eines Interpreten. Wo sie aber wie bei Alexis Weissenberg so prononciert und vehement in Erscheinung tritt, wird sie zum Indiz für eine künstlerische Potenz, die kompromißlos ihren Weg geht auf der Suche nach der Wahrheit in der Musik. In diesem Spannungsfeld von Ablehnung und Zustimmung schließlich gedeiht aber wahre Kunst.

Pinchas Zukerman

«Pinky», wie ihn seine Frau Eugenia zärtlich ruft, wurde am 16. Juli 1948 in Israel geboren. In einem Krankenhaus von Tel Aviv, das heute nicht mehr steht. Nur zwei Monate und einen Tag jünger als der Staat Israel, verkörpert er in dem Land zwischen See Genezareth und Golf von Akaba ganz die neue Generation, die selbst erst in den Entwicklungsjahren der jungen Republik herangewachsen ist. Seine Herkunft ist zugleich auch ein Beispiel unter vielen, was für ein Potential an schöpferischer Kraft im Wahnwitz der nationalsozialistischen Vernichtungsmaschinerie grausam zerstört wurde.

Man mag es Zufall, Glück, Schicksal, Fügung nennen: Pinchas Zukermans Eltern überlebten mit wenigen das Getto ihrer Wohnstadt Warschau wie auch die Schreckenszeit im Konzentrationslager Auschwitz, ein Umstand, dem die musikalische Welt einen ihrer hoffnungsvollsten und profiliertesten Geiger der Nachkriegszeit zu verdanken hat. Denn ohne Zweifel hat Pinchas Zukerman die Begabung zum Geigenspiel von seinem Vater geerbt. Dieser Mann, Yehudi Zukerman, hatte ebensolches Talent wie sein Sohn. Doch wo jener mit seinem Geigenspiel aufhören mußte, schien dieser anzuknüpfen – als sei es eine Fügung des Schicksals, die maßloses Unrecht wiedergutmachen wolle. Wenn heute Pinchas Zukerman mit seiner kostbaren Violine von Guarneri del Gesu zu einem Konzert oder Rezital die Bühne betritt und sich mit der Gelassenheit desjenigen vor das Publikum stellt, der weiß, was er will und daß er sich auf sich selbst verlassen kann, dann wird man sicherlich wissen wollen, wo dieses Bündel geigerischer Vitalität, dieser temperamentvolle Erzmusikant seinen musikalischen Urspung nahm: in einer Baracke bei Tel Aviv, im Sommer zu heiß, im Winter zu kalt, bei Regen zu naß, um sich dort zu Hause zu fühlen. Ganz und gar ein Kind des Volkes, das auf den Straßen und Gassen des damals noch kaum bebauten Cholon, wohin die Familie in seinem fünften Lebensjahr zog, seinen Spielplatz fand, war der kleine Pinchas mit all den Qualitäten ausgestattet, die später, als seine eminente Begabung zu früher Meisterschaft förmlich explodierte, sich als sehr hilfreich und nützlich erwiesen. Das überschäumende Temperament, die Unbekümmertheit und Unbefangenheit, sein herzhaftes, ansteckendes Lachen hat Zukerman ins Erwachsenenalter hinüberretten können, sie sind nicht in den entscheidenden Jahren der Entwicklung verschüttet worden.

Ihn, der durch seine bloße Anwesenheit für sich einzunehmen versteht, der allen Grund hätte, sich auf sein Können etwas einzubilden, zeichnet eine natürliche Bescheidenheit aus. Arroganz und Überheblichkeit sind ihm gleichermaßen fremd. Ein Beispiel unter vielen mag das deutlich machen: Als er im Mai 1975 in der Royal Festival Hall in London einer Konzertprobe des Royal Philharmonic Orchestra beiwohnte und von seinem Platz im Zuschauerraum aus bemerkte, daß am letzten Pult der ersten Geigen ein Orchestermitglied herausgerufen wurde, da zögerte er keinen Augenblick, dessen Platz einzunehmen und tatkräftig und sichtlich animierend an der Einstudierung der Sinfonie – es war die Schottische von Mendelssohn – mitzuwirken. Nichts konnte in diesem Moment eindrucksvoller sein elementares Bedürfnis dokumentieren, überall dort selbst tätig zu sein, wo Musik gemacht wird – und sei es auch in hinterster Reihe. Was sich eigentlich von selbst verstehen sollte und doch selten genug geschieht, hier wurde es Wirklichkeit: spontanes Mitmachen in einer durch Musik geformten und für sie lebenden Gemeinschaft kunstbegabter Individuen. Daß Zukerman auch als arrivierter Geigenvirtuose sich nicht zu schade dünkt, in ein Kollektiv zurückzutreten, sei es Orchester oder Kammermusikensemble, ist Ausdruck einer Einstellung, die das Musizieren miteinander als Notwendigkeit und Selbstverständlichkeit zugleich erachtet.

Die ungehemmte Musizierlust, wie sie in solchem Verhalten zum Vorschein kommt, fiel schon am Kind auf. Mit vier Jahren begann Pinchas Zukerman Noten zu lesen, bald folgten Versuche auf Klarinette und Blockflöte, die jedoch nicht sonderlich erfolgreich verliefen, weil seine «Puste für die Klarinette nicht ausreichte». Doch als er sieben Jahre alt wurde, fand sein Vater es an der Zeit, mit dem Geigenunterricht anzufangen. Er lehrte Pinchas die ersten Dinge auf der Geige, vor allem aber, das Instrument selbst zu stimmen, damit er das Gefühl für den richtigen Ton entwickeln könne. Bereits nach anderthalb Monaten spielten Vater und Sohn ganz einfache Duette miteinander. Mit acht Jahren war der kleine Pinchas soweit fortgeschritten, daß er seine Ausbildung am Israel-Konservatorium der Musikakademie in Tel Aviv fortsetzen konnte. An sein erstes Vorspielen bei seiner künftigen Lehrerin am Konservatorium, Ilona Feher, erinnert sich Pinchas Zukerman noch sehr genau: «Sie begrüßte mich mit den Worten, daß sie schon zu viele Schüler habe und mich nicht nehmen könne, daß sie mich aber gleichwohl anhören wolle. So nahm ich die Geige, und das erste, was ich tat, war, sie zu stimmen. Ich konnte noch nicht richtig spielen, aber das Stimmen, das beherrschte ich. Die Lehrerin war darüber derart erstaunt, daß sie mich für den nächsten Tag zur ersten Violinstunde einteilte.» Und in der Rückschau auf die Zeit des Anfangs weiß seine Lehrerin zu berichten, der junge Pinchas habe mit einem solchen Temperament gespielt, daß keiner dabei ruhig sitzen bleiben konnte. Hört man sich die Aufnahme eines öffentlichen Konzertes an, das der Konservatoriumsschüler mit zwölf Jahren gab, dann weiß man, was seine Lehrerin damit sagen wollte. Pinchas spielt in dieser Aufzeichnung die Kadenz im ersten Satz des Vierten Violinkonzertes von Mozart mit solch erstaunlicher Beherrschung des Instruments, daß die Koda im enthusiastischen Beifall des Auditoriums völlig untergeht.

1961 hörten Pablo Casals und Isaac Stern, die gerade beim ersten Festival of Music in Israel auftraten, den frühgereiften Musikstudenten. Beide rieten ihm zur

Fortsetzung seiner Studien in Amerika, sie fanden, dieses Talent sei zu groß, um in Israel sich selbst überlassen zu bleiben. Aufgrund seines eminenten Talentes erhielt Pinchas Zukerman ein Stipendium der Amerika-Israel-Kulturstiftung, das ihm sowohl die Fortsetzung des Studiums am Konservatorium und an der Akademie in Tel Aviv als auch an der berühmten Juilliard School of Music in New York ermöglichte, wo er Schüler von Ivan Galamian wurde. Doch Amerika war für den jungen und ob seiner Begabung schon recht selbstbewußten Musikstudenten zunächst eine herbe Enttäuschung, denn er trat die Überfahrt unter falschen Voraussetzungen an. Zukerman heute: «Als ich damals nach Amerika ging, klein, fett und mit roten Backen, dachte ich, ich würde der große Star werden und dort viele Konzerte geben, denn in Israel hatte man mir gesagt, ich würde nach Amerika gehen, um zu spielen. Als ich aber drüben war, hieß es üben und nochmals üben, von Konzerten war überhaupt nicht die Rede. Galamian, mein Lehrer, sagte nur lakonisch, das sei der Anfang vom Anfang – es war ein unglaublicher Schock für mich.»

Von der Juilliard School sowie von der Helena-Rubinstein-Stiftung erhielt Zukerman weitere Stipendien. 1966 debütierte er beim Festival of Two Worlds in Spoleto. «Die Zeit in New York war für mich nicht leicht. In der Pubertät tat ich allerlei komische Dinge, ich fing auch an zu rauchen, spielte Billard. Ich fühlte mich gelangweilt und stumpf, ich war ganz allein. Aber ich spürte, daß ich etwas zu sagen hatte. Ich mußte mich um jeden Preis mitteilen. Die einzige Möglichkeit, es zu tun, war für mich, an einem Wettbewerb teilzunehmen. So meldete ich mich zum Leventritt-Wettbewerb an und arbeitete sehr hart auf dieses Ziel hin. In der ersten Wettbewerbsrunde spielte ich nicht besonders gut, mit der zweiten war ich dann zufrieden.» Zukerman gewann im Mai 1967 diesen berühmten Wettbewerb, der seine Karriere begründen sollte. Es folgten Einladungen nach Pittsburgh, Seattle, Detroit, Denver, Toronto und Montreal. 1968 debütierte er beim Casals-Festival in Puerto Rico und in Venezuela, und Gian Carlo Menotti holte ihn zurück nach Spoleto. Sol Hurok, New Yorks berühmter Impresario, wurde auf ihn aufmerksam und stellte ihn darauf während der Konzertsaison 1968/69 in dreißig nordamerikanischen Städten vor. Die Karriere des gerade Zwanzigjährigen war «gedeichselt».

Aber nicht nur in beruflicher Hinsicht brachte das Jahr 1968 die entscheidende Wende. Auch in Zukermans Privatleben traten tiefgreifende Veränderungen ein: Im Mai desselben Jahres heiratete er Eugenia, ein «wundervolles Mädchen», wie Zukerman bewundernd bemerkt. Kennengelernt hatten sie sich an der Juilliard School in New York, wo «Genie» bei Julius Baker Querflöte studierte.

Im Dezember 1969 machte Zukerman seine erste Schallplattenaufnahme. Mit dem London Symphony Orchestra unter Antal Dorati spielte er das Violinkonzert von Tschaikowsky ein. Diese Aufnahme, gekoppelt mit einer Einspielung des Mendelssohn-Violinkonzertes unter Leonard Bernstein, der ihn im Februar 1969 zu einem Debütkonzert mit den New Yorker Philharmonikern im Lincoln-Center eingeladen hatte, wurde auf Anhieb ein Bestseller.

1969 wurde dann das Jahr der europäischen Debüts, nachdem die Kunde vom Geigerwunder aus Israel von Amerika nach dem alten Kontinent gedrungen war. Im April spielte er zum erstenmal in Deutschland. Die Kritik nach seinem sensationellen Auftritt in der Münchener Herkuleshalle war ausnahmslos enthusiastisch, sprach von einem «Triumph der Geige», von einer Sensation des internationalen Kulturbetriebes, von einem «Geiger weit außerhalb aller üblichen Normen» und verglich ihn mit Koryphäen wie David Oistrach und Henryk Szeryng. Wie ein Flächenbrand im dürren Steppengras breitete sich die Nachricht vom «wiedererstandenen Paganini» in Europa aus. Mit Daniel Barenboim, der einen Monat zuvor mit ihm in der Carnegie Hall in New York konzertiert hatte, gab er im Mai desselben Jahres in England seinen Einstand. Zusammen mit dem English Chamber Orchestra konzertierte er in der Queen Elisabeth Hall in London und wurde im Anschluß daran sofort eingeladen, mit den vier großen Londoner Sinfonieorchestern aufzutreten.

Die Begegnung mit Daniel Barenboim wurde zum Beginn einer einzigartigen Partnerschaft im Konzert- und Solovortrag. Mit ihm und dessen Frau, der Violoncellistin Jacqueline du Pré, gründete er ein Trio. Zukerman über seine musikalische Partnerschaft, die sich auf echte Freundschaft gründet: «Ich habe niemals mit anderen Musikern so intensiv kommuniziert wie mit diesen beiden. Es geschieht sehr selten, daß man diese Übereinstimmung empfindet.» Der ungewöhnlich schnelle Einstieg in den internationalen Musikbetrieb brachte Zukerman eine kaum überschaubare Fülle von Angeboten. Mit dem English Chamber Orchestra unternahm er in der Folge mehrere Konzerttourneen; die enge künstlerische Zusammenarbeit fand schließlich ihren Niederschlag in einer beachtlichen Reihe von Schallplattenaufnahmen mit diesem Ensemble.

Pinchas Zukerman, dieses multiple musikalische Naturereignis, sieht in der Geige nur eine von mehreren Möglichkeiten, sich musikalisch zu artikulieren: Neben der Geige spielt er ebenso vollendet die Bratsche, was er bei einer denkwürdigen Aufführung von Schuberts Forellenquintett in London in der exquisiten Besetzung mit Itzhak Perlman (Violine), Jacqueline du Pré (Violoncello), Zubin Metha (Kontrabaß) und Daniel Barenboim (Klavier) bewies und für die Schallplatte unter anderem mit einer Einspielung der Bratschensonaten von Johannes Brahms mit Freund Barenboim dokumentierte. Seine Vielseitigkeit zeigt sich auch darin, daß er mit seiner Frau zu Hause, in der Westside von New York, in unmittelbarer Nachbarschaft des befreundeten Geigers Itzhak Perlman, Flötenduette bläst. Musikmachen, das ist für Zukerman primär Kommunikation, und die ersteht am vollkommensten beim Miteinandermusizieren.

«Alles Musizieren ist Kammermusik, denn die Essenz allen Musizierens ist das Hören zum anderen hin. Musikmachen heißt zuhören, sich dem Spiel des anderen anpassen – und es ist kein Unterschied, ob es drei oder neunzig Musiker sind, mit denen man spielt. Zuhören ist für mich das Wesentliche beim Spielen. Kammermusik ist überhaupt die Basis für alles, weil es spielen mit anderen bedeutet, weil es den einen für den anderen aufschließt – nur so wird es ein Ganzes, auch wenn ihrer Art nach verschiedene Musiker miteinander spielen.»

Zukerman, der geborene Kammermusiker, Solist und Dirigent, verdankt seinem Mentor Isaac Stern, der ihm schon früher außergewöhnliche Ausdrucksfähigkeit attestierte, wesentliche Impulse in seiner künstlerischen Entwicklung. Nicht weniger geprägt haben ihn jedoch Pablo Casals und Jascha Heifetz, an dem sich, so Zukerman, jeder Geiger orientieren sollte.

«Mein großes Vorbild ist Heifetz. Von ihm bin ich schrecklich beeindruckt. Jeder Geiger sollte ihn studieren. Sein Ton ist so unverwechselbar, daß man ihn sogleich erkennt. Aber wegen meiner Beziehung zu Stern habe ich wohl eine etwas andere Art des Geigenspiels gelernt. Die Begegnung mit Casals war für mich deshalb so wichtig, weil er mir gezeigt hat, wie man das Gefühl für die Farbe eines Klanges, eines Tones erhält. Ich war gerade vierzehn Jahre alt, als er es mir beibrachte. Es läuft im Grunde genommen auf ein fast neurotisches Wiederholen ein und desselben Tones hinaus, so lange, bis man ihn in des Wortes eigentlicher Bedeutung erfaßt, all seine klanglichen Schattierungen erkannt hat. So spielte er mir jeden einzelnen Ton der Skala vor, spielte die Intervalle getrennt und zusammen, wobei sich zeigte, daß der Sekundschritt am schwierigsten ist. Als er so die ganze Tonleiter durchgegangen war, führte er mir anschließend vor, was man mit diesen Tönen alles machen kann, und er spielte Bach. Das physische Empfinden des Klanges habe ich bei Casals gelernt. Was man jedoch selber herausfinden muß, ist, wodurch sich die Klangfarbe verändert, wie man durch geschickte Lagenwahl den Spannungsverlauf einer Melodie musikalisch richtig gestaltet. Diese drei Künstler, Heifetz, Casals und Stern, haben mich am stärksten beeinflußt. Später habe ich gewiß von anderen dieses oder jenes aufgenommen, aber es war nicht dieser intensive Einfluß, den jene drei auf mich ausübten.»

Die Art der Klangfindung, wie Casals sie ihn lehrte, wird ergänzt durch die Art und Weise, wie Zukerman Musik erlebt: «Ich höre stets in Farben. Ich sehe sie natürlich nicht, aber ich höre sie. So höre ich zum Beispiel g-Moll sehr dunkel, antrazithfarben, und so spiele ich es dann auch. Ich spiele Musik so, wie ich sie in Farbe höre.»

Was bedeutet ihm Musik, was versteht er darunter?

«Musik ist eine internationale Sprache. Sie wird gesprochen mit dem Gefühl und dem Verstand. Es gibt keine schönere Sprache. Man braucht kein Alphabet, keine Interpunktion zu kennen. Sie ist einfach da und spricht zu einem – eine Sprache, die nicht erklärt werden muß. Musik hat viele Aspekte: Glück, Trauer – sie trägt alle die Stimmungen in sich, die man kreiert, und kann für jedermann gespielt werden, sogar für ein zweijähriges Kind, das noch nichts weiß von der Welt. Es ist absolut unerklärbar, aber jeder, der zuhört, wird verstehen, ohne daß man es ihm erklären müßte. Musik trifft alle Sinne, manchmal sogar den Geruchssinn, man hört, sieht, fühlt, schmeckt sie, sie enthält alle diese Elemente. Es ist etwas Physisches, was Spieler und Hörer verbindet. Man weiß, wenn man kommuniziert, und man weiß auch, was man zurückerhält. Wir haben Noten, die wir zum Leben erwecken, wir können mit ihnen machen, was wir wollen. Das ist das Große an der Musik, daß es so viele Wege gibt, eine Sache zu tun. Aber ich verbinde damit keine Mission. Dafür bin ich zu jung. Wir alle haben, denke ich, eine bestimmte Aufgabe im Leben. Aber ich will auf keinen Fall etwas schaffen, wozu ich mich nicht berufen fühle – das überlasse ich anderen.»

Pinchas Zukerman, dieser voller Musik steckende urwüchsige Interpret, der seiner künstlerischen Frühreife durch immensen Fleiß die Grundlage eines breiten Repertoires und handwerklicher Vollendung gab und sich sein unverkrampftes Wesen bewahrt hat, ist ein Geiger des leidenschaftlichen Ausdrucks. Schwungvolle

Pinchas Zukerman, musikalisches Naturereignis aus Israel mit dem Charme des jüdischen Fiedlers, zählt zu den vielseitigsten musikalischen Talenten seiner Generation. Sowohl auf der Geige als auch auf der Bratsche erweist er sich als überlegener Gestalter und Virtuose seines Instrumentes. Als Dirigent ist er vor allem durch seine Schallplatteneinspielungen und Konzertreisen mit dem English Chamber Orchestra (unten im partnerschaftlichen Gespräch mit Mitgliedern dieses Ensembles) hervorgetreten.

Großzügigkeit wie auch lyrisches Ausschwingen sind bei ihm natürlich zusammengefaßt. Sein ungestümes Naturell, sein Mut zum Gefühl verbinden sich bei ihm mit einem elementaren Klanginstinkt, wie er in dieser Intensität wohl nur dem jüdischen Musiker eigen ist. – Für wen spielt er?

«Während des Musizierens denke ich nicht daran, für wen ich spiele, für mich oder das Publikum. Ich glaube aber nicht, daß es auf der Welt auch nur einen Interpreten gibt, der nicht für jemand anders spielt. Sicher, ich spiele auch für mich selbst, aber ich spiele auch für die anderen, und ich versuche, eine gewisse Atmosphäre zu schaffen. Manchmal bin ich glücklich dabei, manchmal auch nicht. Glücklich bin ich zum Beispiel dann, wenn die verschiedenen Elemente – absolut richtiger Klang, Saal, Orchester, Dirigent – eins werden.»

Was geht während des Interpretierens in ihm vor?

«Ich erreiche einen Zustand höherer Bewußtheit. Aber manchmal mache ich gewisse Dinge auch unbewußt, zum Beispiel wenn ich nervös bin. Grundsätzlich vollzieht sich das Spielen aber als eine Folge von Reflexen. Es ist wie bei einem Fußballspieler, der genau weiß, wie er den Ball in einem gewissen Moment treffen muß, ohne überlegen zu müssen – es ist alles ein Reflex, etwa so, wie wir seit unserem zweiten oder dritten Lebensjahr sprechen. Es ist ein Teil unser selbst geworden. Ähnlich wie mit den Reflexen verhält es sich auch mit der Intuition. Sie ist entweder da oder nicht. Wir brauchen sie nicht, aber sie hilft uns. Intuition ist, glaube ich, in allen von uns.»

Angeregt durch die intensive Zusammenarbeit mit dem English Chamber Orchestra, begann Pinchas Zukerman Anfang der siebziger Jahre auch zu dirigieren. Seither stand er diesem exzellenten Kammerorchester in mehreren ausgedehnten Tourneen durch Europa vor. Welches Ziel Zukerman mit seiner Dirigententätigkeit anvisiert, demonstrierte er 1975 während einer Probe in der Royal Festival Hall in London. Dort leitete er, den Solopart des Violinkonzertes von Tschaikowsky spielend, das Royal Philharmonic Orchestra.

Der Test unter Aufsicht des amerikanischen Dirigenten Lawrence Foster und, der Zufall wollte es, des Komikers Danny Kaye, der auch prompt einen witzigen Kommentar dazu parat hatte, fiel höchst zufriedenstellend aus – was angesichts der großen Besetzung des Orchesters und der diffizilen Partitur keineswegs eine Selbstverständlichkeit war. Warum nun drängt es einen bereits in jungen Jahren arrivierten Instrumentalisten aufs Dirigentenpodium? Ist es etwa der fatale Drang, es jenen gleichzutun, die das Dirigieren, ohne es je handwerklich erlernt zu haben, als Ausweichmöglichkeit für den Fall nachlassender solistischer Fertigkeit betrachten?

«Ich dirigiere, weil ich es für mich als natürlichen Ausdruck empfinde. Ich fand darin einen anderen Aspekt des Musikmachens, denn die totale Einheit findet sich im Orchester. Alle Elemente der Musik sind in ihm zu finden, ebenso wie die Vielzahl verschiedener Klangfarben, die ein Instrument wie die Geige nun einmal nicht hat. Es ist für mich ganz einfach faszinierend, die verschiedenen Instrumente in ebenso verschiedenen Farben sprechen zu lassen. Natürlich, Dirigieren ist eine abstrakte Kunst, weil man, anders als bei der Geige, den Klang nicht selbst produziert. Bei der Geige kann ich es fühlen, kann den Ton ertasten, es ist da eine Einheit zwischen Wollen und Tun. Beim Dirigieren fehlt diese Einheit. Ich habe zwar eine Vorstellung vom Klang, wie ich ihn möchte, ich kenne den Weg, dem Orchester diese Klangvorstellung physisch, durch meinen Körper, mitzuteilen. Aber schließlich muß das Orchester den Klang erzeugen und nicht ich. Das gerade ist das Wunderbare am Dirigieren: Mit der Veränderung der Bewegung, des Ausdrucks in der Bewegung ändert sich auch der Klang des Orchesters. Das ist für mich als Instrumentalist eine völlig neue Dimension. Bei der Geige oder Viola muß ich es selbst machen, vor dem Orchester genügen Gestik, Mimik und Augen.

Das Erregendste beim Dirigieren ist für mich der Augenblick der Ruhe zwischen dem Auftaktgeben und der Klangwerdung. Das ist etwas Einzigartiges, es ist eine Art Vakuum, ein spannungsvolles Nichts. Und wenn man dies in seinem Arm fühlt und es dem Orchester weitergeben kann, dann ist das, so meine ich, Dirigieren. Ich würde nicht dirigieren, wenn ich nicht fühlte, daß ich es kann. Daß ich dazu in der Lage bin, bedeutet mir sehr viel, denn ich kann mir nicht vorstellen, daß ich zeit meines Lebens nur Violine spiele. Es gibt wundervolle Musik für Geige, aber wenn man ein ganzes Leben lang nichts anderes tut, stellt es doch eine Einengung dar. Leider glaube ich manchmal, bereits den Punkt erreicht zu haben, wo mich gewisse Werke zu langweilen beginnen, wo das Interesse an ihnen nachläßt, weil man sie zu oft spielen muß. Es ist eben eine Folge der vielen Konzerte, die wir geben. Manchmal fühlt man sich müde, wieder das gleiche Werk zu spielen. Aber dann muß man selbst etwas dagegen tun. Gewiß ist es sehr schwierig, zum Beispiel auf einer Tournee zehnmal das gleiche Werk zu spielen. Was dann manchmal hilft, ist, sich vorzustellen, daß das Publikum die Aufführung zum erstenmal hört. Beim Spielen muß man immer daran denken, nur sein Bestes zu geben. Doch um noch einmal aufs Dirigieren zurückzukommen: Seit ich dirigiere, seit diese völlig neue Dimension hinzugekommen ist, spiele ich viel besser Geige.»

Komponiert er auch?

«Nein, das tue ich nicht, aber ich bin sicher, daß ich mein Leben lang Musik machen werde. Man kann es ja auf so verschiedene Art und Weise tun. Zeitgenössische, moderne Musik spiele ich selbstverständlich auch. Man kann doch schon rein physisch nicht übersehen, was heute alles geschrieben wird. So muß man sein Revier abstecken.»

Pinchas Zukerman hatte das Glück, zu Beginn seiner Karriere keiner Kritik ausgesetzt zu sein. Das Publikum, der wahre Richter, wie Alexis Weissenberg meint, nahm ihr das Urteil vorweg. Sie konnte sich der Begeisterung des Publikums nur noch anschließen. Eine schlechte Presse hätte in seinem Fall, anders als bei vielen Solisten seines Alters, keine nachteiligen Folgen gehabt. Welchen Stellenwert hat die Kritik unter solchen Voraussetzungen für Zukerman?

«Ich habe eigentlich keine Meinung dazu. Ich lasse die Kritiker ihre Arbeit machen, ich tue die meine. Und ich lese Kritiken eigentlich nur, wenn ich dirigiert habe, weil ich dadurch vielleicht etwas lernen kann. Aber eine Kritik ist ohnehin zu neunundneunzig Prozent falsch. Was ich an der Kritik vor allem vermisse, ist, daß sie nichts darüber sagt, was sich im Konzert tatsächlich ereignet hat. Ich arbeite zum Beispiel sehr hart darauf hin, eine Atmosphäre im Saal zu schaffen. Und es geschieht immer etwas während eines Konzertes. Manchmal ist es eine glückliche, manchmal eine traurige Atmosphäre, ein Zuhörer lächelt aus Freude, andere rufen vielleicht Bravo oder trampeln sogar vor Begeisterung. Darüber wird jedoch nie berichtet. Die Aufgabe des Kritikers ist aber, meine ich, den Leser gerade darüber zu informieren. Es ist doch belanglos zu wissen, daß dieser oder jener im soundsovielten Takt falsch gespielt hat. Das ist nicht interessant – Mißgeschicke geschehen nun einmal im Konzert. Ich würde mir einen Kritiker wünschen, der schreibt, was im Konzert wirklich passiert ist, welche Atmosphäre geherrscht hat; denn dies ist doch für ein Konzert entscheidend. Die meisten Kritiker überschätzen sich ohnehin, und so ist es für mich gleich, ob die Kritik schlecht oder gut ist. Denn ich selbst weiß wirklich am besten, wie ich es im Konzert gemacht habe, und ich weiß auch, was da geschah. Wenn dann einer schreibt, daß dem nicht so war, dann ist es zwar sein gutes Recht, es so zu sehen, aber es stimmt dennoch nicht. Die professionelle Musikkritik ist für mich sicherlich keine Hilfe.

Das einzige, was einem wirklich helfen kann, es besser zu machen, ist, wenn man einem guten Freund vorspielt, dessen musikalischem Urteil man vertraut. Manchmal verliert man die Perspektive, wenn man ein Stück zu oft spielt, man ist gelegentlich nicht objektiv genug in der eigenen Arbeit. Dann braucht man einen Freund oder auch mehrere, die ins Konzert kommen und sagen: Schau, das ist nicht richtig hier, warum tust du das? Das ist der einzige Weg, eine vielleicht falsche Meinung zu ändern. Aber das enthebt einen nicht der Verpflichtung, stets das Experiment in der Musik selbst zu wagen. Man muß unbedingt etwas riskieren. Fehlt das Risiko, dann wird es langweilig, die Musik lebt nicht. Und wenn man das Risiko eingeht, dann geschehen selbstverständlich Mißgeschicke, aber das ist nur gut so, denn es ist natürlich, daß man Fehler macht. Erst auf dieser Grundlage kann etwas geschehen in der Musik.

Ich gehe ab und zu in Konzerte anderer Solisten, wobei ich dann leider oft feststellen muß, daß sich außer dem Vollzug des Notentextes nichts ereignet, weil das stete Auf und Ab fehlt, das eine vom Risiko getragene Aufführung auszeichnet. Wir müssen aber versuchen, immer höher und höher zu gelangen. Man muß nur wissen, wie es zu machen ist. Wenn man in der Musik das Experiment wagt, dann gibt es nie einen Stillstand. Und es gibt nicht nur einen einzigen Weg, etwas zu tun, daran glaube ich nicht. Es gibt viele Wege, Musik zu sehen. Welches der rechte Weg ist, kann ich nicht sagen, auch nicht, wohin er führt – vielleicht nach oben, wer weiß es?»

Glaubt er, dieser fiedelnde Samson aus dem Lande Judäa – die kräftige, imposante Statur und die schwarzlockige Haartracht zwingen den Vergleich ebenso auf wie die dem rundlich-freundlichen Gesicht etwas Finsteres verleihende Barttracht, eine solide Kreuzung zwischen Vollbart und Knebelbart –, glaubt dieser Seewolf im Frack an Gott?

«Ich glaube an etwas, das stärker ist als wir, das die Natur kontrolliert. Aber ich weiß nicht, was es ist.»

Wie weiß er, wann eine Interpretation in sich stimmig, «richtig» ist?

«Der Komponist gab uns bestimmte Disziplinen, nach denen wir uns zu richten haben. Musik ist Farbe. Wenn ich einen bestimmten Klang höre, dann höre ich ihn in einer bestimmten Farbe. Und wenn die Vorstellung davon identisch ist mit dem, was ich tatsächlich höre, dann weiß ich, daß ich auf dem richtigen Weg bin. Wenn ein Künstler mit dem Werk lebt, sich mit ihm auch in Gedanken stets beschäftigt, dann wächst es auch mit ihm, und schließlich verwachsen sie sogar zu einer Einheit. Dort wo die Gestaltung eines Werkes nicht mehr von den Anweisungen des Komponisten bestimmt wird, in dem Freiraum also, der jenseits der nackten Realisierung des Notentextes liegt, sind wir unser eigener Boß. Wir machen es dann instinktiv und, ich denke, gut genug.»

Im Mai 1973, als sich Pinchas Zukerman mit dem English Chamber Orchestra auf Tournee in Deutschland befand, ereignete sich beim Konzert in München ein Zwischenfall, der für das Klima, in dem in Deutschland Kultur zuweilen noch vollzogen wird, ebenso kennzeichnend war wie für das Temperament und das natürliche Selbstverständnis Zukermans, das er in der Reaktion darauf zeigte. Das Konzert wurde für das Fernsehen gefilmt, Scheinwerferlicht erhellte Podium und Zuschauerraum.

Als Zukerman den Auftakt geben wollte, wurde er durch den Zwischenruf eines Zuhörers gestört, der lautstark «Licht aus!» forderte. Der damals 25jährige Geiger drehte sich um und rief in den Saal: «Wir sind hier, um zu musizieren. Wer stört, soll den Saal sofort verlassen.» Er bot dem Störenfried an, ihm persönlich das Geld für die Konzertkarte zurückzugeben. Dennoch verließ der Hörer, der sich mittlerweile auch den Unmut des Publikums zugezogen hatte, den Konzertsaal nicht. Das Konzert, das dann folgte, war eines der lebendigsten der ganzen Tournee.

In der Souveränität, mit der der Israeli Zukerman die Situation, die durchaus hätte eskalieren können, meisterte, spiegelt sich die Unbefangenheit, mit der er an ihn gestellte Aufgaben herantritt. Das leidenschaftliche Engagement, das Zukerman, einstiger Heißsporn unter den Geigern und mittlerweile zu einem der Großen unter ihnen herangereift, in allen Bereichen der Musik bekundet, darf als Garant dafür gelten, daß seine Zukunft als Interpret sich genauso schillernd und erregend gestalten wird, wie seine an Jahren junge, künstlerisch aber außerordentlich ertragreiche Vergangenheit sich erwiesen hat.

Kurzbiographien

Claudio Abbado

Geboren am 26. Juni 1933 in Mailand. Sproß einer Mailänder Künstlerfamilie. Studium am Giuseppe-Verdi-Konservatorium in Mailand (Dirigieren, Klavier, Komposition). Fortsetzung des Dirigentenstudiums bei Hans Swarowsky an der Musikakademie in Wien.

1958	Kussewitzky-Preis in Tanglewood/USA
1960	Debüt an der Mailänder Scala (Festkonzert zum 300. Geburtstag Allessandro Scarlattis)
1961	Debüt bei den Wiener Festwochen mit den Wiener Symphonikern
1961–1963	Lehrtätigkeit am Konservatorium in Parma
1963	Preisträger beim Dimitrij-Mitropoulos-Dirigentenwettbewerb in New York
	Uraufführung von Manzonis «Atomtod» an der Mailänder Scala
1965	Debüt bei den Salzburger Festspielen mit der Zweiten Sinfonie von Gustav Mahler
1966	Debüt bei den Internationalen Musikfestwochen Luzern
1967	Erste Leitung der Scala-Eröffnungsvorstellung mit «Lucia di Lammermoor» von Donizetti
1968	Direktor des Scala-Orchesters in Mailand
	Salzburger Festspiele: «Il Barbiere» von Rossini
1971	Ernennung zum Hauptdirigenten der Wiener Philharmoniker
1972	Musikalischer Direktor der Mailänder Scala
	Principal Guest Conductor des London Symphony Orchestra
1973	Fernost-Tournee mit den Wiener Philharmonikern
1976	Abbado stellt wenige Tage nach dem Rücktritt des Scala-Generalintendanten Paolo Grassi sein Amt als musikalischer Leiter der Mailänder Scala zur Verfügung, bleibt nach dem Widerruf der Demission Grassis dem Haus jedoch bis auf weiteres verbunden.

Umfangreiches Wirken als Konzert- und Operndirigent in den Musikzentren Europas und bei zahlreichen Musikfestivals mit den Schwerpunkten Mailand und Wien.
Claudio Abbado ist seit 1971 in zweiter Ehe mit Gabriela Catalupi verheiratet und hat drei Kinder. Er wohnt in Mailand.

Géza Anda

Geboren am 19. November 1921 in Budapest. Musikstudium an der Musikakademie in Budapest in der Meisterklasse von Ernst von Dohnányi. Liszt-Preisträger. Gestorben am 15. Juni 1976 in seinem Heim an der Zollikerstraße in Zürich.

1939	Konzertdebüt mit dem B-Dur-Klavierkonzert von Brahms unter Willem Mengelberg
1941	Stipendien-Aufenthalt in Berlin
	Konzert mit Wilhelm Furtwängler (Sinfonische Variationen von César Franck)
1942	Übersiedlung in die Schweiz
1952	Debüt bei den Salzburger Festspielen
1953	Debüt bei den Internationalen Musikfestwochen Luzern
1955–1956	Erste Tournee durch die USA
1955	Erwerb der Schweizer Staatsbürgerschaft
1960–1968	Als Nachfolger von Edwin Fischer Leiter der Meisterkurse für Klavier in Luzern
1969	Meisterkurse in Zürich
	Einspielung sämtlicher Klavierkonzerte von Mozart für die Schallplatte mit der Camerata Academica des Salzburger Mozarteums
1973	Ernennung zum Professor in Anerkennung seiner Verdienste um das österreichische Musikleben
1975	Unterbrechung der Konzerttätigkeit infolge Erkrankung

Ausgedehnte Konzerttätigkeit in Europa und Amerika
Géza Anda war seit 1964 in zweiter Ehe mit Hortense Bührle verheiratet. Der Ehe entstammt der 1969 geborene Sohn Gratian.
Zahlreiche seiner Schallplattenaufnahmen wurden mit Preisen (Grand Prix, Edison-Preis u. a.) ausgezeichnet.

Claudio Arrau

Geboren am 6. Februar 1903 in Chillan in Chile. Unterricht am Konservatorium in Santiago de Chile. Erhielt als Wunderkind ein Regierungsstipendium für das Studium in Berlin.

1908	Erstes Konzert in Santiago
1910	Debüt in Buenos Aires
	Erstes Konzert in Berlin
1910–1918	Studium bei Martin Krause am Stern'schen Konservatorium in Berlin
1923	Spielt in Berlin Bachs «Wohltemperiertes Klavier»
1916–1927	Zahlreiche Preise: Ibach-Preis, Liszt-Preis (zweimal), Schulhof-Stipendium, Gustav-Holländer-Medaille, Sachsen-Gothaische Medaille, Preisträger beim Internationalen Klavierwettbewerb in Genf
1926–1933	Lehrtätigkeit am Sternschen Konservatorium
1935	Spielt in Berlin sämtliche Klavierwerke von J. S. Bach
1936	Beethoven-Zyklus in Berlin
1938	Debüt bei den Salzburger Festspielen
	Verläßt Deutschland
1941	Läßt sich in den USA nieder
	Seit 1927 weltweite Tourneen. Konzerte in allen Metropolen der Welt (mit Ausnahme von Peking)

1959 Debüt bei den Internationalen Musikfestwochen Luzern
1967 Errichtung eines Fonds für junge Künstler
1970 Einspielung sämtlicher Beethoven-Sonaten für die Schallplatte
1971 Herausgabe der Beethoven-Sonaten bei Edition Peters

Claudio Arrau ist seit 1937 mit der Sängerin Ruth Schneider verheiratet. Der Ehe entstammen drei Kinder. Arrau beherrscht fünf Sprachen in Wort und Schrift und sammelt Antiquitäten. Er lebt auf Long Island und hat ein Gut in Vermont. Arrau hat zahlreiche Ehrungen erfahren. Viele seiner ungezählten Schallplattenaufnahmen sind ausgezeichnet worden.

Herbert von Karajan

Geboren am 5. April 1908 in Salzburg (eigentlich Heribert Ritter von Karajan). Zweiter Sohn des Chirurgen Dr. Ernst von Karajan und seiner aus der Tschechoslowakei stammenden Frau Martha Kosmac. 1912 erster Klavierunterricht bei Professor Ledwinka. Bald darauf erstes öffentliches Auftreten als Pianist. Nach dem Besuch des Gymnasiums und des Mozarteums läßt sich Karajan, einem Rat Bernhard Paumgartners folgend, an der Wiener Akademie bei Franz Schalk zum Dirigenten ausbilden.

1927 Erstes Auftreten als Aushilfsdirigent in Salzburg mit «Fidelio»
1928–1934 Korrepetitor und Kapellmeister am Stadttheater Ulm
1929 Erstes Konzert mit dem Mozarteum-Orchester in Salzburg
Debüt als Kapellmeister in Ulm mit «Figaros Hochzeit»
1933 Erstes Mitwirken bei den Salzburger Festspielen (Faust I, Regie Max Reinhardt, Musik Bernhard Paumgartner)
1934 Nachfolger von Peter Raabe und Fritz Busch in Aachen
1935–1941 Generalmusikdirektor von Aachen
1937 Debüt an der Wiener Staatsoper
1938 Debüt mit den Berliner Philharmonikern
Erstes Auftreten an der Berliner Staatsoper mit «Fidelio»
1939 Erster Vertragsabschluß mit der Deutschen Grammophon-Gesellschaft
1941 Berufung als Staatskapellmeister an die Berliner Staatsoper
1946 Debüt mit den Wiener Philharmonikern
Berufung zum Konzertdirektor auf Lebenszeit der Wiener «Gesellschaft der Musikfreunde»
1948 Leiter der «Deutschen Saison» an der Mailänder Scala
Debüt bei den Salzburger Festspielen mit «Figaros Hochzeit» in der Inszenierung von O.F. Schuh
Debüt bei den Internationalen Musikfestwochen Luzern
1950 Berufung zum Dirigenten auf Lebenszeit des London Philharmonia Orchestra
1951 Debüt anläßlich der Wiedereröffnung der Bayreuther Festspiele
1955 Berufung zum Chefdirigenten auf Lebenszeit der Berliner Philharmoniker
1956 Künstlerischer Leiter der Wiener Staatsoper
1956–1960 Künstlerischer Leiter der Salzburger Festspiele
1960 Großoffizier des Ordens der Italienischen Republik
1963 Österreichisches Ehrenkreuz für Kunst und Wissenschaften I. Klasse
Eröffnung der Neuen Philharmonie von Hans Scharoun in Berlin
1964 Ende der Wiener Direktionsära. In den folgenden Jahren Gastspiele mit der Mailänder Scala und zahlreiche Tourneen mit den Berliner Philharmonikern
Mitglied des Direktoriums der Salzburger Festspiele

1965 Ehrendoktor der Universität Pavia
Großes Verdienstkreuz mit Stern der Bundesrepublik Deutschland
Gründung der Filmproduktions- und Verwertungsgesellschaft Cosmotel mit Sitz in Zug. Erste Produktion: «La Boehème» unter Karajan und Zeffirelli. Zusammenarbeit mit dem französischen Filmregisseur Henri Clouzot auf dem Sektor Konzertfilme

1967 Beginn der von Karajan gegründeten Salzburger Osterfestspiele mit Wagners «Walküre»

1968 Ehrenbürger von Salzburg
Gründung der «Herbert-von-Karajan-Stiftung» in Berlin mit einem eigenen Kapital von 100 000 DM (Förderung der wissenschaftlichen Tätigkeit zur Verbreitung eines bewußteren musikalischen Empfindens). Die Stiftung subventioniert auch Wettbewerbe für junge Dirigenten und Jugendorchester und die Ausbildung von Orchestermusikern.

1969 Kunstpreis der Stadt Luzern

1969–1971 Musikalischer Berater des Orchestre de Paris

1970 Frankreich-Deutschland-Preis in Aix-en-Provence
Abschluß eines gemeinsamen Exklusiv-Vertrages mit der Deutschen Grammophon-Gesellschaft und Electric and Musical Industries Ltd., London

1975 Langfristiges Abkommen über die Einspielung eines umfangreichen sinfonischen Programmes durch Karajan und die Berliner Philharmoniker mit Polydor-International und EMI Ltd., London

1975/76 Vierteljährige, durch Krankheit erzwungene Unterbrechung

1976 Festkonzert zum 25jährigen Jubiläum der Londoner Royal Festival Hall
USA-Tournee mit den Berliner Philharmonikern anläßlich der 200-Jahr-Feier

Herbert von Karajan ist seit 1958 in dritter Ehe mit dem ehemaligen Mannequin Eliette Mouret verheiratet. Aus dieser Ehe stammen zwei Töchter (Isabella, geb. 1960, und Arabella, geb. 1964). In erster Ehe (1938) war Karajan mit der Sängerin Elmy Holgerloef, in zweiter Ehe (1943) mit Anita Gütermann verheiratet. Karajan ist u.a. Träger des Ehrenringes der Wiener Philharmoniker, des Landes Salzburg sowie des Goldenen Ehrenringes des Singvereins der Gesellschaft der Musikfreunde Wien. Er wurde mit der Nicolai-Medaille ausgezeichnet und ist u.a. Ehrenmitglied der Gesellschaft der Musikfreunde Wien und Träger des Kommandeurkreuzes I. Klasse und Stern des «Ordens der Weißen Rose von Finnland». Seine unzähligen Schallplattenaufnahmen wurden mehrfach mit internationalen Preisen ausgezeichnet. Herbert von Karajan ist seit 1953 Sportflieger. Er gilt als hervorragender Skiläufer. Er wohnt abwechselnd in Österreich, St-Tropez und St. Moritz.

Rudolf Kempe

Geboren am 14. Juni 1910 in Niederpoyritz bei Dresden.
Gestorben am 11. Mai 1976 in Zürich.

1924–1928 Musikstudium an der Orchesterschule der Sächsischen Staatskapelle in Dresden, u.a. bei Johannes König, Karl Schütte, Theodor Blumer, Kurt Striegler

1928 Solo-Oboist im Opernorchester von Dortmund

1929–1936 Solo-Oboist des Gewandhausorchesters Leipzig

1935 Erstes Auftreten als Dirigent mit «Der Wildschütz» von Lortzing an der Städtischen Oper Leipzig

1942 1. Kapellmeister am Opernhaus Chemnitz
Debüt als Konzertdirigent

1946 Generalmusikdirektor in Chemnitz

1948 Stellvertretender Generalmusikdirektor am Deutschen Nationaltheater Weimar und der Weimarischen Staatskapelle
1949 Staatskapellmeister und stellvertretender Generalmusikdirektor in Dresden
1950 Generalmusikdirektor in Dresden als Nachfolger von Joseph Keilberth
1952–1954 Generalmusikdirektor und musikalischer Oberleiter der Bayerischen Staatsoper München. Nachfolger von Georg Solti
1954–1955 Verpflichtung an die Metropolitan Opera New York
1955–1961 Tätigkeit als Gastdirigent in Wien, London, Salzburg, New York u. a.
1961–1975 Künstlerischer Direktor und «Principal Conductor» des Royal Philharmonic Orchestra London. Nachfolger von Sir Thomas Beecham
1965–1973 Leitung des Tonhalle-Orchesters Zürich
1967 Leiter der Münchner Philharmoniker
1975 Chefdirigent des BBC Symphony Orchestra London. Nachfolger von Pierre Boulez
1976 Letztes Konzert am 1. März in München

Rudolf Kempe war in fünfter Ehe mit Cordula Öttinger verheiratet. Er hatte vier Kinder (Karin und Ina aus erster Ehe, Susanne und Maria aus der zweiten mit Kammersängerin Elisabeth Lindemeier).

Erich Leinsdorf

Geboren am 4. Februar 1912 in Wien. Musikstudium an der Musikakademie in Wien (Klavier und Violoncello, Diplom 1933) sowie am Mozarteum Salzburg.

1934 Assistent von Bruno Walter bei den Salzburger Festspielen
1935–1937 Assistent von Arturo Toscanini bei den Salzburger Festspielen
1937 Debüt bei den Salzburger Festspielen (als Pianist der Liebeslieder, Walzer op. 52, von Brahms in einem Toscanini-Konzert)
1938 Debüt an der Metropolitan Opera New York mit «Die Walküre» und an der Oper von San Francisco
1939–1943 Gesamtleitung für das deutsche Repertoire an der Met
1943–1946 Leiter des Cleveland Orchestra
1947–1954 Chefdirigent des Philharmonic Orchestra Rochester
1957–1962 Rückkehr an die Met als musikalischer Berater
1962–1968 Musikdirektor des Boston Symphony Orchestra
Seit 1969 ausgedehnte Gastspieltätigkeit in Europa
1971 Neueinstudierung von «Tristan und Isolde» an der Met
1972 Neueinstudierung des «Tannhäuser» bei den Bayreuther Festspielen
1973 Tourneen mit den New Yorker Philharmonikern, dem London Symphony Orchestra u. a.

Erich Leinsdorf ist zum zweitenmal verheiratet. Aus seiner ersten Ehe (1939 bis 1968) hat er fünf Kinder, drei Söhne und zwei Töchter. Er lebt in der Schweiz und in den USA.
Leinsdorf trat durch unzählige Operneinspielungen auf Schallplatten hervor und wurde mehrfach mit bedeutenden Schallplattenpreisen ausgezeichnet (Grand Prix du Disque, Grammy, Edison u. a.).

Lorin Maazel

Geboren am 6. März 1930 in Neuilly-sur-Seine bei Paris. 1932 Rückkehr der Familie Maazel in die USA. Seit 1935 Geigenunterricht bei Karl Moldrem in Los Angeles. 1937 Klavierunterricht bei Fanchon Armitage

1938	Debüt als Dirigent mit dem University of Idaho Orchestra in Moscow/Idaho (13. Juli). Debüt als Geiger (18. Juli). Dirigier- und Violinunterricht bei Vladimir Bakaleinikoff
1939	Maazel dirigiert auf der Weltausstellung in New York ein Studentenorchester aus Interlochen
	Debüt mit dem Los Angeles Philharmonic Orchestra in der Hollywood Bowl auf Einladung von Leopold Stokowsky
Seit 1939	Musikunterricht in Pittsburgh
1940–1945	Zahlreiche Konzerte in den USA mit führenden Orchestern
1941	Debüt mit dem NBC Orchestra in New York
1942	Debüt mit den New Yorker Philharmonikern
1946	Erster Soloabend als Geiger in Pittsburgh
1946–1950	Erster Geiger des Fine Arts String Quartet of Pittsburgh sowie Konzertmeister und Hilfsdirigent des Pittsburgh Symphony Orchestra
	Studium an der Universität von Pittsburgh
1951	Teilnahme am Berkshire Music Festival in Tanglewood auf Einladung von Serge Kussewitzky
1952	Fulbright-Stipendium für Europa
1953	Debüt als Dirigent in Europa mit dem Orchester von Catania (24. Dezember)
	Seit 1954 Tätigkeit als Reisedirigent in fast allen Ländern Europas sowie in Lateinamerika, Australien, Japan, USA. Gastdirigent aller bedeutenden Festspiele in Europa
1955	Debüt mit den Wiener Symphonikern
1956	Erstes Konzert mit dem Radio-Sinfonie-Orchester Berlin
1960	Debüt bei den Bayreuther Festspielen mit «Lohengrin»
	Debüt in London
1961	Australien-Tournee
1962	USA-Tournee mit dem Orchestre National de l'ORTF Paris. Debüt an der Metropolitan Opera New York mit «Don Giovanni»
1963	Debüt bei den Salzburger Festspielen mit «Die Hochzeit des Figaro»
	Erstes Auftreten als Dirigent an der Deutschen Oper Berlin mit «Tristan und Isolde». Anschließend Japan-Reise der Deutschen Oper Berlin
1965–1971	Generalmusikdirektor der Deutschen Oper Berlin
1965–1975	Chefdirigent des Radio-Sinfonie-Orchesters Berlin
1968	Ehrendoktor der Universität von Pittsburgh
1969	Finnische Sibelius-Medaille
1970–1972	Assoziierter Chefdirigent des New Philharmonia Orchestra London neben Otto Klemperer
seit 1972	Music Director des Cleveland Orchestra
1973	Doctor of Humane Letters des Beaver College, Glenside
1975	Europa-Tournee des Cleveland Orchestra

Lorin Maazel ist seit 1969 mit der israelischen Pianistin Israela Margalit verheiratet. Dieser Ehe entstammen ein Sohn und eine Tochter. Aus seiner ersten Ehe mit Miriam Sandbank hat Maazel zwei Töchter. Lorin Maazel hat eine Wohnung in London. Er lebt in Cleveland. Viele seiner Schallplattenaufnahmen wurden mit internationalen Preisen ausgezeichnet.

Yehudi Menuhin

Geboren am 22. April 1916 in New York City als erster Sohn russisch-jüdischer Emigranten aus Palästina

1921	Beginn des Violinunterrichts bei Louis Persinger in San Francisco
1923	Debüt mit der «Symphonie Espagnole» von Lalo unter der Leitung von Alfred Hertz in San Francisco
1927–1936	Studium bei Georges Enescu in Paris und Sinaia (Rumänien), Studium bei Adolf Busch in Basel
	Zahlreiche Konzerte in europäischen Großstädten
1929	Konzert mit Bruno Walter in Berlin
1932	«National Prix du Disque» für die erste Kammermusikaufnahme mit seiner Schwester Hephzibah Menuhin
1935	Welttournee: 110 Konzerte in 63 Städten
1935–1937	Rückzug aus dem Konzertleben
1938	Rückkehr in die Konzertsäle mit einem Konzert in London
1939–1945	Über 500 Konzerte für die alliierten Streitkräfte und das Rote Kreuz
1945	Auszeichnung mit dem Kreuz der Französischen Ehrenlegion
	In den folgenden Jahren weltweite Gastspielreisen
1946	Debüt bei den Salzburger Festspielen und den Luzerner Musikfestwochen
1949	Privataudienz bei Papst Pius XII.
1951	Eröffnung der Royal Festival Hall in London mit Hephzibah Menuhin
1952	Besuch in Indien auf Einladung von Pandit Nehru
1957	Gründung des «Yehudi Menuhin Festivals» in Gstaad/Schweiz
1958	Künstlerischer Leiter des Bath Festival
1961	Erste Konzerte in der DDR
1962	Ehrendoktor der Universität von Oxford
	Goldmedaille der Royal Philharmonic Society
1963	Gründung eines Musikinternats in Stoke d'Abernon in Surrey
	Ehrendoktor der Universität Liverpool
1965	Orden «Commander of the British Empire»
1970	Erwerb der Schweizer Staatsbürgerschaft
1976	Ehrendoktor der Pariser Sorbonne
	Ehrendoktor der University of Maryland

Yehudi Menuhin ist seit 1947 in zweiter Ehe mit Diana Gould verheiratet. Aus dieser Ehe stammen die Söhne Gerard und Jeremy. Seine Tochter Zamira aus der ersten Ehe mit Nola Ruby Nicholas, aus der auch der Sohn Krov stammt, heiratete 1960 den chinesischen Pianisten Fou Ts'Ong. Menuhin lebt heute in London und in Gstaad in der Schweiz.

Nathan Milstein

Geboren am 31. Dezember (nach dem russischen Kalender am 18. Dezember) 1904 in Odessa. Erster Unterricht bei Pjotr Soljarsky.

1914	Erstes Konzert in Odessa. Milstein spielt das Violinkonzert von Alexander Glasunow unter der Leitung des Komponisten
1916–1920	Studium bei Leopold Auer in St. Petersburg
1920	Debüt als Konzertgeiger in Odessa mit einer Folge von sechs Violinabenden Anschließend Konzertreisen durch die Sowjetunion mit Valdimir Horowitz als Begleiter am Klavier
1925	Milstein verläßt Rußland und geht nach Berlin
1926	Gründung des Trios Milstein-Horowitz-Piatigorsky in Berlin Konzerte in allen westeuropäischen Musikzentren
1929	Übersiedlung nach Amerika USA-Debüt am 17. Oktober mit dem Philadelphia Orchestra unter Leopold Stokowsky Seither unzählige Tourneen durch die Vereinigten Staaten, Mittel- und Südamerika sowie Europa
1942	Erwerb der amerikanischen Staatsbürgerschaft
1949	Debüt bei den Internationalen Musikfestwochen Luzern
1954	Debüt bei den Salzburger Festspielen
1966	Milstein konzertiert nach 33 Jahren erstmals wieder in Deutschland. In Berlin spielt er unter der Leitung von Herbert von Karajan das Violinkonzert von Brahms Meisterkurse in Zürich und New York

Nathan Milstein ist seit 1945 mit der Pianistin Teresa Kaufmann verheiratet. Er hat eine Tochter. Seine Geige, eine Stradivari aus der Goldmann-Sammlung, auch als «ex Goldmann» bekannt, hat er nach den Vornamen von Frau und Tochter in «Maria Teresa» umbenannt. Er lebt heute in London.

Sir Georg Solti

Geboren am 21. Oktober 1912 in Budapest. Entstammt einer ungarisch-jüdischen Familie. Vor Beginn des Musikstudiums an der Liszt-Akademie in Budapest bei Ernst von Dohnányi und Zoltan Kodály erstes öffentliches Konzert mit zwölf Jahren. Besuch des Budapester Gymnasiums.

1930	Abschlußexamen an der Musikhochschule
1930–1939	Tätigkeit an der Staatsoper Budapest
1936–1937	Assistent von Toscanini bei den Salzburger Festspielen
1938	Erstes Auftreten als Operndirigent in Budapest
1939	Emigriert wegen des wachsenden Antisemitismus aus Ungarn nach Zürich, wo er sich, bedingt durch die schweizerischen Arbeitsgesetze, als Pianist profiliert
1942	Erster Preis für Klavier beim Internationalen Musikwettbewerb in Genf
1944	Debüt als Konzertdirigent mit dem Schweizer Radioorchester durch Vermittlung von Ernest Ansermet
1946	Generalmusikdirektor der Bayerischen Staatsoper München
1951	Debüt bei den Salzburger Festspielen mit «Idomeneo» von Mozart
1952–1961	Generalmusikdirektor in Frankfurt, Direktor der Frankfurter Oper und Leiter der Museumskonzerte
1961–1971	Musical Director des Royal Opera House Covent Garden in London

Ab 1969 Musical Director des Chicago Symphony Orchestra
1971 Adelung durch Königin Elisabeth II. von England
1972–1975 Direktor des Orchestre de Paris
1973 Musikalischer Berater von Rolf Liebermann an der Pariser Oper

Sir Georg Solti war in erster Ehe mit der Schweizerin Hedi Oechsli verheiratet. 1967 Vermählung mit der Engländerin Valerie Pitts. Der Ehe entstammen zwei Töchter, Gabriele (1970) und Claudia (1973). Solti wohnt in London.

Solti ist u.a. Träger des Großen Verdienstkreuzes der Bundesrepublik Deutschland, Kommandeur der Ehrenlegion und Ehrendoktor der Musik der Universität Leeds. In Montreux wurde ihm das Diplôme d'Honneur für sein gesamtes Schallplattenwerk verliehen, das mit unzähligen Einzelpreisen gewürdigt wurde (Grand Prix du Disque Mondiale, Académie du Disque Lyrique, Deutscher Schallplattenpreis, Grammy, Preis der englischen Schallplattenkritik, Edison-Preis, Premio della Critica Discografica Italiana, Grand Prix des Discophiles u.a.).

Henryk Szeryng

Geboren am 22. September 1921 in Zelazowa Wola bei Warschau

1926 Erster Unterricht bei seiner Mutter, dann Violinunterricht bei Moritz Frenkel
1929–1932 Studium in Berlin und Baden-Baden bei Carl Flesch, Unterricht in Komposition bei Nadia Boulanger in Paris sowie bei Gabriel Bouillon und Jacques Thibaud; Sprachenstudium
1933 Erste Konzerte in Warschau, Bukarest, Wien, Paris
1935 Orden für kulturelle Verdienste, verliehen durch Königinmutter Maria von Rumänien in Sinaia
1936 1. Preis des Conservatoire National de Paris
1939 Wird bei Ausbruch des Krieges Verbindungsoffizier zum Ministerpräsidenten der polnischen Exilregierung in London
1942 Besucht Mexiko als Begleiter Ministerpräsident Sikorskis, der sich dort nach Niederlassungsmöglichkeiten für vertriebene Polen umsieht
1945 Rückkehr nach Mexiko, Professur an der Musikfakultät der Nationalen Universität in Mexiko City
1946 Erwerb der mexikanischen Staatsbürgerschaft
1954 Zusammentreffen mit Artur Rubinstein in Mexiko City
1956 Ritter des polnischen Ordens «Polonia restituta»
1958 Tournee durch die USA
1963 Médaille d'Argent der Stadt Paris
«Ordre de Mérite Culturel et Artistique», verliehen von der französischen Regierung
1964 Debüt bei den Internationalen Musikfestwochen Luzern
Armenischer Kulturorden erster Klasse
1965 Debüt bei den Salzburger Festspielen
1966 Verleihung eines «Commander in the Order of the Finnish Lion» für seine Verdienste um die Musik von Jan Sibelius
Ehrendirektor des Konservatoriums der Stadt Mexiko
1967 Konzert der Vereinten Nationen in New York mit den Wiener Symphonikern
1969 Ehrenmitglied der Royal Academy of Music London
1970 Musikberater der mexikanischen Delegation bei der Unesco
1971 Founder Artist of the Kennedy Center
Erstaufführung des 3. Violinkonzertes von Paganini nach dessen Wiederentdeckung

1972 Mitglied der Ehrenlegion von Frankreich
Schenkt der Stadt Jerusalem eine Stradivari, nun genannt «Kinor David»
1973 Ehrenbürger von Alicante
1974 Schenkt Mexiko seine Guarneri «Sanctae Theresiae»

Henryk Szeryng reist seit 1956 mit einem Diplomatenpaß als Kulturbotschafter von Mexiko. Er ist Träger zahlreicher internationaler Auszeichnungen, u. a. auch Ehrendoktor der Philadelphia Musical Academy. Szeryng ist Junggeselle, hat ein Haus in Mexiko und bewohnt ein Appartement in Paris. Er beherrscht insgesamt acht Sprachen. Szeryng spielt auf einer Guarneri del Gesu aus dem Jahre 1743, die unter dem Namen «Le Duc» bekannt ist, und auf einer noch älteren Stradivari.

Alexis Weissenberg

Geboren 1929 in Sofia (Bulgarien). Erster Unterricht bei Pantcho Wladigerow.

1943 Debüt in Israel
1946–1947 Studium bei Olga Samaroff an der Juilliard School of Music in New York. Anregungen durch Artur Schnabel und Wanda Landowska
1947 Leventritt-Preisträger
Debüt mit den New Yorker Philharmonikern unter George Szell in der Carnegie Hall
Tournee mit dem Philadelphia Orchestra unter Eugene Ormandy
1951 Erste Konzerte in Europa
1962 Erwerb der französischen Staatsbürgerschaft
1967 Debüt bei den Berliner Festwochen mit Herbert von Karajan
Fernsehproduktion mit Herbert von Karajan
Triumphales Comeback in New York
1968 Debüt bei den Salzburger Festspielen
Dreimonatige USA-Tournee
Mehrwöchige Gastspielreise in der Sowjetunion und Japan. Konzert bei den Osaka-Festspielen
1970 Ehrendoktor der Universität Parma
1972 Nach 28jähriger Abwesenheit erstmals wieder Konzerte in Sofia
1973 USA-Tournee
1974 «Künstler des bulgarischen Volkes»
USA-Tournee
England-Debüt mit dem New Philharmonia Orchestra in London
1975 USA-Tournee
Japan-Tournee

Konzerte bei allen bedeutenden Musikfestivals und in allen Musikzentren Europas und Amerikas. Umfangreiche Schallplattentätigkeit, u. a. mit den Berliner Philharmonikern unter Herbert von Karajan.
Alexis Weissenberg hat drei Kinder. Er lebt von seiner Frau getrennt in Paris. Weissenberg beherrscht sieben Sprachen und treibt viel Sport.

Pinchas Zukerman

Geboren am 16. Juli 1948 in Tel Aviv. Erster Geigenunterricht bei seinem Vater Yehudi Zukerman. Studium am Israel-Konservatorium und an der Musikakademie in Tel Aviv. Stipendium der Amerikanisch-Israelischen Kulturstiftung für die Fortsetzung des Studiums in Tel Aviv.

1961 Pablo Casals und Isaac Stern hören den 13jährigen Zukerman und setzen sich für die Fortsetzung des Studiums in den USA ein

1962–1966 Studium an der Juilliard School of Music in New York bei Ivan Galamian. Stipendien der Rubinstein-Stiftung und anderer Institutionen

1966 Debüt beim Festival of Two Worlds in Spoleto

1967 Gewinner des Leventritt-Preises

1968 Erste Konzerte in Pittsburgh, Seattle, Denver, Detroit, Toronto, Montreal u.a. Impresario Sol Hurok nimmt sich Zukermans an und präsentiert ihn auf einer Dreißig-Konzerte-Tournee durch Nordamerika
Erste Schallplattenaufnahme

1969 Debüt unter Leonard Bernstein mit den New Yorker Philharmonikern im Lincoln Center in New York
Erstes Konzert mit Daniel Barenboim in der Carnegie Hall in New York
Debüt in England und Deutschland
Seit 1971 enge Zusammenarbeit mit dem English Chamber Orchestra, das er auf zahlreichen Tourneen dirigiert und mit dem er eine Reihe von Schallplatten einspielt

Pinchas Zukerman ist seit 1968 verheiratet. Seine Frau Eugenia ist eine hervorragende Flötistin. Der Ehe entstammen zwei Kinder. Die Familie Zukerman wohnt in New York.
Zukerman spielt auf einer Stradivari und einer Guarnerius del Gesu von 1739

Register